国家社会科学基金项目资助（19BTY064）

我国"体旅文商农"产业融合发展的模式构建与机制创新研究

叶小瑜　著

人民体育出版社

图书在版编目（CIP）数据

我国"体旅文商农"产业融合发展的模式构建与机制
创新研究／叶小瑜著. -- 北京：人民体育出版社，
2023

ISBN 978-7-5009-6412-4

Ⅰ.①我… Ⅱ.①叶… Ⅲ.①体育－旅游业发展－研
究－中国 Ⅳ.①F592.3

中国国家版本馆 CIP 数据核字（2023）第 241019 号

*

人 民 体 育 出 版 社 出 版 发 行
北京中献拓方科技发展有限公司印刷
新 华 书 店 经 销
*
710×1000 16 开本 14.5 印张 268 千字
2023 年 12 月第 1 版 2023 年 12 月第 1 次印刷
*
ISBN 978-7-5009-6412-4
定价：64.00 元

社址：北京市东城区体育馆路 8 号（天坛公园东门）
电话：67151482（发行部） 邮编：100061
传真：67151483 邮购：67118491
网址：www.psphpress.com
（购买本社图书，如遇有缺损页可与邮购部联系）

序 <<<

体育承载着国家强盛、民族振兴的梦想。体育强则中国强，国运兴则体育兴。习近平总书记指出，"体育是提高人民健康水平的重要途径，是满足人民群众对美好生活向往、促进人的全面发展的重要手段。"当前，在扩内需、促消费的战略背景下，无论是火遍全国的贵州"村 BA""村超"的成功出圈，还是马拉松、飞盘、露营等户外运动的上升势头，抑或是"跟着赛事去旅游"、"冷"冰雪迸发"热"活力、"一城一赛"等观念和实践的深入推进，都在生动地诠释体育正成为老百姓追求美好生活的重要内容。把体育融入 14 亿多人民对美好生活的追求中，正是我国践行以人民为中心发展思想的重要体现。近年来，我国通过"体育+""+体育"，围绕人民中心、服务大局，为经济社会发展赋能，体育与各行业的深度融合正成为体育破圈发展的重要动能，在中国式现代化新征程中作出新贡献。

追溯历史、放眼全球，中国处于近代以来最好的发展时期、世界处于百年未有之大变局的时代，全球经济形势多变，国内经济增长面临压力，市场需求愈加多元化，体育文化实力逐渐成为全球城市竞争力的主要领域。随着《关于推进体育助力乡村振兴工作的指导意见》等系列政策的颁布，国家和地方从多层面推动"体旅文商农"产业融合发展，为我国体育文化和经济改革提供新的时代机遇和战略契机。2023 年，国家体育总局提出，以重大体育赛事为契机组织开展体育消费促进活动，密切与文化和旅游部门的沟通合作，加强文化、体育、旅游、商贸活动一体谋划、一体开展。在城市，当前我国各地国际消费中心城市建设正在加速推进，城市利用自身独特的地缘优势和深厚的文化底蕴，培育文旅发展新动能，各类体育服务综合体、城市体育公园和绿道步道等体育消费新载体快速发展、体育进商圈进景区等新场景全面拓展，推动"体旅文商"产业融合发展驶入快车道。在乡村，运动休闲特色小镇、户外运动基地和生态休闲农庄如雨后春笋般浮现，精准迎合当前体旅市场下沉、个性化和多样性需求升级的消费新主张。积极推进文体旅游新经济进乡村，"体旅文商农"融合发展为乡村全面振兴注入强劲新动能。可见，"体旅文商农"产业融合正成为新时期我国释放体育消费新潜力、塑造城市文化新品牌、赋能乡村经济新发展的一种战略选择，"体旅文商农"产业融合助力美好生活大有可为！

从选题上看，本书立足于新发展格局下扩大体育消费的时代背景，致力于探索以"体旅文商农"产业融合发展破解国内需求不足的现实挑战。该研究有助于顺应产业变革和消费升级需求，加快培育体育新型业态，促进体育消费提质增效，激活体育新经济发展新动能，推动体育产业新业态融合发展、创新发展，促进体育强国建设再上新台阶、实现新跨越；有助于创新乡村振兴发展模式，推动优势资源整合发展，实现乡村产业转型升级、农民增收创收和乡村共同富裕，为体育助力乡村振兴和美丽乡村建设注入新动能；有助于推动我国体育消费产品创新，促进我国体育消费提质扩容，释放体育消费潜力，满足人民美好生活需要，提升老百姓的获得感和幸福感。该研究体现较好的问题意识和现实关怀，有效回应了"十四五"时期国民经济与社会发展的新需求，选题具有鲜明的时代感。

从创新点上看，本书的另一个特点是提出了具有一定创新性的学术观点。研究提出了"体旅文商农"产业融合发展的概念和类型，构建了"体旅文商农"产业融合发展动因的理论分析框架，为后续相关课题研究提供了新的理论解释与分析模型；构建"体旅文商农"产业融合发展模式，探讨了其实践路径优化，在一定程度上丰富了体育旅游产业融合理论相关研究，为推进体育多产业融合提供行动指南；创新"体旅文商农"产业融合发展机制，为实现多产业利益均衡与行动协同提供对策建议，为体育产业融合的理论研究和实践应用提供了新的思路与方法。

马尔科姆·泰特（Malcolm Tight）教授认为，案例研究是有意义的小规模研究。尽管案例研究范围有限，但它确实可以产生有价值的数据和分析结果。因此，案例研究具有帮助我们理解世界的巨大潜力。从案例上看，本书收录了包括新加坡体育城、美国 Fresno 农业旅游区、加拿大惠斯勒冰雪小镇、英国老特拉福德球场和宁波中体 SPORTS 城、贵州村超、哈尔滨亚布力滑雪旅游度假区、海南蜈支洲岛在内的国内外典型的产业融合案例。实地考察了成都和江苏"体旅文商农"产业融合实践，对成都麓客岛、成都足球第一村三河村、彭州宝山户外运动中心、无锡融创文旅城、苏州运河体育公园、南京聚宝山公园、南京市浦口区永宁街道大垅社区等生动鲜活实践案例进行深入剖析。这些丰富的实践案例为观察和分析我国"体旅文商农"产业融合提供了生动的素材和样本。

"体旅文商农"产业融合如何成为促内需、扩消费和稳增长的重要动力？这是一个关键的议题，也是政府工作关切的焦点，围绕这一课题展开持续、深入的研究，将是新时期中国体育产业政界、学界和业界共同关注的热点。今后，希望叶小瑜博士能直面体育产业融合实践中出现的新问题，积极汲取国内外前沿性理论成果，进一步深化对这一问题的研究，期待有更多富有时代感和应用性的成果出现。

全国政协委员　北京体育大学中国体育政策研究院院长
北京体育大学教授、博士生导师
鲍明晓

目 录 <<<

>> CONTENTS

1

绪 论

本章立足产业变革和消费需求升级的新要求、结合我国体育产业融合的新特点和"体旅文商农"多产业融合的新趋势系统阐明了本研究的研究背景。从拓展产业融合研究领域、深化产业融合认识深度、拓展产业融合理论应用范围和解释力分析了理论意义；从培育体育新型业态、创新乡村振兴发展模式和促进体育消费提质扩容分析了实践价值。本研究在对产业融合和体育产业融合的相关文献系统梳理的基础上明确研究对象，提出研究目标和研究内容，设计研究思路和技术路线，最后阐明了采用的研究方法。

1.1 研究背景

1.1.1 顺应产业变革和消费需求升级的产业融合新发展

随着新一轮科技革命和产业变革突飞猛进，全球产业结构和布局深度调整，全球产业发展呈现融合化、智慧化、低碳化趋势。由于新冠疫情的巨大冲击，全球经济遭遇了前所未有的严峻挑战，一些产业曾几近停滞状态，外加全球正处于"百年未有之大变局"，多种因素使经济发展环境的复杂性和不确定性不断攀升。在此复杂情况下，产业结构调整加快，为顺应现代产业体系的发展趋势，产业融合成为后疫情时代经济恢复的重要方式。同时，"以内循环为主题的双循环格局"为政策指引，我国也在加速拓展新型产业融合，科技赋能，打造适应社会需求的产业新形态，以消费拉动经济增长，促进产业发展质量稳步提升。

从国际经验来看，人均 GDP 达到 1 万美元后，体育休闲产业通常会迎来发展黄金期[1]。2023年，中国人均GDP已经突破1.2万美元[2]，预示大众化休闲消费时代已经到来。同时，消费结构的改变使消费品质被给予更高的关注。伴随消费需求的日益高级化，人们的消费需求逐步向品质化、个性化、多元化方向发展和转变，相比简单参与更注重深层次的参与和体验。传统单一业态已难以满足人们的高级化消费需求。在此背景下，产业融合得到快速发展，各类消费新模式和新场景层出不穷，通过延长产业链提高产业附加值，扩大消费规模，促进消费提质增效，不仅满足了人们对美好生活的向往，也有助于产业的高质量发展。

1.1.2 产业融合背景下我国体育产业融合的新特点和新趋势

为顺应全球产业融合浪潮，我国积极部署加快体育产业融合发展步伐。2014年，国务院在《关于加快发展体育产业 促进体育消费的若干意见》（国发〔2014〕46号）中明确提出积极拓展业态，促进体育旅游、体育传媒、体育会展、体育广告、体育影视等相关业态的发展；2019年，国务院办公厅在《关于促进全民健身和体育消费推动体育产业高质量发展的意见》（国办发〔2019〕43号）中强调实施"体育+"行动，促进融合发展，实施体育旅游精品示范工程，规范和引导体育旅游示范区建设打造一批有影响力的体育旅游精品线路、精品赛事和示范基地，强化示范引领，打造发展载体。以上政策为体育产业融合提供了良好的发展环境。

在政策引领推动下，我国体育产业融合趋势逐渐加强，并呈现以下新特点和新趋势。第一，科学技术成为体育产业融合的重要支撑。人工智能、大数据、物联网等前沿技术蓬勃发展，依托体育融合产业主要功能，以消费需求和科技发展为引导，强化"科技赋能"发展理念，积极构建技术应用新场景和新平台，创新体育消费业态，提升产品供给能力，激发体育产业活力和拓展发展空间。第二，体育产业融合业态日趋多元。随着社会经济的发展和消费需求的多样化，体育的娱乐、休闲等功能被不断挖掘，围绕市场需求，体育产业与其他产业展开互动融合，各种新兴业态层出不穷，如"体育+旅游""体育+教育""体育+医学"等。随着产业融合的不断深化，双产业融合衍生出多产业融合模式，产业间优势

---

[1] 白宇飞. 保持良好势头 推动体育产业持续高质量发展 [J]. 旗帜，2023（11）：41-42.

[2] 新华社. 2023年中国GDP同比增长5.2% [EB/OL]. （2024-01-17）［2024-03-01］. https://www.gov.cn/lianbo/buwen/202401/content-6926564.htm.

互补、资源共享，产业协同效应增强。第三，体育产业融合发展面向区域、人群全面化。以体育旅游为例，我国体育旅游已有一定发展，从东部至西部区域发展各具优势[1]。2022年中国体育旅游行业研究报告显示，我国体育旅游企业在全国范围内均有分布，体育旅游资源丰富区域聚集了更多企业[2]。在体育旅游消费者中，青少年、中青年、老年人各占据一定比例，且市场活跃度均有所上升[3]。为适应消费人群全龄化，市场上已出现细分的体育旅游服务产品供给，有针对性地满足消费者需求，进一步释放市场消费潜力。

1.1.3 从"体育+旅游"双产业融合到"体旅文商农"多产业融合

2016年，国家旅游局和国家体育总局签署《关于推进体育旅游融合发展的合作协议》，同年共同发布《关于大力发展体育旅游的指导意见》（旅发〔2016〕172号），体育旅游迎来了黄金发展期。作为两个关联性强的产业，体育产业和旅游产业融合趋势日益显著。体育产业与旅游产业通过产业融合形成体育旅游业态，体育为旅游提供了新消费内容，旅游为体育提供了新消费形式，体旅融合在培育体育经济发展新动能、拓展体育消费新空间和促进旅游产业转型升级方面发挥积极作用，体育旅游产业逐渐成为我国国民经济综合性战略产业。

随着体育旅游消费能力的综合提升，人们对体育旅游的服务内容和质量有了更高的要求，在消费中更为注重过程的体验以满足不同层次的需求，复合型需求积极推动体育产业与旅游、文化、商业等相关产业融合不断深化，形成了"体旅文商"产业融合发展大格局。城市地处繁华的经济中心地带，相对完善的配套设施、便利的交通条件、优质的服务水平、专业的人才配备等是其发展"体旅文商"的先天优势所在。城市凭借体育产业发展基础、丰富的旅游资源、商业贸易发展基础、深厚的文化底蕴促进体育、旅游、文化、商业协同融合发展，同时以重大体育赛事为中心加快产业结构转型，注重文化内涵的挖掘和传承，打造具有

[1] 龚明波、李仲坤. 我国体育旅游市场的区域发展特征及其制约因素 [J]. 山东体育学院学报，2005（3）：46-47.

[2] 头豹研究院. 2022年中国体育旅游行业研究 [EB/OL]. （2022-02-18）[2023-08-29]. https://zhuanlan.zhihu.com/p/486793852.

[3] 新华网. 全面、融合、创新——专家谈体育产业发展新趋势 [EB/OL]. （2023-08-18）[2023-08-29]. https://baijiahao.baidu.com/s?id=1774532337179727960&wfr=spider&for=pc%EF%BC%89.

地方特色的"体旅文商"发展模式，从而形成核心竞争力。

伴随乡村振兴战略的深入实施，我国体育旅游消费群体不断扩大，从以城市地区为主逐渐向农村地区延伸。农村广袤的自然风光、丰富的旅游资源禀赋和多彩的人文民俗资源为体育旅游发展提供了良好基础。同时，在国家乡村振兴战略和提振农村消费政策的多轮驱动下，农村地区物质生活水平在打赢脱贫攻坚战后有了较大提升，广大农村群众对美好休闲生活的向往也有了更丰富的内容和需求。为顺应社会体育消费新需求，我国农村地区借助丰富的资源禀赋、文化底蕴和特色产业，不断深化产业供给侧结构性改革，丰富乡村休闲体育产品，打造体育消费新场景，推动产业转型升级和产业链延伸。随着"村BA"用体育赛事文化点燃乡村振兴的火把，各类运动休闲特色小镇、田园休闲综合体、生态休闲农庄不断出现。乡村体育旅游的兴起，带动了人文、农产品的销售和农村体育消费的提质增效，我国农村体育产业逐渐形成了集户外健身、生态旅游、休闲康养、文化传播、现代农业等为一体的多元业态的"体旅文商农"产业融合发展模式。

1.2 研究意义

1.2.1 理论意义

本研究借助产业融合理论，通过实证研究，从模式构建和机制创新维度，为体育产业从"体育+"双产业向"体旅文商农"多产业融合发展提供理论与实践相结合的且突出应用性的研究框架与学术观点，体现了对新时代体育产业发展新趋势的理论回应与学术关怀，进一步拓展了产业融合的研究领域，深化了产业融合的认识深度，拓展了产业融合理论的应用范围和解释力。

1.2.2 实践意义

本研究运用产业融合相关理论，通过对我国"体旅文商农"产业融合发展的现状分析和对"体旅文商农"产业融合发展国内外经验的深入解读，探索构建我国融合发展模式，系统解析了我国"体旅文商农"融合发展的机制创新，提出了"体旅文商农"产业融合发展的推进路径，其实践意义主要有三点。第一，有利于加快培育体育新型业态，激活体育新经济发展新动能，促进体育产业新业态融合发展、创新发展，推动体育强国建设再上新台阶、实现新跨越。第二，有利于创新乡村振兴发展模式，推动优势资源整合发展，实现乡村产业转型升级、农民增收创收和乡村共同富裕，为体育助力乡村振兴和美丽乡村建设注入新动能。第三，有利于推动我国体育消费产品创新，促进我国体育消费提质扩容，释放体育消费潜力，满足人民美好生活需要，提升人民的获得感和幸福感。

1.3 国内外相关文献综述

1.3.1 产业融合的相关研究

20世纪90年代末以来，国外学术界掀起产业融合的研究热潮，涌现大量成果，并集中在以下方面。一是产业融合的含义与特征。学者从产业边界、技术渗透、产品整合等不同视角对产业融合进行了界定[1]。二是产业融合的类型。其主要包含替代性融合和互补性融合[2]，需求方融合和供给方融合[3]，技术替代性、技术互补性、产品替代性和产品互补性[4]，应用融合、横向融合和潜在融合[5]等类型。三是产业融合的动因。从技术创新或技术融合改变传统产业的边界[6]，政策管制、放松技术创新和战略联盟[7]，技术创新发展和限制放宽、行业壁垒降低等角度来阐释产业融合的动力机制[8]。四是产业融合的过程。主要论证技术融合、业务与管理融合和市场融合三个阶段[9]，以科学技术交叉渗

[1] Bally N. Deriving Managerial Implications from Technological Convergence along the Innovation Process：A Case Study on the Telecommunications Industry [R]. Swiss Federal Institute of Technology (ETH Zürich)，2005.

[2] Greenstein S，Khanna T. What does industry convergence mean？[C] //Yoffie D B. Competing in the Age of Digital Convergence. Boston：Harvard Business School Press，1997：201-226.

[3] Pennings J M，Puranam P. Market convergence and firm strategy：New directions for theory and research [C] //ECIS Conference. Eindhoven：The Future of Innovation Studies，2001：3-5.

[4] Stieglitz N. Industry Dynamics and Types of Market Convergence [R]. Copenhagen/Elsinore：DRUID Summet Conference，2004.

[5] Hacklin F，Raurich V，Marxt C. Implications of Technological convergence on innovation trajectories：The Case of Ict industry [J]. International Journal of Innovation and Technology Management，2005，2 (3)：313-330.

[6] Porter M E. Technology and competitive advantage [J]. The Journal of Business Strategy，1985，5 (3)：60.

[7] Yoffie D B. Introduction：chess and competing in the age of digital convergence [J]. Competing In the Age of Digital Convergence，1997：1-35.

[8] 植草益. 信息通讯业的产业融合 [J]. 中国工业经济，2001 (2)：24-27.

[9] Rosenberg N. Technological Change in the Machine Tool Industry：1840-1910 [J]. The Journal of Economic History，1963，23：414-446.

透、知识扩散等方式进行融合[1]。五是产业融合的效应。有研究指出，产业融合从微观上改变了产业市场结构和产业绩效，从宏观上改变了国家的产业结构和经济增长方式[2]。六是农村产业融合的研究。近年来，农村产业融合成为学界关注的新热点领域。有研究总结农业旅游研究的实质性、描述性、本体论和认识论进展，设想了未来75年农业旅游空间和研究将如何发展[3]。虽然国外学界从不同视角探索了产业融合现象，但在大力推进产业融合上达成了共识，正如日本产业经济学家植草益[4]指出，对于研究产业组织和产业结构的学者及相关政策者来说，产业融合的研究是绝对不能忽视的问题。

国内学术界对产业融合的研究起步较晚，但发展较快，产业融合日益成为产业经济学研究的热点，现有研究主要集中在产业融合的类型、动力、路径、效应和产业融合不同领域应用等层面。一是关于产业融合类型、特征的研究。张磊聚焦互联网产业融合的管理问题[5]。厉无畏认为产业融合特征在于出现了新的产业或新的增长点，并提出产业融合的主要方式[6]。二是关于产业融合本质、动因的研究。周振华深入分析信息化的本质、历史意义，以及对产业融合的支持作用，提出适应产业融合新范式的产业分类创新[7]。马健认为技术革新是产业融合的内在原因，经济管制放松是外在原因[8]。姜奇平认为分工迂回与协同融合是两类不同的经济学，新经济的本质就是融合经济，是对分工经济的超越[9]。刘名远等对战略性新兴产业融合发展进行进一步理论扩充，深入剖析其融合发展的内在机理[10]。三是关于产业融合路径的研究。叶卫东深入分析武汉都市圈产

[1] Hacklin F, Marxt C, Fahrni F. Coevolutionary cycles of Convergence: An extrapolation from the IC industry [J]. Technological Forecasting and Social Change, 2009, 76 (6): 723-736.

[2] Lind J. Ubiquitous convergence: market redefinitions generated by technological change and the industry life cycle [R]. DRUID Academy: Winter 2005 Conferenc, 2005.

[3] Barbieri Carla C P, Alves F M P. Human capital theory and social capital theory on sports management [J]. International Advances in Economic Research, 2003, 9 (3): 218-236.

[4] 植草益. 信息通讯业的产业融合 [J]. 中国工业经济, 2001 (2): 24-27.

[5] 张磊. 产业融合与互联网管制 [M]. 上海：上海财经大学出版社, 2001.

[6] 厉无畏. 把握国际产业发展三大趋势促进我国产业结构优化升级 [J]. 中国经济快讯, 2002 (12): 21-22.

[7] 周振华. 产业融合：新产业革命的历史性标志——兼析电信、广播电视和出版三大产业融合案例 [J]. 产业经济研究, 2003 (1): 1-10.

[8] 马健. 产业融合识别的理论探讨 [J]. 社会科学辑刊, 2005 (3): 86-89.

[9] 姜奇平. 新经济中的生财之道 [J]. 互联网周刊, 2002 (31): 58-60.

[10] 刘名远, 李桢. 战略性新兴产业融合发展内在机理及策略路径 [J]. 经济与管理, 2013, 27 (11): 88-93.

业融合和布局一体化的现状、特征，以政策机制为导向，推出相应发展路径[1]。李桢等经过研究发现了城市群产业融合的核心内容，从多个角度阐述融合发展的有效对策[2]。姜长云将农村一二三产业融合发展归结为五条主要路径，通过与发展乡镇企业和农业产业化的关系辨识，提出推进产业融合发展的关键着力点[3]。四是关于产业融合效应的研究。于刃刚重点解析信息、金融、物流等多领域产业融合现象，探讨产业融合对产业结构优化、规制理论、反垄断法的影响[4]。梁树广等从市场结构、市场行为、市场绩效和产业结构四个方面分析了农业产业融合效应[5]。五是产业融合不同应用领域的研究。周咪认为粤港澳城市群是多元文化的汇集地，优越的文化资源给予区域文旅产业融合发展坚实的基础[6]。随着"乡村振兴"这一国家战略的实施，近年来农村产业融合现象开始引起了学术界关注，如曹哲等以"五力"分析框架论证了农村一二三产业融合发展的动力机制[7]。吴江等系统分析数智赋能乡村农商文旅融合的逻辑框架，从连接、互动、聚变三个角度阐述农商文旅融合发展的突破性路径[8]。虽然在产业经济学领域，国内外关于信息、金融、媒体、农业等产业融合的研究较为系统丰富，但是对体育产业融合的研究相对薄弱，亟须进行专门的研究，这也为本书提供了切入点。

1.3.2 体育产业融合的相关研究

国外学术界主要侧重于从业务、市场、管理等视角切入，聚焦于体育旅游、体育媒介、体育文化和体育会展等"体育+"双产业融合发展方面的议题。有学者不仅明确体育旅游的概念内涵，还指出体育旅游不是"体育"与"旅游"的简单结合，而是一种产业融合现象[9]；从政府政策、战略规划、城市营销和服

[1] 叶卫东. 武汉城市圈产业融合与布局一体化研究 [J]. 统计与决策，2009 (20)：68-70.
[2] 李桢，刘名远. 城市群产业融合研究——以闽南金三角地区为例 [J]. 江西社会科学，2013，33 (11)：39-43.
[3] 姜长云. 推进农村一二三产业融合发展的路径和着力点 [J]. 中州学刊，2016 (5)：43-49.
[4] 于刃刚. 产业融合论 [M]. 北京：人民出版社，2006.
[5] 梁树广，马中东. 农业产业融合的关联度、路径与效应分析 [J]. 经济体制改革，2017 (6)：79-84.
[6] 周咪. 粤港澳城市群文旅产业融合发展策略 [J]. 社会科学家，2022 (10)：39-46.
[7] 曹哲，邵旭. 我国农村一二三产业融合发展的动力机制研究 [J]. 西南金融，2023 (4)：57-70.
[8] 吴江，陈坤祥，陈浩东. 数商兴农背景下数智赋能乡村农商文旅融合的逻辑与路径 [J]. 武汉大学学报（哲学社会科学版），2023，76 (4)：116-127.
[9] Weed M, Bull C. Sports Tourism：Participants，Policy and Providers [M]. London：Routledge，2003.

务设施等角度提出促进体育与旅游整合的建议[1]。还有学者认为体育赛事媒体正影响着许多人的生活,这些人不止游客,也影响了客源地居民的消费方式,并预言体育与媒介的结合正成为一个具有影响力的新产业[2];体育旅游融合对社会、经济、文化等方面的影响不完全是正面的,也可能是负面的[3];体育旅游业可以在社区团结方面发挥出重要的凝聚作用,同时体育旅游业需要与体育旅游机构、决策者和当地社区密切合作来发展旅游目的地[4]。另外,学者基于体育旅游产业与文化产业的融合,构建了人工智能时代背景下体育旅游产业与文化产业的信息耦合系统模型[5]。这些研究为全方位地审视和分析体育产业与相关产业融合提供重要的理论依据和实例。

国内体育产业融合研究始于 2002 年,张锐在《中国记者》上发表《大众传媒与体育产业的融合——MSNBC 世界杯报道的传播取向》,首次提及了体育产业与传媒产业融合问题[6]。此后十余年,体育产业融合的研究成果零星而断续地出现。2014 年后,随着《关于加快发展体育产业 促进体育消费的若干意见》(国发〔2014〕46 号)颁布,体育产业融合理念持续升温,体育产业融合的研究成果明显增多,成为关注的热点。国内研究主要集中在体育产业融合的内涵、动因、模式、效应和策略等方面,且多集中于"体育+"双产业融合的研究。一是体育产业融合内涵的辨析。程林林认为,"体育产业融合是不同产业与体育通过相互渗透、相互交叉,最终融为一体,逐步形成新的体育产业的动态发展过程"[7]。后续研究或是从具有双重产业属性元素的新型产业[8],或是从产业融

[1] Glyptis S A. Sport and Tourism [J]. Progress in Tourism Recreation and Hospitality Management, 1991, 3 (1): 165-183.

[2] Tang C H C, Jang S C S. The Tourism-Economy Causality in the United States: A Sub-Industry Level Examination [J]. Tourism Management, 2009 (4): 553-558.

[3] Gibson, Heather J, Lori Pennington-Gray. Insights from Role Theory: Understanding Golf Tourism [J]. European Sport Management Quarterly, 2005 (5): 443-468.

[4] Jansen-Verveke M. Leisure, Recreation and Tourism in Inter Cities: Explorative Case Studies [M]. DenHaag: Netherlands Geographical Studies, 2014: 234-245.

[5] Gholam Reza Taleghani, Ali Ghafary. Providing a Management Model for the Development of Sports Tourism [J]. Procedia - Social and Behavioral Sciences, 2014 (120): 289-298.

[6] 张锐. 大众传媒与体育产业的融合——MSNBC 世界杯报道的传播取向 [J]. 中国记者, 2002 (8): 35-36.

[7] 程林林. 体育的产业融合现象探析 [J]. 成都体育学院学报, 2005 (3): 22-25.

[8] 王艳, 刘金生. 体育产业融合与产业发展——我国体育产业发展的新视角 [J]. 成都体育学院学报, 2009, 35 (7): 7-10.

合形成新的体育产业业态和产业发展模式角度来界定体育产业融合[1]。二是体育产业融合动因的研究。张广俊等对体育产业融合的动因展开了深入研究[2]。王龙飞等立足产业融合理论，认为体育产业与健康产业融合需求、技术、管理、政府是关键原因[3]。三是体育产业融合模式、路径的研究。黄海燕等分析上海体育赛事产业与旅游产业融合发展存在的问题并提出解决对策[4]。李燕燕等研究了我国体育产业融合的特征、类型及实现机制[5]。蒋依依等在系统梳理体旅融合理论和机理的基础上，提出体旅融合可从资源、市场、产品、业态等五方面开展[6]。张磊等研究发现长三角一体化背景下体育产业融合发展已具备足够动力，基于客观存在的障碍，提出具体改善措施[7]。易闻昱等全面阐述体育与会展产业融合发展的理论逻辑，鉴于多方面障碍，提出从产业融合规划、标准入手进行深层次的产业融合[8]。四是体育产业融合效应的研究。张广俊等独到分析了产业、政府规制、企业三大层面体育产业融合的效应，对体育产业融合发展具有深刻的参考意义[9]。吴学峰结合产业演进规律研究体育产业融合对发展体育产业经济、建设体育强国的战略意义[10]。五是体育与多产业融合的研究。有研究对"文体旅"的发展路径[11]和"体旅文商农"的时代价值、内在逻辑、作用

[1] 杨强. 体育产业与相关产业融合发展的内在机理与外在动力研究 [J]. 北京体育大学学报, 2013, 36 (11)：20-24.
[2] 张广俊, 李燕领, 邱鹏. 体育产业融合的动因、路径、效应与策略研究 [J]. 武汉体育学院学报, 2017, 51 (8)：50-56.
[3] 王龙飞, 殷小翠. 健康中国战略下体育产业与健康产业融合发展的动因与路径研究 [J]. 体育学研究, 2020, 34 (3)：34-39.
[4] 黄海燕, 徐琳, 骆雷, 等. 体育赛事与上海旅游业互动发展研究 [J]. 上海体育学院学报, 2013, 37 (5)：37-41, 56.
[5] 李燕燕, 兰自力, 陈锡尧. 我国体育产业融合的特征、类型及实现机制 [J]. 首都体育学院学报, 2015, 27 (6)：488-492.
[6] 蒋依依, 张月, 杨占东, 等. 全生命周期视角下体育与旅游融合发展研究 [J]. 北京体育大学学报, 2020, 43 (12)：46-57, 70.
[7] 张磊, 邱崇禧, 雍明. 长三角一体化背景下体育产业融合研究 [J]. 体育文化导刊, 2020 (7)：86-91.
[8] 易闻昱, 杨倩. 体育与会展产业融合：理论逻辑、现实发展与未来展望 [J]. 上海体育学院学报, 2022, 46 (12)：94-108.
[9] 张广俊, 李燕领, 邱鹏. 江苏省体育产业公共服务平台建设研究 [J]. 体育文化导刊, 2017 (5)：137-142.
[10] 吴学峰. 体育强国背景下体育产业融合研究 [J]. 广州体育学院学报, 2018, 38 (5)：30-33.
[11] 杨铭. 黄河口地区"文体旅"深度融合发展的理论内涵与实现路径研究 [J]. 体育与科学, 2022, 43 (1)：104-112.

机制、推进策略等均展开了深入探讨[1]。同时有研究指出，与其他产业的深层次互动和融合发展严重匮乏，单纯为体育产业而发展体育产业，割裂体育产业与其他关联产业的联系，严重阻碍了体育产业的可持续发展，产业核心竞争力无从谈起[2]。在全球产业融合日益加剧的今天，呈现出越来越多对体育与相关产业融合发展的时代呼唤[3]。

综上所述，前人研究为本研究奠定坚实基础，但也存在较大的继续探索空间，主要体现在以下层面：第一，理论上，需要加强对体育产业与多产业门类融合的创新研究，对如何在融合发展中实现多产业的优势互鉴与短板互补应给予更多理论关怀；第二，实践上，构建"体旅文商农"融合发展模式及创新"体旅文商农"融合发展机制是亟待解决的现实问题。

1.4　研究目标与研究内容

1.4.1　研究目标

本研究的主要目标是探讨"体旅文商农"产业融合相关理论；分析我国"体旅文商农"发展态势；凝练国内外"体旅文商农"融合发展经验；构建我国"体旅文商农"融合发展模式；探索我国"体旅文商农"融合发展机制创新；分析我国"体旅文商农"融合发展实证案例。

1.4.2　研究内容

1.4.2.1　"体旅文商农"产业融合发展的理论研究

厘清"体旅文商农"融合发展的概念；阐明"体旅文商农"融合发展的动力，构建"体旅文商农"融合发展动因理论框架；解析"体旅文商农"融合发展的类型；探究"体旅文商农"融合发展的效应，为后续研究奠定理论基础。

---

[1] 叶小瑜. "体旅文商农"产业融合发展的时代价值与推进策略 [J]. 体育文化导刊, 2020 (4)：79-84.

[2] 李燕燕，高雪峰，兰自力. 我国体育产业融合的动力因素及模式分析 [J]. 成都体育学院学报, 2014, 40 (9)：7-11, 29.

[3] 鲍明晓. 从体育部门经营创收到现代体育产业体系初创——对改革开放以来中国体育产业发展的思考 [J]. 体育科学, 2018, 38 (7)：15-16.

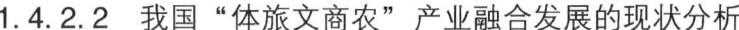

1.4.2.2 我国"体旅文商农"产业融合发展的现状分析

解析我国"体旅文商农"产业融合发展的态势；梳理我国"体旅文商农"产业融合发展的历程；总结我国"体旅文商农"产业融合发展的阶段特征；诊断我国"体旅文商农"产业融合发展存在的障碍，为我国"体旅文商农"产业融合发展的模式构建与机制创新提供现实依据。

1.4.2.3 "体旅文商农"产业融合发展的国内外经验解读

解析国内外"体旅文商农"产业融合发展案例；比较国内外"体旅文商农"产业融合发展模式与机制差异；总结国内外"体旅文商农"产业融合发展的经验；提炼对我国"体旅文商农"产业融合发展的启示，为我国"体旅文商农"产业融合发展的模式构建与机制创新提供经验借鉴。

1.4.2.4 我国"体旅文商农"产业融合发展的模式构建

基于价值链理论、产业集群理论和创新理论等，对我国"体旅文商农"产业融合发展的主要模式和路径进行研究。构建"体旅文商农"融合发展的模式，解析每类模式的特征、演化动力、影响因素和约束条件，探讨"体旅文商农"产业融合发展的模式应用；分析"体旅文商农"产业融合发展的路径，为促进我国"体旅文商农"产业融合发展提供行动指南。

1.4.2.5 我国"体旅文商农"产业融合发展的机制创新

分析我国"体旅文商农"产业融合发展机制创新的必要性；揭示我国"体旅文商农"融合发展的动力系统；从技术融合、产品融合、业务融合和市场融合角度分析"体旅文商农"融合发展的运行机制；从融合理念创新、组织管理创新、融合要素创新、融合业态创新四个维度阐明我国"体旅文商农"融合发展的机制创新；提出推进我国"体旅文商农"融合发展的实现路径、政策建议和保障条件，为政府部门提供决策依据。

1.4.2.6 我国"体旅文商农"产业融合发展的实证研究

基于前文的理论分析，进行区域实证案例研究。立足对江苏和成都区域产业融合的实践考察，解析江苏、成都"体旅文商农"产业融合发展的政策文件、主要举措、典型案例,从发展现状、发展模式、机制创新等方面进行深入解读,从政府、社会、企业等角度提出推动"体旅文商农"产业融合发展的建议与对策。

1.5 研究思路与研究方法

1.5.1 研究思路

从理论、实证与应用研究三个层面展开:理论上围绕着"体旅文商农"产业融合发展相关理论问题进行系统阐述;实证上紧扣"体旅文商农"产业融合发展的中国现状和国内外经验来展开调查;应用上提出我国"体旅文商农"产业融合发展的模式构建与机制创新,同时,选取江苏、成都"体旅文商农"产业融合发展区域实证案例进行分析论证,从整体上提出优化对策和政策建议(图1-1)。

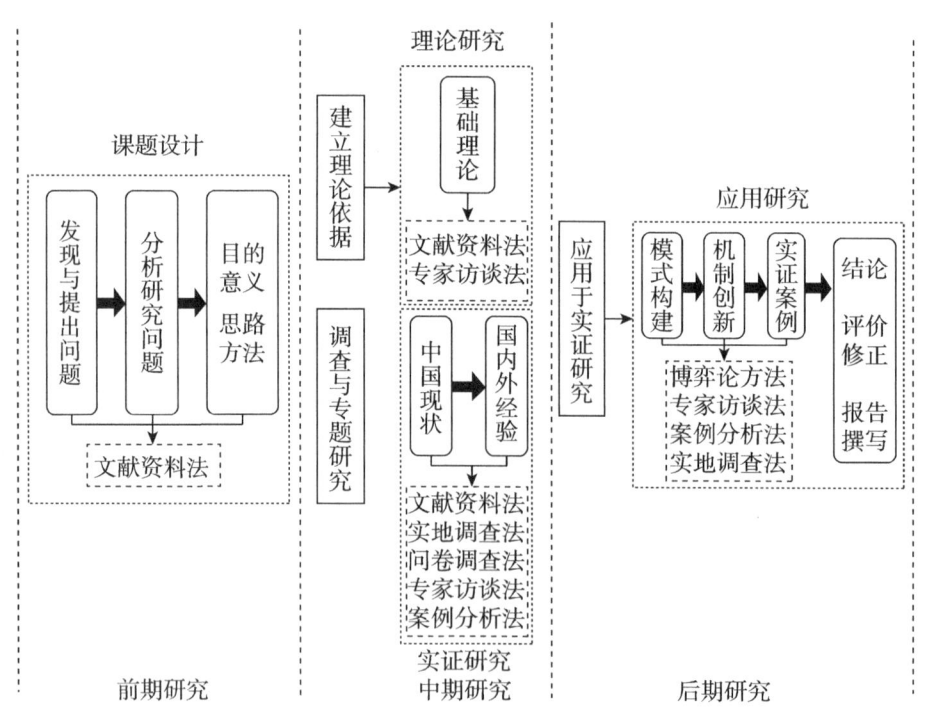

图1-1 本研究的技术路线

1.5.2 研究方法

1.5.2.1 文献资料法

通过中国知网（CNKI）、EBSCO、体育资讯网等，查阅产业融合、体育产业融合涉及的各种文献和新闻报道资料。通过国家体育总局、商务部、文化和旅游部、农业农村部等官网收集相关政策文件、项目资料等。

1.5.2.2 实地调查法

对崇礼滑雪小镇、宁波中体 SPORT 城、成都天府绿道（锦城湖、桂溪生态公园、江家艺苑、青龙湖）、彭州市宝山村、新都区三河足球村、天府新区麓客岛、无锡海澜飞马水城、苏州太湖体育运动休闲小镇、南京聚宝山公园、无锡融创文旅城、哈尔滨亚布力滑雪旅游度假区、海南蜈支洲岛等地进行实地观察与考察，总结特征、发现问题，为其模式构建提供实证材料。

1.5.2.3 专家访谈法

访谈高校体育旅游专业、体育管理专业和旅游管理专业等领域学者，国家体育总局体育经济司及我国部分省市的体育局、商务厅、文化和旅游厅、农业农村厅工作人员和部分国家体育旅游示范基地等实体运营管理人员，探讨"体旅文商农"产业融合发展的概念、现状、约束条件、主要障碍、模式构建与机制创新等问题。

1.5.2.4 问卷调查法

对我国东、中、西部省市的体育、商务、农业农村、文化和旅游部门工作人员和企业运营人员进行问卷调查，采用分层随机抽样方式，东、中、西每个地区各选取 3 个省市，每个省市选取 8～10 个地区发放问卷，尽可能全面了解我国"体旅文商农"产业融合发展的现状。

1.5.2.5 案例分析法

通过对发达国家新加坡体育城、美国 Fresno 农业旅游区、加拿大惠斯勒冰雪小镇、英国老特拉福德球场和我国宁波中体 SPORT 城、贵州村超、哈尔滨亚布力滑雪旅游度假区、海南蜈支洲岛、无锡融创文旅城、南京聚宝山公园、苏州太湖体育运动休闲小镇、彭州宝山户外运动中心、新都区三河足球村、成都天府新区麓客岛等"体旅文商农"产业融合发展案例的深入剖析,比较国内外"体旅文商农"产业融合发展的差异,提炼可供借鉴的成功经验,分析对我国"体旅文商农"产业融合发展的经验启示。

1.5.3 研究创新

1.5.3.1 学术思想的特色和创新

推进"体旅文商农"产业融合发展不仅是体育部门的职责担当,更应是文化和旅游部、商务部与农业农村部多部门协同推进、统筹发力的重要目标。可借助旅游、文化、商业和农业的多产业优势互鉴与短板互补,来破解运动场景消费连接不畅、兑现渠道单一和商业模式构成要素不全等当前体育产业发展的痛点,在学术思想上具有较强的创新性。

1.5.3.2 学术视野的特色和创新

以往研究大多仅从"体育+旅游"或"体育+传媒"等双产业融合角度来研究,本研究首次从"体旅文商农"多产业融合的视角切入,将产业融合含义推广到更为广泛的产业中,深化产业融合研究深度,扩大了现有理论的研究范畴和丰富了研究视角。

1.5.3.3 学术观点的特色和创新

本研究提出"体旅文商农"产业融合发展概念和类型,构建了"体旅文商农"产业融合发展动因的理论分析框架,为后续相关研究提供新的理论解释与分析模型;构建"体旅文商农"产业融合发展模式,在一定程度上丰富了体育旅游产业融合理论相关研究,为推进体育多产业融合提供行动指南;创新"体旅文商农"产业融合发展机制,为实现多产业利益均衡与行动协同提供对策建议,为学术理论和实践应用提供新的思路与方法。

"体旅文商农"产业融合发展的理论研究

本章结合产业融合理论和体育产业特点，厘清"体旅文商农"产业融合的内涵与外延，明确本书论证的逻辑起点。从资产通用性、社会需求、政府规制放松和政策引导、企业跨产业并购和战略联盟，以及技术融合创新的维度解析我国"体旅文商农"产业融合发展的动力。从理论上提出了渗透型融合、延伸型融合和重组型融合三种"体旅文商农"产业融合类型，从成本节约、竞争合作和产业升级的角度分析了"体旅文商农"产业融合的效应，为后续研究奠定理论基础。

2.1 "体旅文商农"产业融合发展的内涵辨析

厘清"体旅文商农"产业融合发展的内涵是分析"体旅文商农"融合发展问题的逻辑起点。目前"体旅义商农"是一种新兴的体育产业实践，现有学术研究不多，尚属于起步阶段。综合学界对"体旅文商农"概念的相关研究，目前主要存在如下两类观点：一是从产业边界的角度进行探讨，如鲁志琴等认为"体旅文商农"产业融合是指部门或产业之间的边界模糊甚至消失的过程和现象，是两个或多个相对独立的实体相互交叉渗透，逐步相对整合的趋势[1]；二是从全域旅游角度界定，如王国全等提出"体旅文商农"产业融合是一种可发展的全域旅游示范区模式。它是以旅游为主导，并以体育、文化、商业和农业等任一产业为特色和龙头，同时将其他产业元素融入的全域旅游示范区[2]。可见，目前学术界尚

[1] 鲁志琴，陈林祥，沈玲丽. 我国"体旅文商农"产业融合发展的内在逻辑、作用机制与优化路径 [J]. 中国体育科技，2022，58（6）：81-87.
[2] 王国全，陈昌. 全域旅游视角的"体旅文商农"产业融合研究 [J]. 体育科技，2023，44（1）：78-80.

未形成概念上的统一共识,"体旅文商农"融合发展仍处于探索阶段。

本研究认为"体旅文商农"产业融合的属概念是产业融合,采用"被定义概念=种差+邻近属概念"的下定义方法。本研究通过提炼产业融合概念的共同特征,结合"体旅文商农"产业融合的种差特征,提出"体旅文商农"产业融合是体育产业与旅游产业、文化产业、商业和农业为了实现共同利益,在内外部因素推动下打破产业边界,借助各自产业链的渗透、延伸和重组,经过技术融合、业务融合和市场融合,形成新业态的动态发展过程。如图 2-1 所示,"体旅文商农"产业融合发展具有以下特征:一是产业融合发展是不同产业主体受共同利益驱动形成的互通互融过程;二是产业融合发展的外部因素是部门融合、政策融合、业务融合、模式融合、市场融合和人才融合;产业融合发展的内部因素是在大数据推动下产业链的渗透、延伸和重组,并经历技术、业务、市场融合三个阶段;三是产业融合发展的结果是形成"体育+旅游+文化"(STC)、"体育+旅游+商业"(STC)、"体育+旅游+农业"(STA)、"体育+商业+农业"(SCA)三业融合或"体育+旅游+文化+商业"(STCC)、"体育+旅游+文化+农业"(STCA)、"体育+文化+商业+农业"(SCCA)四业融合或"体育+旅游+文化+商业+农业"(STCCA)五业融合的新业态[1]。

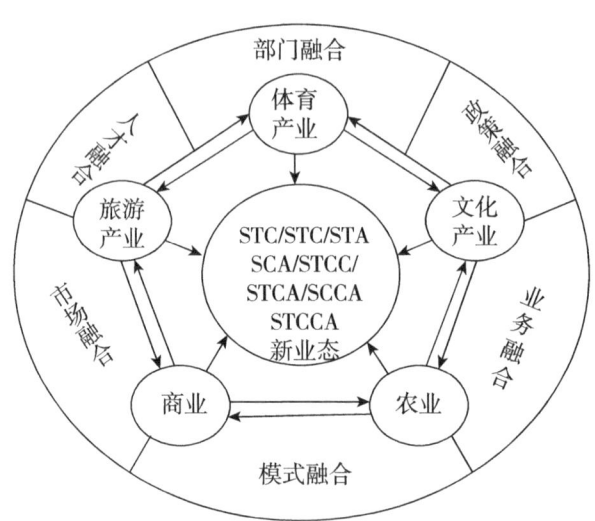

图 2-1 "体旅文商农"产业融合发展概念模型

[1]叶小瑜."体旅文商农"产业融合发展的时代价值与推进策略 [J].体育文化导刊,2020(4):79-84.

2.2 我国"体旅文商农" 产业融合发展的动力

动力机制是指推动工作、事业等前进和发展的一个工作系统的组织或部分之间相互作用的过程和方式[1]。明确我国"体旅文商农"产业融合动力因素有助于更好地观察和分析其融合发展的过程。从体育产业实践和相关理论文献来看，目前关于产业融合的动力主要集中在如下几个方面：一是技术创新；二是企业竞争合作的压力；三是企业（跨国）的扩张及政府管制的放松[2][3][4]。也有学者从技术演化论、过程统一论、边界模糊论、产业组织论和产品（产业）创新或产业发展论等角度进一步分析了产业融合的动因[5]。其中，技术演化论强调了技术创新与产业融合之间不可分割的关系。虽然学者的观点有所不同，但上述学术观点共同认为技术创新、企业竞争和合作联盟、资产通用性和政策管制放松、管理创新等是推动产业融合的主要因素。根据前人对产业融合动力方面的研究，本书认为"体旅文商农"产业融合发展的动力应来自三方面：一是来自供给侧的推动力，包括资产通用性及企业跨产业并购和战略联盟；二是需求侧的拉动力，即社会需求；三是外部环境的支持力，包括政府规制放松和政策引导，以及技术创新（图2-2）。三种动力都具有不同的优势，但只有综合利用好这几种动力并形成强大的合力，才能更好地提高我国"体旅文商农"产业融合发展的整体水平，实现产业发展的良性循环。

[1] 郝庆升，陈楠，李锐，等. 动力机制理论及其方法论构想 [J]. 中国科技论文在线精品论文，2015，8 (8)：839-844.

[2] Yoffie D B. Competing in the age of digital convergence [M]. Harvard：Harvard Business School Press, 1997.

[3] 植草益. 信息通讯业的产业融合 [J]. 中国工业经济，2001 (2)：24-27.

[4] 李玉红，麻卫华. 主导产业与产业融合 [J]. 邯郸学院学报，2006，16 (1)：77-80.

[5] 胡永佳. 产业融合的经济学分析 [M]. 北京：中国经济出版社，2008.

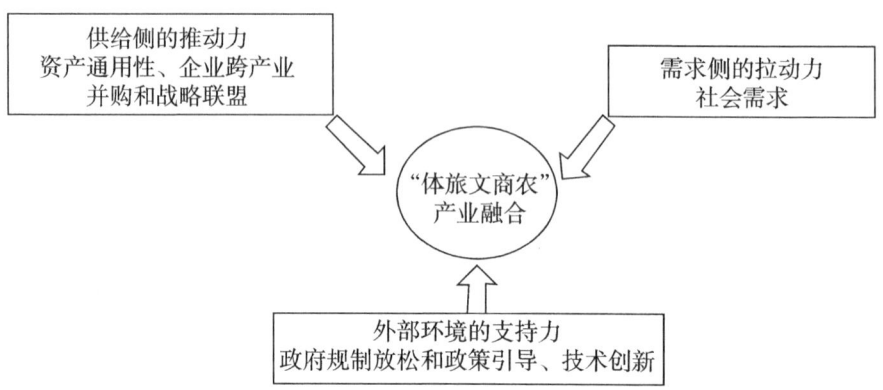

图 2-2　"体旅文商农"产业融合的动力机制

2.2.1　资产通用性

资产专用性是指在保留生产价值的条件下，资产可用于不同用途和由不同使用者利用的程度。具体而言，专用性资产是为支撑某种交易而进行的耐久性投资。一旦形成并投资于某一领域，它将受限于特定形态，若被用于其他方面，其价值将会贬损[1]。与之相反，资产通用性是指至少保留生产价值的条件下，一项（或一套）资产可以与其他资产替换使用或结合使用的程度。换言之，资产通用性允许资产用于不同的领域和被不同的使用者利用[2]。一般而言，某个产业的资产专用性越强，资产转换成本越高，产业之间的壁垒越高，产业融合发生程度就越低；反之，资产通用性越强，其资产转换成本越低，则产业融合发生程度越高[3]。资产通用性的高低决定着产业融合内生的发展进程。任何产业和企业的资产体系都是由实物资产、金融资产和知识资产三部分组成的，知识资产又包括无形资产和人力资本[4]。本研究通过对"体旅文商农"各产业内部的各类型资产进行梳理和分析，发现各产业的各类型资产可以直接或花费较小的转换成本实现替代使用或结合使用，表现出较强的资产通用性特征，这为"体旅文商农"产业融合发展提供了内在动力条件。

体育产业与旅游产业、文化产业、农业及商业在实物资产、金融资产和知识

[1]威廉森.资本主义经济制度［M］.北京：商务印书馆，2004.
[2]胡永佳.产业融合的经济学分析［M］.北京：中国经济出版社，2008.
[3]郑明高.产业融合发展研究［D］.北京：北京交通大学，2010.
[4]胡永佳.产业融合的经济学分析［M］.北京：中国经济出版社，2008.

资产方面存在较高的资产通用性,具体表现在:第一,实物资产。国家多部门通过出台相关政策鼓励"体旅文商农"产业所依托的环境、场所等实物型资产进行有效的资源整合,从而实现实物资产的联通共用。如2022年最新修订的《旅游度假区等级划分》中对旅游度假区等相关概念重新进行了界定,并在新概念中加入了带有体育元素的"体验性""休闲娱乐""露营地"等关键词,尤其是在休闲娱乐活动方面还提倡旅游度假区应提供不少于8项与核心度假产品相关的休闲娱乐活动。《户外运动产业发展规划(2022—2025年)》明确提出,推动自然资源向户外运动开放。围绕可利用的森林、草原、沙漠、湖泊、海滩海域等自然资源,在符合自然保护地、生态保护红线相关法律法规、管控要求和项目准入制度的前提下,在部分有条件的国家公园、自然保护区、自然公园等自然保护地划定合理区域开展自然资源向户外运动开放试点。除此之外,《体育及相关产业分类(试行)》和《文化及相关产业分类(2018)》两个标准性文件中也有相关内容,《文化及相关产业分类(2018)》中的文化娱乐休闲服务可以对应《体育及相关产业分类(试行)》中的大部分体育产业分类。《关于推进体育助力乡村振兴工作的指导意见》提出应引导支持各地依托可利用的自然资源,大力发展乡村特色户外运动产业。

从"体旅文商农"产业融合项目的实际操作情况来看,这些项目运作中也出现了利用共同依托的知名旅游度假区、体育场馆、文化场馆、乡村旅游景点等实物型资产开展体育旅游活动的实践。如我国一些旅游度假区(丽江老君山飞拉达攀岩、高黎贡山徒步、贵州石龙洞探洞等)在较高的知名度和优美的环境加持下开展各具特色的户外运动,就是"体旅文商农"产业依托实物资产的通用性实现发展的有力证明;一些具有建筑景观特色的大型体育场馆和文化场馆,可作为城市地标性景观开发成为城市特色旅游产品,如北京的国家体育场("鸟巢")和国家游泳中心("水立方");城市和乡村体育健身场地设施中的各类球场,既可以举办各种类型的体育赛事,也可以被旅游业充分使用,为旅游者提供运动场地和服务,如贵州"村超"就在贵州省黔东南州榕江县的和美乡村足球场隆重举行,这些案例都充分证明了"体旅文商农"各产业在实物型资产方面存在较高的通用性。

第二,金融资产。"体旅文商农"相关企业存在金融资产通用性,加快了企业跨产业并购的进程,从而进一步推动"体旅文商农"产业快速融合。根据新旅界研究院发布的《2022—2023年中国文旅产业投融资报告》显示,2022—

2023年二季度，我国文旅行业投资端事件共208起，据统计已披露的投融资金额为3574.38亿元[1]。同时，国内知名体育公司莱茵达体育发展股份有限公司也于2023年重新启动了"收购"成都文化旅游发展股份有限公司的项目[2]。"体旅文商农"相关企业通过非公开（私募）基金、超级短期融资券（SCP）、资产支持证券（ABS）和信贷融资等探索更加多元化的融资方式，从而进一步拓宽融资渠道。利用这些多元化金融产品，"体旅文商农"相关企业不仅从流动性上保障了体育旅游项目投资、融资、运营、管理一体化闭环，同时借助金融产品的杠杆属性，实现了资产的并购整合，优化了资源配置，盘活了存量资产，提升了体育旅游企业在资本市场上的信用等级与融资能力，进一步助推"体旅文商农"产业在金融资本层面的融合。

第三，知识资产。一是无形资产方面，"体旅文商农"相关企业的专利、品牌、IP等可以实现这些无形资产的互通共用，通过打通各种无形资产之间的使用壁垒，实现相关信息资源的交流，相关企业既能为自身进行有效的品牌形象宣传，也能为所在旅游景区及目的地的旅游业、文化业、农业等发展造势。二是人力资本方面，"体旅文商农"产业融合内部也可以实现人力资本的共用，"体旅文商农"产业融合的发展需要具备跨界融合专业知识的复合型人才参与，以此助推"体旅文商农"产业融合的快速发展。如"体旅文商农"产业融合实践需要具有一定的专业体育运动技能和赛事组织技能，同时又对项目活动举办地点的文化、民俗有所了解的人才。这样的复合型人才既可以在传统的体育产业中贡献自己的力量，也可以在"体旅文商农"产业融合背景下的新业态中有所作为。如贵州"村超"的组织者之一杨兵，由于十分了解专业足球运动和当地侗族的民族文化知识，成为贵州"村超"赛事组织者和赛场解说员的最佳人选[3]。另外，我国相关政策文件也积极鼓励具有跨领域专业背景的人才参与到"体旅文商农"产业融合的发展实践中来。如国家标准《旅游度假区等级划分》中就要求旅游度假区应为康养、运动及赛事等配备具有专业技能的组织、救援、教练、辅导及解说等工作人员。

［1］新旅界. 2022—2023年中国文旅产业投融资报告［EB/OL］.（2023-09-08）［2023-10-01］. https://baijiahao. baidu. com/s?id=1776450587652431576&wfr=spider&for=pc.
［2］金融界. 莱茵体育重启控股成都文旅股份计划交易方式变为资产置换［EB/OL］.（2023-07-06）［2023-08-01］. https://baijiahao. baidu. com/s?id=1770679480699080569&wfr=spider&for=pc.
［3］环球网. 贵州"村超"为什么火？"踢出了快乐和纯粹"［EB/OL］.（2023-06-10）［2023-08-02］. https://baijiahao. baidu. com/s?id=1768316282158129285&wfr=spider&for=pc.

2.2.2 社会需求

2.2.2.1 市场消费需求结构高级化

根据马斯洛需求层次理论,人的需求从生理的需求、安全的需求、归属与爱的需求和尊重的需求逐渐过渡到较高层次的求知和理解的需求、审美的需求、自我实现的需求和超越的需求。根据这八大需求层次,可以划分出八种对应的体育市场消费类型(表2-1)。随着大众物质生活的逐渐富足和对更高层次生活追求的渴望,大众的体育消费会逐渐从相对基础性的体育消费过渡到有一定质量且带有娱乐互动属性的体育消费,最终有助于向自我实现的体育消费转变。我国城乡居民的恩格尔系数已经从2000年的42.2%降低至2022年的30.5%[1],而2022年我国居民体育消费总规模为1.5万亿元[2],较2014年体育消费总规模的1.35万亿元增长11%[3]。恩格尔系数降低和体育消费支出增长同样表明我国居民消费支出方向已经开始转变,服务性的消费领域开始出现了增长的势头[4]。

表2-1　马斯洛需求层次理论对应的消费市场类型

需求结构高低	需求类型	对应体育市场消费类型
高级阶段	自我实现的需求	满足自我实现的体育消费
	审美的需求	符合审美情趣的体育消费
	求知和理解的需求	能够满足求知意图的体育消费
中级阶段	尊重的需求	高端和奢侈型的体育消费
	归属与爱的需求	带有娱乐、互动、交流功能的体育消费

[1]中国信息报.中华人民共和国2022年国民经济和社会发展统计公报[EB/OL].(2023-03-01)[2023-08-02].http://www.zgxxb.com.cn/pc/attachment/202303/01/0e2823f5-5461-4704 924c-692c3c9fee6f.pdf?eqid=e51550420076f6ac00000003649645d1.

[2]体育大生意.《中国城市体育消费报告》:2025年19大城市体育消费8600亿[EB/OL].(2022-03-19)[2023-08-05].https://baijiahao.baidu.com/s?id=1727692520042810418&wfr=spider&for=pc.

[3]新华社.2014年体育及相关产业总规模达13574亿元[EB/OL].(2015-12-28)[2023-08-02].http://sports.china.com.cn/chanye/detail2_2015_12/28/826979.html.

[4]裴长洪.促进劳动密集型产业集群迈向全球价值链中高端——评《全球价值链下劳动密集型产业集群升级研究》[J].国际贸易,2019(12):1.

续表

需求结构高低	需求类型	对应体育市场消费类型
初级阶段	安全的需求	更高质量的体育消费
	生理的需求	基本的维持生计的体育消费

在现代化进程中,我国人民的消费需求也发生了较大变化,已经开始逐步从温饱型向小康型和富裕型消费转变[1]。以体育产业、旅游产业和文化产业为代表的传统单一的消费模式已无法满足当代人新的消费需求,而"体旅文商农"产业融合引发的新消费模式顺应了这一新的消费需求,以更加多样化、多元化和高品质的消费模式进一步释放大众深层次的消费潜力,反过来再推动"体旅文商农"产业的深度融合发展。

2.2.2.2 市场消费需求内容多样化

我国大众休闲旅游市场消费需求多样化驱动"体旅文商农"产业融合发展。根据国家统计局数据显示,我国居民的人均可支配收入已从 2010 年的 1.25 万元增长至 2022 年的 3.69 万元[2],伴随居民收入的大幅度提高,我国大众化休闲消费的时代已经到来,体育消费市场已从传统的体育赛事表演、体育运动健身等消费模式向观光、休闲、度假并重的多样化、多层次的体育旅游消费模式转变。并且随着积极健康休闲理念的流行,体育旅游已经开始成为人们重要的休闲生活方式,体育旅游消费群体不断扩大,体育旅游消费结构也日趋多样化。在大众体育消费结构日趋多样化的外在拉动下,消费者更加注重参与性、体验性和多样性,而"体旅文商农"产业融合下的新业态也迎合了消费者的新需求。如房车露营旅游、红色体育旅游、夏令营游学、电子竞技、体育节事活动等体育旅游业态蓬勃发展,不断丰富了人们多样化的体育休闲生活。

在多元化消费需求下(图 2-3),"体旅文商农"产业融合的新业态在现有吃、住、行、游、购、娱 6 大旅游基本消费要素基础上衍生出了商、养、学、

[1] 北京日报. 改革开放 40 年我国消费领域的七大变化 [EB/OL]. (2018-11-26) [2023-08-10]. http://theory. people. com. cn/GB/n1/2018/1126/c40531-30420561. html.

[2] 国家统计局. 2022 年居民收入和消费支出情况 [EB/OL]. (2023-01-17) [2023-08-10]. http://www. stats. gov. cn/sj/zxfb/202302/t20230203_1901715. html.

闲、情、奇的新消费要素[1]。其中，"商"是指以中高端运动俱乐部为依托的体育商务旅游；"养"是指体育康体养生旅游；"学"是指运动项目的培训和体育研学旅游；"闲"是指体育度假休闲型旅游；"情"是指球迷现场观赛和娱乐心情；"奇"是指体育探奇探险旅游和户外挑战运动。体育市场消费需求内容的日益多样化，加剧了"体旅文商农"产业深度融合发展的态势，导致更加多元的新型"体旅文商农"消费市场需求激增，这将成为拉动"体旅文商农"产业融合发展的重要力量。

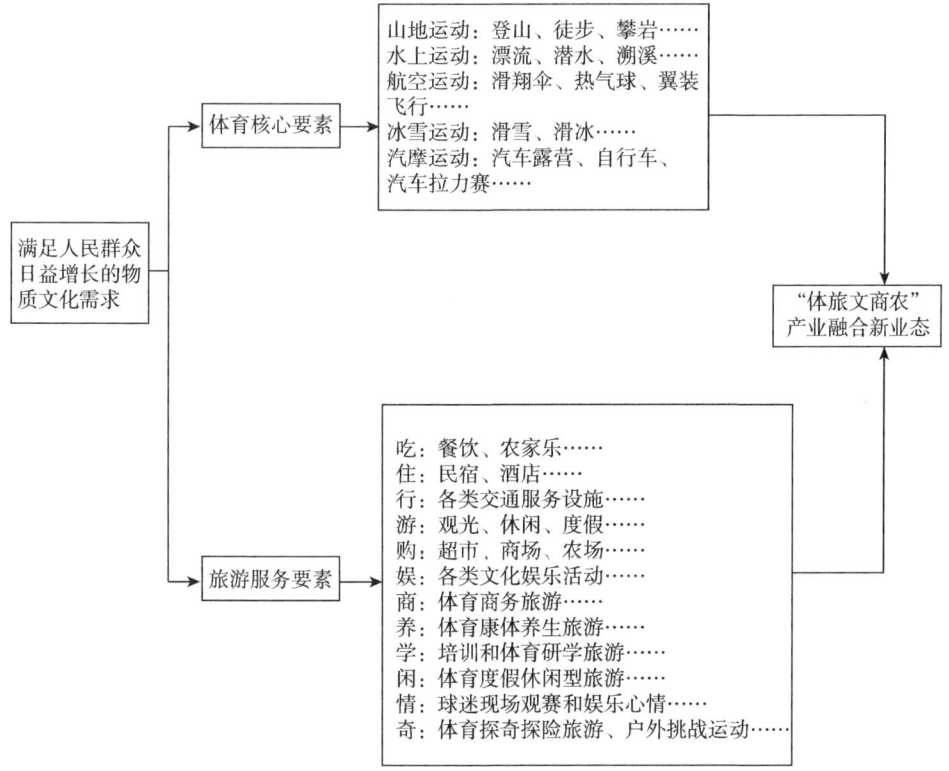

图 2-3　"体旅文商农"产业融合体育旅游消费需求概念图

[1]贵州省体育局. 贵州省体育局党委书记、局长吴涛到黔南州福泉市调研体育旅游融合发展工作［EB/OL］.（2022-07-14）［2023-08-08］. https://www. sport. gov. cn/n20001280/n20067608/n20067635/c24485859/content. html.

2.2.3　政府规制放松和政策引导

产业融合的重要动因之一是政府规制的放松。根据产业经济学的理论，不同产业之间存在一定的进入壁垒，这使不同产业存在各自的边界，而产业规制是形成不同产业壁垒的主要原因[1]。规制是指规制机构对特定产业的产品定价、企业进退、投资与决策等行为进行监督与管理。美国学者卡恩认为政府规制可以弥补因市场失灵引起的"自然垄断"和"外部性"等效率损失[2]。该理论被视为经典理论，可用于解决政府规制的操作问题，并已广泛应用于产业政策中。我国政府主要通过政府规制放松和政策引导，推动"体旅文商农"产业融合发展。

2.2.3.1　政府规制放松

近年来，我国政府在放松规制管控方面多措并举，助推体育、文化、旅游等产业融合，打破"体旅文商农"产业融合在诸多方面的壁垒，为"体旅文商农"产业融合发展扫清制度和政策障碍。一是在鼓励融合方面，国家出台的《促进中国体育旅游发展倡议书》、《关于加快发展体育产业　促进体育消费的若干意见》（国发〔2014〕46号）、《"十四五"体育发展规划》（体发〔2021〕2号）、《户外运动产业发展规划（2022—2025年）》等政策文件中都明确鼓励体育产业与旅游产业等其他产业融合，以此满足人民群众多层次、多元化的体育消费需求。二是在企业经营与发展方面，国家体育总局与国家文化和旅游部鼓励有实力的体育旅游企业走集团化发展道路，快速形成有较高核心竞争力的大型集团。三是人才培养方面，近年来，我国重视发展体育旅游教育，鼓励有条件的院校设置体育旅游专业，加快体育旅游人才的培养步伐；鼓励体育旅游企业与高校建立产教融合实习实训基地，联合培养实践型人才；加强体育旅游从业人员培训，不断提高专业技能和服务水平。四是户外运动发展方面，推动自然资源向户外运动开放。围绕可利用的森林、草原、沙漠、湖泊、海滩海域等自然资源，在符合自然保护地、生态保护红线相关法律法规、管控要求和项目准入制度的前提下，在部分有条件的国家公园、自然保护区、自然公园等自然保护地划定合理区域开展自然资

[1] 于刃刚. 产业融合论 [M]. 北京：人民出版社，2006.

[2] Katz D, Kahn R L. The social psychology of organizations [J]. Administrative Science Quarterly, 1970, 10 (1)：118.

源向户外运动开放试点，建立健全自然保护地开展户外运动的监管制度[1]。

2.2.3.2 政策引导

政府产业政策的引导与跨部门利益协调在"体旅文商农"产业融合中发挥了关键作用。梳理过往出台的相关政策文件，各部委及各省份从价格、投资及服务等方面引导我国"体旅文商农"产业融合发展，并产生了积极成效。

一是价格政策方面，我国主要通过给予企业补贴和发放体育消费券的方式，降低群众的消费成本。为激发全民健身和体育消费热情，进一步释放居民体育消费潜力，并且帮助体育企业快速发展，全国各地体育局纷纷通过补贴和发放优惠券等价格政策降低群众体育消费成本，助力体育经济持续增长。如江苏省发布的《关于组织申报 2020 年度省级体育产业发展专项资金项目的通知》（苏体经〔2020〕60 号）显示，江苏省 2020 年专项资金重点支持方向为运动休闲与体育旅游等 8 个类别。在扶持方式上，专项资金采用资助、奖励和贷款贴息三种方式，支持优质体育产业项目。另外，自 2018 年以来，我国多个省市还发布了经济发展行动方案，其中发放体育旅游消费券拉动体育消费成为多地加快体育旅游消费提质升级的重要举措。如广西壮族自治区推出了"体育+云游"活动，为广大游客提供体育旅游消费券，优惠游览区内各大景点和体育旅游精品项目、线路等，同时还可以参加自驾游打卡、骑游打卡、房车旅拍等活动。这些措施对于促进体育消费、推动"体旅文商农"融合发展具有积极意义[2]。

二是投资政策方面，政府主要通过鼓励社会资本参与的方式，做大做强"体旅文商农"融合产业。我国多省市为进一步放宽体育旅游产业的准入门槛，一方面，鼓励支持非公有制经济以独资、合资、合作、联营、参股、特许经营等多种方式参与体育旅游产业发展，运用政府和社会资本合作多种模式，拓宽体育产业的投融资渠道[3]；另一方面，积极推动国有体育旅游企业的改组改制，并支持各类企业进行兼并重组。如国家体育总局办公厅在《对十三届全国人大五次会议

［1］体育经济司. 关于印发《户外运动产业发展规划（2022—2025 年）》的通知［EB/OL］.（2022-11-07）［2023-08-15］. https://www.sport.gov.cn/n315/n20001395/c24894661/content.html.

［2］广西社会体育运动发展中心. 2020 年广西运动健康消费大行动圆满收官［EB/OL］.（2021-02-03）［2023-08-17］. http://tyj.gxzf.gov.cn/xwzx/qjdt/t7853425.shtml..

［3］新华网. 国务院发布若干意见 鼓励支持非公有制经济发展［EB/OL］.（2005-09-02）［2023-08-20］. https://www.gov.cn/ztzl/2005-09/02/content_28780.htm.

第 3878 号建议的答复》中提到体育旅游产业领域竞争比较充分，社会资本参与较多，应坚持由社会资本主导运营，实行市场化运作，政府公共资金主要用于公共产品和服务的投入，避免行政干预影响投资效果[1]。

三是服务政策方面，国家出台多项政策不断深化体旅融合，促进"体旅文商农"产业融合发展。近年来，财政部会同国家体育总局等部门持续实施制度性减税政策，强化服务业税收支持，聚焦相关行业实施了一系列针对性强、成效明显的政策措施。如 2020—2022 年，我国阶段性地采取了对受疫情影响较大的文化体育旅游企业进行基础的税收减免、适当延长小规模纳税人减征增值税和进一步扩大减税范围、实施更加精准的减税降费服务等措施，不断给予企业更深层次、更全面的帮扶。除此之外，地方层面也出台了相关服务政策助力体育旅游产业发展。如江苏省体育局、省文化和旅游厅根据《关于深化体旅融合发展战略合作协议》中的要求开展了江苏省体旅融合发展示范基地的认定工作，规定在只要有相关配套设施并且能够开展户外运动的前提下就可申请认定[2]。这些文件都为"体旅文商农"产业融合发展提供了相应的政策支持。

2.2.4　企业跨产业并购和战略联盟

追求成本的最小化和利润的最大化一直是企业为之奋斗的目标，很多学者认为在此目的下企业做出的跨产业并购和战略联盟的行为也是引发产业融合的原因之一[3][4]。"体旅文商农"相关企业在技术融合的基础上进行跨产业并购，进行多元化经营，可以形成业务融合，进而促进"体旅文商农"产业融合的产生和发展[5]。

2.2.4.1　企业跨产业并购

20 世纪末以来，技术创新的溢出效应导致了技术融合现象，技术融合改变了自然垄断行业的技术基础，政府开始放松对自然垄断行业的经济管制，这为跨

[1]国家体育总局. 对十三届全国人大五次会议第 3878 号建议的答复 [EB/OL]. (2023-01-12) [2023-08-20]. https://www.sport.gov.cn/n315/n10701/c25062352/content.html.
[2]江苏省文化和旅游厅. 江苏签署深化体旅融合发展战略合作协议 [EB/OL]. (2021-05-26) [2023-08-21]. https://www.mct.gov.cn/wlbphone/wlbydd/xxfb/qglb/js/202105/t20210526_924753.html.
[3]植草益. 信息通讯业的产业融合 [J]. 中国工业经济, 2001 (2): 24-27.
[4]李玉红, 麻卫华. 主导产业与产业融合 [J]. 邯郸学院学报, 2006, 16 (1): 77-80.
[5]于刃刚. 产业融合论 [M]. 北京: 人民出版社, 2006.

产业并购创造了有利的外部环境。企业在技术融合的基础上进行跨行业并购，以实现规模经济、降低交易成本、促进多样化经营和跨界产品开发，通过突破产业间市场进入壁垒，促进了企业的跨产业整合，导致产业间的传统界限变得模糊，进而促进了产业融合的出现。"体旅文商农"产业融合中涉及众多体、旅、文、商、农企业，这些企业可在原有生产经营范围内，通过跨产业联合、兼并和选择合作等方式扩大企业规模，实现规模经济。在实现规模经济的过程中，"体旅文商农"产业融合可通过生产更多不同种类的产品，降低单位生产平均成本，实现资源的有效利用，打破原有单一产品和单一产业的发展禁锢，从产品的融合转变为企业的融合，最终实现产业的融合，使企业具有持续竞争优势。如南京莱茵体育 2023 年以直接持有的杭州枫潭 100% 股权、南京莱茵达体育发展有限公司 100% 股权与成都文旅集团直接持有的成都文化旅游发展股份有限公司 63.34% 股份等值部分进行资产置换；并以现金购买成都体育产业有限责任公司直接持有的成都文旅 3.33% 股份[1]。此措施使成都文旅集团成为莱茵体育的控股子公司，通过拓展相关配套业务，进一步扩大企业经营规模，促进体旅深度融合。

2.2.4.2　战略联盟

除了跨产业并购之外，企业还可以通过与战略伙伴建立联盟或合作的方式，实现技术资源互补，并缩短研发流程和降低成本。这种方式还能分散研发风险，提高研发效率，并促进技术融合效应的内部实现。"体旅文商农"相关企业可以通过建立战略联盟（合作）提升不同领域企业的技术创新能力，并推动技术融合。这有助于企业突破"体旅文商农"各产业之间的技术性进入壁垒，以较低成本进入新产业，促进各产业间的边界模糊化，推动"体旅文商农"产业融合发展。如随着日照 2023 中国运动休闲大会暨体育旅游季开幕，日照体育发展集团有限公司也与浪潮集团旗下山东浪潮智慧文旅产业发展有限公司签订合作协议形成战略联盟，双方围绕体育产业数字化转型升级，充分发挥"科技+体育"融合发展优势，重点开展体育场馆智能化、赛事拓展、体教融合、体育文化、"体育+"等方面合作，实现资源共享、强强联合，有步骤地采取多层次、多形式合

---

［1］金融界.莱茵体育重启控股成都文旅股份计划交易方式变为资产置换［EB/OL］.（2023-07-06）［2023-08-25］. https://baijiahao.baidu.com/s?id=1770679480699080569&wfr=spider&for=pc.

作方式，建立稳定的、长期的合作关系，助推体育产业融合发展[1]。

2.2.5 技术创新与技术融合

产业经济学理论认为，不同产业的生产技术及工艺流程不同，形成产业间的技术性进入壁垒，使不同产业拥有各自的技术边界。技术进步在不同产业间应用和扩散会产生溢出效应，从而促进技术融合。产业融合实质上是技术进步对现有产业边界进行创造性破坏的过程，通过打破传统产业的界限而重新定义产业的范围。"体旅文商农"产业融合发展也是基于新技术进步，技术的发展使得体育、文化、旅游、商业、农业各产业之间融合，在打破产业边界技术壁垒、丰富产业融合业态内容和搭建产业融合支撑体系上推动"体旅文商农"产业融合发展，使不同产业形成了共同的技术基础。

2.2.5.1 技术创新的扩散导致技术融合

技术创新是推动产业融合的根本原因，不同产业通过技术创新和扩散产生技术融合。各产业通过引进、学习新技术，改造本产业的技术，并促使其与原有技术融合，创造新工艺和开发新产品，这被称为技术融合[2]。技术融合本质上是发生在各产业边界的更高级的技术进步，是通过革命性技术进步进一步扩散、相互渗透和融合形成的一种技术创新。如 VR 技术作为娱乐业的重要技术突破，在推出了一系列以体育赛事为题材的 VR 游戏的同时，也为提升体育旅游项目沉浸式体验感带来了巨大的推动力，进而促使许多体育训练基地专门推出了游客深入体验特定体育比赛过程的 VR 娱乐项目。

2.2.5.2 技术融合打破产业边界技术壁垒

技术创新促进了技术融合，改变了不同产业的生产技术和工艺流程，消除了不同产业间的技术壁垒。这使不同产业之间形成了共同的技术基础，进而让各个产业的技术边界变得模糊。新兴技术如物联网、大数据、云计算、5G 技术、人工智能和混合现实（VR 和 AR 结合技术），以及日益发展的建筑建造技术，对

［1］中国体育报. 日照 2023 中国运动休闲大会暨中国·日照体育旅游季即将开幕［EB/OL］.（2023-04-13）
　　［2023-08-26］. https://www.sport.gov.cn/n20001280/n20001265/n20067533/c25453087/content.html.
［2］陈柳钦. 技术创新、技术融合与产业融合［J］. 科技与经济，2007，20（3）：19-22.

"体旅文商农"的生产过程和技术能力产生了重大影响。这些技术打破了"体旅文商农"产业的技术壁垒,为产业边界的模糊和渗透奠定了新的技术运作基础。这种变革为"体旅文商农"产业的融合发展奠定了坚实的基础。

一方面,在以数字化技术等为代表的新兴技术应用方面,我国许多体育公园、体育企业等通过汇集体育智能科技,搭建数字体育产业平台,夯实数字体育产业基础,同时借助自身资源和平台优势,赋能传统体育产业转型升级,推动中国数字体育发展。如北京世园公园通过利用数字化技术、融合多种运动场景,打破了原有单一的体育线下赛事和体育旅游的技术边界,形成了更具科学性、趣味性、互动性的智慧赛事和体育旅游模式,进一步促进了延庆的"体育与旅游""运动与休闲"的融合发展,助力智慧体育旅游产业发展[1]。另一方面,在日益发展的建筑建造技术方面,各类体育空间也通过不断创新的建筑建造技术为体育旅游业的硬件赋能,从而打造体旅融合的新空间。如河南省安阳市就鼓励市政建设与旅游休闲相融合,在安阳古城护城河两岸和洹河两岸修建健身步道和自行车道,将彰德府城、中国文字博物馆、殷墟通过健身步道有机连接起来,同时鼓励各类市场主体利用工业厂房、商业用房、仓储用房等既有建筑及屋顶、地下室等空间建设改造成体育设施,满足不同办赛需求,进一步通过科学的规划和创新的改造工程使原有的文化空间、体育空间和旅游空间联动起来,打破了原有空间在建筑建造和规划方面的技术壁垒[2]。

2.2.5.3 技术融合丰富产业业态内容

"体旅文商农"产业间发生技术融合,使这些产业在极短时间内形成新的产品生命周期。缩短的产品生命周期加快了现有技术和产品被淘汰的速度。因此,技术融合为新业态和新平台的出现提供了机遇。一方面,技术融合催生融合发展新业态。以信息技术为代表的高新科技快速发展,加快了产业结构的优化升级,并促进了各产业相互渗透和融合。随着新科技革命的步伐加快和企业在不同行业及地区的兼并重组活动,产业的边界逐渐模糊,形成了全新的融合型产业体系。

[1]北京日报.数字赋能文旅,创新驱动发展2023年北京市文化和旅游科技创新应用场景十佳案例发布[EB/OL].(2023-09-05)[2023-10-27].https://www.beijing.gov.cn/fuwu/lqfw/ztzl/2023fmh/zxzx/202309/t20230905_3249209.html.

[2]安阳市人民政府.安阳市:打破传统文旅壁垒,开创体育旅游新模式[EB/OL].(2022-04-01)[2023-08-27].https://www.henan.gov.cn/2022/04-01/2424650.html.

如厦门市数字体育产业园就以数字技术、大数据、人工智能等创新技术为手段，实现高新技术的融合，同时利用厦门软件园三期的产业基础和资源优势，赋能升级体育装备制造业、服务业等传统体育行业，进一步推进"数字+体育"新业态发展，成功打造新兴数字体育产业生态[1]。另一方面，技术融合为产业提供了新平台。这种融合引入了替代性和关联性的新技术，渗透扩散到其他产业，改变了原有的技术路线，构建了产业融合发展的新平台。如深圳市于 2020 年上线的文体旅智慧服务平台，就通过大数据、VR 等技术，将全市 1300 家文体场馆接入平台，上传场馆位置、服务、交通等信息，以及包括活动、演出、展览、影视、阅读等在内的鲜活资讯 4000 余条，充分实现体育、旅游和文化等信息互联互通，使深圳市文体旅游领域公共服务更加数字化、网络化、智慧化[2]。

2.3 "体旅文商农" 产业融合发展的类型

目前，"体旅文商农"产业融合发展的类型划分尚处于探索阶段，学界尚未形成学术共识。从产业融合类型的理论研究上看，Greenstein S 和 Khanna T 认为，产业融合可以从技术的性质角度分为两类：技术替代性融合和技术互补性融合[3]。大部分国内学者按照产业融合发生的程度对产业融合的类型进行了划分，分别是渗透型、延伸型（交叉型）和重组型[4][5][6]。同时，其他国内学者按照多种标准也对产业融合类型进行了相应的划分，如马健按照产业之间的关联关系认为产业融合的类型可分为替代型融合和互补型融合，而按照产业融合的程度和市场效果可分为完全融合、部分融合和虚假融合[7]。胡永佳根据产业融合的方向将其划分为横向融合、纵向融合和混合融合，根据融合的结果将其分为吸收型融合

［1］科技日报. 厦门数字体育产业园揭牌 重点发展"体育+"新业态［EB/OL］.（2023-06-01）［2023-08-29］. http://xmtorch. xm. gov. cn/gxqdt_82627/mtjj/82690/202306/t20230601_2762156. html.

［2］深圳市文化广电旅游体育局. 上千家场馆对接文体旅智慧平台［EB/OL］.（2020-12-14）［2023-08-31］. http://www. sz. gov. cn/ztfw/gysy/wyk_183958/content/mpost_8356195. html.

［3］Greenstein S, Khanna T. What Does Industry Convergence Mean［J］. Competing in the Age of Digital Convergence, 1997：201-226.

［4］厉无畏. 产业融合与产业创新［J］. 上海管理科学, 2002（4）：4-6.

［5］钱小林. 产业融合理论分析［J］. 湖南科技学院学报, 2011, 32（2）：98-99.

［6］李燕燕, 高雪峰, 兰自力. 我国体育产业融合的动力因素及模式分析［J］. 成都体育学院学报, 2014, 40（9）：7-11.

［7］马健. 产业融合论［M］. 南京：南京大学出版社, 2006.

和扩展型融合[1]。可见，大部分学者在产业融合的类型可分为渗透型、延伸型（交叉型）和重组型方面达成了共识，但是也有少部分学者根据不同的标准对产业融合的类型进行了划分。

还有一些学者对产业融合的分类进行了研究。如李玉红和麻卫华[2]认为产业融合可分为单个主导产业内部不同子产业之间的产业融合、某一主导产业群内部各产业之间的产业融合，以及主导产业群之间的产业融合。虽然过往学者已经按照不同的标准对产业融合的类型进行了诸多划分，但并不是所有分类标准都适用于本文所研究的"体旅文商农"产业融合。综上所述，根据前人对产业融合分类的研究和产业融合的经典理论，同时立足于"体旅文商农"各产业的属性特征、发展规律及已产生融合业态等，本书将"体旅文商农"产业融合按照产业融合发生的程度分为渗透型融合、延伸型（交叉型）融合和重组型融合。

2.3.1 "体旅文商农"产业融合发展的渗透型融合

渗透型融合是以高新技术为引领的一种融合方式，往往发生在各产业边界处，由于高新技术有很强的渗透性，能够给原有产业注入新的活力，通过高新技术与原有行业的有效结合，能够使多个产业深度融合，使原有产业效率提高，最终衍生出新的业态。"体旅文商农"融合发展的渗透型融合就是在以物联网、大数据、云计算、5G 技术、人工智能、混合现实（VR 和 AR 结合技术）等为代表的新兴技术和日益发展的建筑建造技术等先进技术的引领下，在体育产业、旅游产业、文化产业、商业和农业的产业边界发生渗透、融合，从而产生了诸如体育文化体验游、体育民俗节庆游等新业态的一种融合方式。

2.3.2 "体旅文商农"产业融合发展的延伸型（交叉型）融合

延伸型（交叉型）融合是另一种融合方式，通过产业链的功能延伸作用实现，通常发生在原有产业链的自然延伸部分。具体而言，就是通过相关产业按产业链分工重新组合，实现行业之间的互补与延递，从而赋予原有产业新的附加功能和更强的竞争力。延伸型（交叉型）融合与渗透型融合的最大区别是延伸型（交叉型）融合并不是全部的融合，而是"部分的合并"，因此，原有的产业还

[1] 胡永佳. 产业融合的经济学分析 [M]. 北京：中国经济出版社, 2008.
[2] 李玉红, 麻卫华. 主导产业与产业融合 [J]. 邯郸学院学报, 2006, 16 (1)：4.

继续存在。"体旅文商农"产业融合发展中的延伸型（交叉型）融合，通过重新组合并融合体育旅游业和其他"文旅商农"四大产业链的延伸部分，增加了原有产业的附加功能和增强了竞争力。如体育旅游业的产业链，行业上游由资源端构成，包括运动或赛事场地、领队等配置，结合交通、住宿、保险等配套服务整合完整的服务链条；中游主要为产品端，包括衣服护具、基础工具、运动周边产品等；下游为渠道端，包括线上和线下两种，通过各种渠道进行体育旅游活动的推送。体育旅游业产业链的每一个环节及其环节的延伸部分都可与其他产业重新组合并融合，形成诸如体育会展旅游和体育赛事旅游等新业态。

2.3.3 "体旅文商农"产业融合发展的重组型融合

重组型融合是产业内部的重组更新，常在原有产业的子产业或同一产业内部的不同行业间发生。这种方式能使原本互不相关、独立的产品或服务在同一标准元件束或集合下通过重组形成新的业态，重新激活先前丧失活力的产业或行业。重组型融合与其他两种融合方式最大的区别就是能够将原本互不联系的产品和服务重组并形成新的业态，而其他两种融合方式往往都是基于关系较紧密的、联动性较强的产品和服务展开的。因此，"体旅文商农"融合发展的重组型融合就是体育旅游业与旅游产业的子产业（酒店管理、交通管理、景区管理、会议会展、营销推广、汽车租赁、票务服务）、文化产业的子产业（广播影视、电视剧、电影、动漫、出版业）、农业的子产业（种植业、畜牧业、林业、水产养殖业）等进行内部更新重组，并形成诸如"体旅农"田园综合体和体育服务综合体等新业态的一种融合方式。

2.4 "体旅文商农"产业融合发展的效应

"体旅文商农"产业融合发展能带来诸多效应。"体旅文商农"产业融合带来的效应是不同产业的企业在融合中产生竞争协同关系，打破产业的界限和不断扩大市场空间，实现规模经济从而使成本下降，进而促进产业组织的优化。最终，产业融合还推动了产业创新，使产业结构升级和经济提质增效。在这一过程中，本书将"体旅文商农"产业融合发展的效应概括为三种效应，分别是成本节约效应、竞争合作效应、产业升级效应。

2.4.1　成本节约效应

由于资产通用性得到广泛利用，或者通用成本有限，参与产业融合的企业可以通过对资产重组和要素的充分利用达到节约生产成本和交易成本的目的。"体旅文商农"产业融合可以带来多个成本节约效应，包括以下几个方面。①设施共享：不同产业的融合可以共享设施和场地，如体育设施、文化演艺场所、商业中心和农场等，这样可以减少设施的重复建设和维护成本。②营销成本降低："体旅文商农"产业的融合可以实现联合营销和宣传。通过联合营销活动和整合市场资源，可以减少营销成本，并达到更广泛的宣传效果。③供应链协同：产业融合可以整合供应链，减少中间环节和冗余，降低物流和采购成本。通过共同采购和物流合作，可以实现规模经济效益，降低成本。④人力资源优化：不同产业的融合可以优化人力资源的利用。共享专业人才和人力资源培训可以降低重复雇佣和培训的成本，并提高工作效率。⑤数据共享与分析：产业融合可以实现数据共享和分析，提高数据利用效益。通过共享数据和分析，可以优化运营决策和资源配置，降低成本并提高效率。

综上，"体旅文商农"产业融合可以通过设施共享、营销成本降低、供应链协同、人力资源优化和数据共享与分析等方式，实现成本的节约和效益的提升。这将增强企业的竞争力，并推动产业的可持续发展。

2.4.2　竞争合作效应

产业融合不仅可以推动竞争，而且有助于形成新的合作形式。产业融合的竞争合作效应是随着产业边界的模糊和产业壁垒的消除，原本不同产业的企业相互进入彼此的市场，从而导致产业内企业数量迅速增加，并不断有新的参与者加入竞争。这种效应促进了更广泛的竞争，降低了市场集中度。在产业融合过程中，竞争与合作相生相伴，表现为一个循环往复的过程："竞争成本提高—企业组织方式创新—节约竞争成本—融合程度加深—竞争成本提高"。在"体旅文商农"产业融合过程中，随着产业融合持续推进，更多企业通过跨产业并购或战略联盟加入其中，并有可能形成某种垄断。由于垄断企业有一定的成本弱增性，后续会不断地出现竞争与合作的现象，从而形成成本下降又上升的循环过程。

2.4.3 产业升级效应

除了节约成本外，产业融合还影响了市场竞争格局，"体旅文商农"产业融合可以为传统产业注入新的活力和丰富增长点。通过将体育、旅游、文化、商业和农业产业进行融合，可以创造出全新的产业链和价值链，打造出有别于传统单一产业的多元化产业模式。这将提高传统产业的附加值，促进产业的转型升级。以下为产业升级效应的具体表现：①生产率的提高带来整个经济效率的提高；②新产业增多，旧产业衰退直至消失；③资产通用性范围扩大，向其他相关产业扩散；④技术、信息、思想、品牌等知识资产在各产业资产结构中的比例有所上升；⑤产业融合通过资源的重新配置，促进产业结构的升级；⑥随着各产业部门分工的深化和产业链的延长，即使前期由于成本节约效应交易成本会下降，但在后期产业升级效应的作用下，整个经济未来的交易成本又会呈现出上升的趋势。

3

我国"体旅文商农"产业融合发展的现状分析

本章系统阐释我国"体旅文商农"产业融合发展现状。首先,从智慧化、健康化、户外化、精品化和一体化的角度解析了我国"体旅文商农"产业融合发展态势。其次,梳理了"体旅文商农"产业融合从简单融合到初步融合再到深度融合三个发展阶段。最后,诊断我国"体旅文商农"产业融合面临的技术、业务、人才、市场、制度五个维度的发展障碍,为我国"体旅文商农"产业融合的模式构建和机制创新提供现实依据。

3.1 我国"体旅文商农" 产业融合发展的态势解读

3.1.1 智慧化:科技创新持续加速"体旅文商农"产业融合进程

在物联网、大数据、云计算、5G 技术、人工智能、混合现实(VR 和 AR 结合技术)等 21 世纪新兴技术创新席卷而来的背景下,我国《体育强国建设纲要》(国办发〔2019〕40 号)强调,加快推动互联网、大数据、人工智能与体育实体经济深度融合。该项政策为"体旅文商农"产业融合发展提供了有利的政策环境。我国"体旅文商农"各产业纷纷探索智慧化发展道路。一是智慧旅游服务让游客出行更便捷。《关于加强 5G+智慧旅游协同创新发展的通知》(工信部联通信〔2023〕42 号)提出,鼓励各地结合实际引导支持 5G+智慧旅游重点项目。目前,我国体育旅游景区积极响应并推动智慧体育旅游,不断创新沉浸式体育旅游场景,丰富体育旅游体验。二是智慧健身步道的打造满足大众休闲健身赛事及文旅活动需求。随着新技术的融合及快速发展,智慧健身步道成为全国各地公园建设和全民健身公共服务设施改造的新主题,科技赋能运动健身,为人民群众提供更加个性化、科学化、智慧化的运动体验,助力市民轻装有氧健身,提升城市智慧化全民健身公共服务能力。如贵州铜仁梵净山的马拉松赛道就是一条基于大数据和人工智能等技术的智慧赛道,该赛道被称为"最美智慧马拉松体育旅游黄金线路",也是我国首条具备承办中国田径协会 A2 类马拉松赛事的全封闭式赛道,已成功举办了 3 场国家级赛事[1]。三是智慧旅游沉浸式体验新空间赋予消费者体育旅游新体验。为响应《关于恢复和扩大体育消费的工作方案》中"打造具有沉浸式、体验式、互动式的数字体育消费新场景"和《"十四五"旅游业发展规划》(国发〔2021〕32 号)中推进智慧旅游发展,我国一些省市以建设"国家体育消费试点城市"为抓手,在当地打造体验式、沉浸式体育消费新场景。2023 年,我国文化和旅游部公布了第一批全国智慧旅游沉浸式体验新空间培育试点名单,通过新技术的运用打造沉浸式体验的体育旅游新空间,提升消费者的体验感成为新的发展趋势[2]。

3.1.2 健康化:"健康中国"战略助力"体旅文商农"产业融合

国务院于 2019 年发布的《关于实施健康中国行动的意见》(国发〔2019〕13 号)提出,实施全民健身行动。这是基于,一方面,各类亚健康问题越发普遍,引发关注。体育旅游是增强人民体质和服务健康中国建设的重要内容,能够为现代人释放工作和精神压力,丰富休闲生活,形成积极健康的生活方式服务。特别是在后疫情时代,人民群众对健康的追求越来越强烈,以参与面广、互动性强的户外运动为代表的体育旅游作为促进人类健康的重要方式,能够实现人民健康与经济社会协调发展的目标。另一方面,在"健康中国"战略下,体育康养旅游等产业融合新业态受到越来越多现代人的青睐,滨海湖泊、温泉矿物、森林植被和乡村田园等各种类型的康养旅游蓬勃发展,2020 年我国康养旅游人数已达 6750 万人次[3]。如西湖镇东南端的农林村的农林运动康养小镇就依托西湖镇

[1] 贵州省体育局. 贵州铜仁:马拉松赛道入选全国全民健身工作典型案例 [EB/OL]. (2022-10-19) [2023-09-07]. https://www.sport.gov.cn/n14471/n14495/n14543/c24833622/content.html.

[2] 资源开发司. 文化和旅游部关于第一批全国智慧旅游沉浸式体验新空间培育试点名单公示 [EB/OL]. (2023-07-26) [2023-09-10]. https://zwgk.mct.gov.cn/zfxxgkml/zykf/202307/t20230726_946198.html.

[3] 中国旅游报.《中国老年旅居康养发展报告》:老年旅游需求持续提档升级 [EB/OL]. (2023-07-04) [2023-09-12]. https://www.mct.gov.cn/whzx/zsdw/zglyjy/202307/t20230704_945588.html.

良好的自然本底、优越的公共服务、完善的基础设施及精准的产业定位,结合市场发展需求,确定"运动休闲+健康养生+旅游"为小镇主导产业。其产业细分为运动健康、养老养生、乡村旅游和都市观光四个板块。该农林运动康养小镇通过完善各项基础设施建设,改善了人居环境,促进了乡村振兴战略的贯彻实施[1]。

3.1.3 户外化:户外运动游兴起丰富"体旅文商农"产业融合内容

随着我国居民消费水平的不断提升,大众旅游休闲时间逐步得到保障和人们精神文化生活需求日益增长,开展多元化的休闲体育项目逐渐成为新的运动健康方式和发展趋势,特色户外运动群体发展壮大,为我国户外运动市场的发展带来了良好的机遇,也为"体旅文商农"产业融合增添了新的活动内容。国家体育总局等八部门于2022年印发的《户外运动产业发展规划(2022—2025年)》提出,到2025年,户外运动产业高质量发展成效显著,基本形成供给与需求有效对接、产业与生态协调发展、产品与服务品牌彰显、业态与模式持续创新的发展格局。同时,国家发展改革委等五部门于2023年发布的《促进户外运动设施建设与服务提升行动方案(2023—2025年)》(发改社会〔2023〕1388号)有助于优化户外运动休闲设施建设,为"体旅文商农"产业融合发展奠定物质基础。

户外运动交叉融合了文化、休闲和娱乐等特点,成为众多体育爱好者的新消费选择,我国户外运动产业在近几年的蓬勃发展中也迎来了新的契机,其具体表现在:一是户外运动参与人数激增。在各类户外运动组织和俱乐部发展的背景下,推动了参与户外运动人数不断上升。截至2021年底,全国户外运动参与人数已超过4亿人次[2]。二是户外运动产品种类日益丰富。已经形成了山水陆空全覆盖的户外运动产品供应体系,徒步、自行车和马拉松等一大批户外运动项目蓬勃发展。三是户外运动场地设施逐渐完善。各类营地、公园等户外活动场地数量大幅增长。四是政策体系日益完备。国家相关部门发布了《户外运动产业发展规划(2022—2025年)》和《关于促进全民健身和体育消费 推动体育产业高质量发展的意见》(国办发〔2019〕43号)等政策文件,同时制定了冰雪、山地户

[1]前瞻产业研究院. 铜陵市铜官区:建设农林运动康养小镇[EB/OL]. (2018-01-12)[2023-09-12]. https://f. qianzhan. com/tesexiaozhen/detail/180112-35af569c. html.

[2]央广网. 国家发改委:截至2021年底 全国户外运动参与人数超过4亿人次[EB/OL]. (2023-10-24)[2023-11-15]. https://baijiahao. baidu. com/s?id=17806246288843319253&wfr=spider&for=pc.

外、水上等户外运动产业规划，为促进我国"体旅文商农"融合发展提供强有力的政策保障。

3.1.4 精品化：体育旅游精品项目打造扩大"体旅文商农"产业融合影响力

体育旅游精品项目具有一定的代表性和示范性，能够吸引更多的产业参与者关注。通过打造成功的体育旅游精品项目，可以在产业中树立榜样，引领其他产业向融合发展迈进，从而提升"体旅文商农"产业融合的影响力。国家体育总局于2013年首次开展了中国体育旅游精品项目评选活动，自活动开展以来，全国范围内精品项目的申报数量整体呈上升趋势，已从2013年的十佳精品项目30项、精品项目90项增加至2022年的十佳精品项目64项，精品项目203项，项目的分布也从原先的华北、华中及华南地区的安徽、河北、山西、内蒙古等省份逐渐向我国西南地区的贵州、四川、云南等本身具有优质体育旅游资源的省份转移[1]。2022年，福建省十佳精品项目8项和精品项目8项，其数量最多，其十佳精品景区为厦门红珊汽车文化公园、白水洋–鸳鸯溪景区、龙岩市永定土楼景区；十佳精品线路为闽江源生态旅游区体育旅游线路；十佳精品赛事为厦门马拉松赛、中国俱乐部杯帆船挑战赛；十佳精品目的地为厦门市思明区和福建平潭综合实验区。项目数量的增多和辐射范围的扩大进一步推动体育旅游产品向高质量方向发展，体现出我国体育旅游产业从无到有，进一步向精品化、优质化方向发展的整体趋势。可见，国家体育旅游精品项目的打造将扩大"体旅文商农"产业融合的影响力，同时也将进一步助力我国体育旅游业快速发展。

3.1.5 一体化：乡村振兴战略赋予"体旅文商农"产业融合新使命

随着乡村振兴战略在党的十九大报告中被提出，我国进一步明确了"三农"问题的重要性，"三农"问题关系我国国计民生，必须始终把解决好"三农"问题作为全党未来工作的重心，乡村振兴战略也赋予了"体旅文商农"产业融合新的使命。《关于推进体育助力乡村振兴工作的指导意见》明确了以下使命：到

---

[1] 体育文化发展中心. 2013—2022 年中国体育旅游精品项目名单 [EB/OL]. (2023-07-04) [2023-09-18]. https://www.sport.gov.cn/whzx/n5588/c25757858/content.html.

2025 年，建立健全体育助力乡村振兴政策举措和工作机制，乡村全民健身公共服务体系更加完善，创建形成一批体育助力乡村振兴示范案例，体育助力乡村经济社会发展成效显现。

"体旅文商农"产业融合有助于贯彻乡村振兴战略，缩小城乡发展差距，推进城乡一体化发展。据国家统计局数据显示，2022 年城镇居民人均可支配收入为 49283 元，而农村居民人均可支配收入为 20133 元[1]。目前，我国城乡经济发展已取得重大进展，但发展不均衡问题依然突出，城乡居民收入水平的差距依旧存在。在"体旅文商农"产业融合背景下，乡村体育旅游作为"黏合剂"，以农村景观、农村空间为基础，围绕农业生产、生活、生态进行产业融合，对乡村基础设施进行了升级改造，既满足了城市居民（旅游者）对体育旅游环境的基本要求，又实现了城乡公共资源的平等配置，这也为乡村体育旅游创造了良好的发展环境，而乡村体育旅游在此环境下的快速发展也推动实现了城乡一体化、缩小城乡差距和乡村振兴等目标。我国乡村地区也兴起了"体旅文商农"产业融合助力乡村振兴的诸多产业实践，如贵州村超、田园休闲综合体、乡村体育旅游基地等，通过开展乡村体育赛事、田园休闲旅游和乡村体育旅游研学等活动，进一步丰富了"体旅文商农"产业融合的业态，积极发挥这些新业态的龙头或特色带动作用，打造体育旅游消费新业态，助推乡村文化传承、商业发展和农村建设迈上新台阶。如三亚市海棠区后海村就依托其不可多得的自然条件，尝试将体育与旅游、文化相融合，在众多冲浪俱乐部、爱好者和民宿经营者的积极探索下，自发形成了商业闭环，以较低门槛催生了俱乐部的聚集与发展，实现了产业集聚，在提升当地居民人均可支配收入和促进当地经济发展方面起到了重要作用[2]。

3.2 我国"体旅文商农"产业融合发展的历程特征

产业融合作为一种经济现象，有其独特的发展历程。有研究表明，产业融合发展包括三个阶段：初级阶段通常表现为产业间的单向融合；中级阶段通常表现为以两条产业链各价值节点及相关要素为对象，进行双向融合；高级阶段则表现

[1] 中国新闻网. 国家统计局：2022 年全国居民人均可支配收入 36883 元 [EB/OL]. （2023-01-17）[2023-09-19]. https://baijiahao.baidu.com/s?id=1755234554805325482&wfr=spider&for=pc.

[2] 海南文明网. 三亚后海美丽渔村散发独特生活魅力 [EB/OL]. （2021-03-05）[2023-09-21]. https://www.hiwenming.com/news/202135/2021351141375754163.htm.

为产业无边界状态的一体化[1]。"体旅文商农"产业融合发展是近年来我国体育产业发展的新趋势，我国"体旅文商农"产业融合发展也经历了从"旅游+体育"的简单融合到"体育+旅游""体育+文化""体育+商业""体育+农业"的初步融合，再到"体旅文商农"产业深度融合的发展阶段（图3-1）。

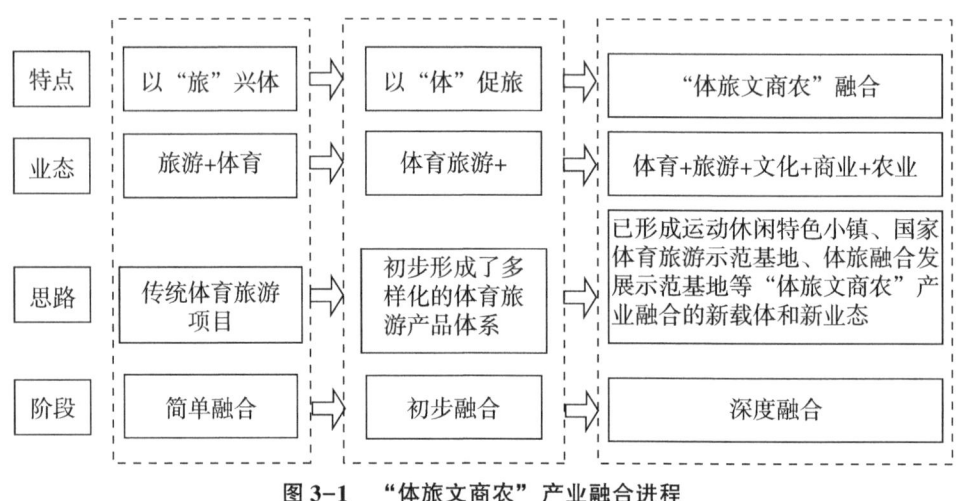

图 3-1　"体旅文商农"产业融合进程

3.2.1　简单融合阶段（1984—2008 年）

我国的"体旅文商农"产业融合始于体育产业与旅游产业的融合。改革开放以来，我国社会经济逐步恢复和发展，这一时期的主要任务是为社会生产服务，因此，体育旅游等服务产业尚未引起国家的关注。1984 年，西藏自治区体委第一次成立了西藏国际体育旅游公司，这一事件标志着我国开启了"体育+旅游"产业融合的实践。该公司当时的业务以旅游、观光、徒步、特种旅游和探险活动为主，体育产业和旅游产业尚处于简单融合状态。自 20 世纪 90 年代起，随着人民生活水平的提高，人民群众的旅游需求发生了转变。体育旅游活动具有休闲性和参与性，因而受到了人们的广泛关注，滑雪、漂流、沙漠探险等体育旅游项目在中国开始流行。简单融合阶段的另一标志性事件是体育旅游的概念开始被业界关注。在 1995 年的全国国际体育旅游座谈会上，时任国家体育总局副局长

[1]俞则忠.产业融合新论［M］.杭州：浙江工商大学出版社，2022：127.

的张发强提出了体育与旅游、体育旅游与全民健身等问题[1]。

随着悉尼 2000 年奥运会的召开，我国政府首次组织了 1114 名国内游客分批赴悉尼观赛，亲临现场感受奥运会的魅力，这也成为国家层面组织的一次体育旅游事件。同时，"体育旅游"的概念被更多的大众认识，学界也给予了体育旅游实践更多的学术关注。之后，我国的体育旅游业逐渐得到国家的重视和支持，如在 2001 年，国家旅游局开展了名为"中国体育健身游"的活动，共推出 60 个具有当地特色的大型体育健身旅游活动和 80 个专项体育健身旅游产品和路线[2]。同时，我国各地还举办了 100 多个体育赛事或体育旅游节庆活动，包含了民间传统体育项目和部分已举办多年、有巨大吸引力的体育旅游活动，这些活动进一步推动了"体育+旅游+文化"的业态融合。北京 2008 年奥运会的成功申办，使体育旅游成为新的体育消费热点。体育赛事观赏、运动体验和户外休闲等体育旅游项目已成为越来越受欢迎的选择，并促进了体育产业与旅游产业的融合。这为后续我国体育旅游业的快速发展奠定了良好的基础。

该阶段的主要特点：

（1）从融合政策上，该阶段我国发展体育旅游的理论认识和实践经验仍处于起步探索阶段，尚未形成针对"体育+旅游"或"旅游+体育"双产业融合的政策，国家仅从发展服务业方面作出部署。如《国务院办公厅关于加快发展服务业若干政策措施的实施意见》（国办发〔2008〕11 号）等文件的颁布就从要求制定旅游、体育行业服务标准方面作出部署，但尚未就体育旅游业的融合进行科学规划和系统统筹。

（2）从融合业态上，该阶段以"体育+旅游"或"旅游+体育"双产业融合为主。在融合内容上，这一时期的体育旅游还是以开展传统的旅游活动为主，专业的体育旅游线路仍较少。随着体育旅游实践的不断深入，这一阶段也出现了体育旅游和文化产业初步融合的现象，在体育旅游线路中融入特色文化表演、民俗文化展示等内容。北京 2008 年奥运会的举办进一步引起了业界和学界对"体育+旅游+文化"融合业态的关注。

（3）从融合主体上，该阶段融合主体以各地旅行社为主，各地旅行社为了拓展旅游业务经营内容，顺应大众健身休闲需求，在传统旅游线路的基础上增加了体

[1] 徐勇. 中国体育旅游发展研究 [M]. 武汉：华中科技大学出版社，2016.

[2] 光明日报. 体育健身游为我国新世纪开局之年"旅游大餐" [EB/OL]. (2000-11-17) [2023-09-21]. https://www.gmw.cn/01gmrb/2000-11/17/GB/11%5E18607%5E0%5EGMB2-111.htm.

育项目内容或开辟专门的体育旅游线路，融合内容相对简单、融合程度较低。同时，这个时期沿海发达省份和资源丰富的地区在市场商机激励下，开始成立体育旅游公司。如广东、贵州、湖南、甘肃等省相继成立了许多体育旅游公司。

3.2.2 初步融合阶段（2009—2015 年）

北京 2008 年奥运会掀起了新一轮体育旅游热潮，使我国政府更加关注体育旅游的社会功能。进入中国后奥运时代，我国政府通过制定系列政策，助推体育旅游发展，我国的"体旅文商农"融合业态也得到了初步发展。2009 年 12 月 1 日，《国务院关于加快发展旅游业的意见》（国发〔2009〕41 号）提出，大力推进旅游与文化、体育、农业、工业、林业、商业、水利、地质、海洋、环保、气象等相关产业和行业的融合发展。自此以后，国家体育总局、国家旅游局及各省市自治区的体育和旅游部门相继推出相关措施和方法，旨在推进体育旅游发展。例如，2009 年 12 月 10 日，国家体育总局和国家旅游局联合发布了《促进中国体育旅游发展倡议书》，倡议旅游部门和体育部门科学规划，努力实践，创新体育旅游融合发展体制机制，积极探索促进发展的工作方式和方法，研究相关政策措施，引导体育旅游健康发展。国家体育总局在《体育产业"十二五"规划》（体经字〔2011〕178 号）中明确提出，充分利用体育运动休闲项目、体育赛事活动、大型体育场馆等体育资源，大力发展体育旅游业，创建一批体育旅游示范区，鼓励各地建设体育旅游精品项目。此后，各省市也相继出台相关政策促进体育旅游业的发展。例如，广东省发布了《广东省体育旅游示范基地评定办法》，安徽省实施了《体育旅游产品发展规划》，浙江省进行了运动休闲旅游示范基地、精品线路和优秀项目的评定工作。通过对体育旅游示范基地和体育旅游精品项目的认定以及体育旅游产品发展规划的发布，进一步结合各省市原有的体育旅游业发展基础进行深度的产业融合。

在这一阶段，我国的体育旅游业取得了初步的发展。其具体表现为：①全国各地体育旅游从业机构逐渐增多。截至 2015 年，全国已有旅行社 27364 家，比 1999 年的 7355 家净增加了 2 万多家，并且提供体育旅游服务的旅行社数量也在逐年增多[1]。②体育旅游业繁荣带来的经济效应已经初见端倪。2015 年，我国

---

[1] 汉丰网. 全国已有旅行社 27364 家 优秀旅游城市 370 个 [EB/OL].（2016-05-27）[2023-09-22]. https://www.sohu.com/a/77783849_252634.

体育旅游业市场规模为2065亿元,众多旅游度假区中的体育旅游项目为体育旅游的发展贡献了力量。如2009—2014年,新疆维吾尔自治区阿勒泰市将军山滑雪场共接待游客19.86万人,实现收入970.74万元,其中2014年至2015年雪季将军山滑雪场进场人数18万人次,接待滑雪游客共计59707人次,同比增长252%和35%;将军山滑雪场营业额406万元,同比增长103%[1]。

该阶段的主要特点:

(1)从融合政策上,"体旅文商农"产业融合背景下的体育旅游业的蓬勃发展已经引起了国家相关部门的重视,开始出台相应的政策推动体育旅游及相关产业的进一步融合。

(2)从融合业态上,该阶段体育旅游产业与文化产业、商业和农业融合趋势进一步加强。尤其是在《国务院关于加快发展体育产业促进体育消费的若干意见》(国发〔2014〕46号)等相关政策的引导下,这一阶段在发展和建设体育旅游示范基地、体育旅游精品产品及线路等项目的同时,传承和弘扬体育文化和民族传统文化,促进当地社会经济发展和乡村振兴的作用也初步显现。

(3)从融合内容上,该阶段融合内容越发丰富,初步形成了多样化的体育旅游产品体系。如随着体育旅游业整体的快速发展,我国冰雪旅游、温泉旅游、邮轮旅游、滨海旅游、健康旅游、探险旅游等新兴业态在这一阶段快速发展。同时,随着广州亚运会和南京青奥会等众多赛事的成功举办,进一步衍生出了除体育赛事观赏游以外的赛事休闲体育游、赛事文化游、赛事购物游等体育旅游新产品。

3.2.3 "体旅文商农"多产业深度融合阶段(2016年至今)

2016年以后,随着体育旅游产业的不断扩大和国家政策导向引领,体育旅游与文化、商业和农业等产业的融合速度加快,以"体旅文商农"为代表的各种新业态层出不穷,产业融合的深度不断加强。2016年开始,随着《山地户外运动产业发展规划》(体经字〔2016〕691号)、《航空运动产业发展规划》(体经字〔2016〕692号)、《水上运动产业发展规划》(体经字〔2016〕690号)、《冰雪运动发展规划(2016—2025年)》(体经字〔2016〕645号)等文件的发

[1]新疆维吾尔自治区文化和旅游厅. 阿勒泰市将军山滑雪场[EB/OL]. (2015-11-11)[2023-09-22]. http://wlt.xinjiang.gov.cn/wlt/5sjhxc/201511/af85431243384a7ca7f245fce718bda4.shtml.

布，冰雪运动游、山地户外游、水上运动游、城市马拉松赛事等体育旅游项目的发展在我国日渐完善和成熟。与传统的发展模式相比，新发展模式要求更多的科学技术融入发展的过程中，与体育旅游的需求升级形成耦合效应，从而打造高度智能化、网络化和互动化的产业融合体系，进一步通过科学技术引领"体旅文商农"产业深度融合发展。

这一阶段，各类"体旅文商农"产业融合发展的新载体层出不穷。2017年，国家体育总局办公厅发布的《关于推动运动休闲特色小镇建设工作的通知》（体群字〔2017〕73号）提出，到2020年在全国扶持建设一批具有体育特征鲜明、文化气息浓厚、产业集聚融合、生态环境良好、惠及人民健康的运动休闲特色小镇。自此，各具特色的运动休闲小镇开始在全国范围内如火如荼地发展，进一步促进了我国"体育+旅游+文化+商业"的产业融合。目前，在我国31个省市共分布了第一批96个运动休闲特色小镇试点项目。同时，伴随2021年和2022年国家体育总局、文化和旅游部先后公布了第一批和第二批共61家单位为国家体育旅游示范基地，这也标志着我国体育产业与旅游产业的融合已开始向品牌化、集聚化和优化区域布局的方向发展。除此之外，江苏省体育局于2022年和2023年开展了江苏省体旅融合发展示范基地第一批和第二批认定工作，拟认定南京玄武湖景区等20家单位为江苏省体旅融合发展示范基地。体旅融合发展示范基地的认定，为打造一批高质量体旅融合发展载体，示范引领"体旅文商农"产业融合发展，促进体育与旅游深度融合发展发挥了巨大作用。

在这一阶段，随着乡村振兴战略的深入实施，体育助力乡村振兴的功能逐渐显现，"体旅文商农"产业融合趋势日渐明显。一方面，"田园+康养+文旅"成为推动乡村体育旅游发展新载体。如以漳州市鹭凯生态庄园为代表的国家体育旅游示范基地就是"体旅文商农"产业融合的典型案例。漳州市鹭凯生态庄园提供农业采摘、餐饮住宿、营地拓训、旅游定制、度假娱乐、商务会议、自然教育、温泉疗养等服务，让人们回归大自然、乐享健康生活方式的同时，实现了"体旅文商农"多产业的融合发展[1]。另一方面，乡村体育赛事举办推动体育助力乡村振兴。如在贵州"村超"——榕江（三宝侗寨）和美乡村足球超级联赛的带动下，榕江县旅游业迅速发展，据榕江县政府统计，自2023年开赛以来，

---

[1] 人民资讯. 漳州市鹭凯生态庄园上榜国家体育旅游示范基地［EB/OL］.（2021-12-01）［2023-09-13］. https://baijiahao.baidu.com/s? id=1717915602483553238&wfr=spider&for=pc.

当地已经累计接待游客 250.67 万人次，实现旅游综合收入 28.39 亿元[1]。同时，借助"村超"带来的互联网红利，榕江县当地主播将"村超"流量转变为助农电商销售的"利器"。据榕江县发改局统计，在"村超"活动期间，通过全县 1.2 万个新媒体账号和 2200 多个本地网络直播营销团队的努力，带动了各类农特产品销售收入超过 4 亿元[2]。

该阶段的主要特点：

（1）在融合政策上，我国"体旅文商农"产业融合发展的政策体系不断完善，有效促进了"体旅文商农"产业的深度融合。一是相关政策从鼓励体育产业与旅游业融合发展为文化业、娱乐业、互联网业等多产业深度融合，产业融合范围逐渐扩大。二是《关于大力发展体育旅游的指导意见》（旅发〔2016〕172号）、《户外运动产业发展规划（2022—2025 年）》等政策的发布表明国家各部委开始形成合力，各省市部门也都纷纷响应政策号召，针对各地的"体旅文商农"产业融合开始进行规划、部署和完善。三是《"十四五"体育发展规划》（体发〔2021〕2 号）、《"十四五"旅游业发展规划》（国发〔2021〕32 号）的发布对从城乡层面如何促进体育产业和旅游产业发展给出了指导性的意见，发展乡村体育旅游，促进乡村振兴的作用凸显。

（2）在融合业态上，"体旅文商农"产业深度融合发展的载体和业态不断丰富。运动休闲特色小镇、国家体育旅游示范基地、体旅融合发展示范基地等的认定进一步丰富了"体旅文商农"产业融合的载体和业态。如国家体育旅游示范基地已经形成了景区+体育、旅游度假区、滑雪场+旅游、体育小镇、体育场馆、商业载体和产业园区等多种发展模式。多种发展模式的蓬勃发展体现了"体旅文商农"产业融合载体多样化、丰富性。

（3）在融合成效上，"体旅文商农"产业融合发展格局已初步形成，对当地的社会效应和经济效应进一步加强。"体旅文商农"产业融合背景下产生的运动休闲特色小镇、体旅融合发展示范基地、田园休闲旅游综合体、乡村体育赛事等新载体、新业态，随着体育、文化、旅游等多种元素的加入，浓厚的体育文化、传统文化、民族文化氛围进一步带动了"全民健身""全民参与体育赛事""全

［1］文旅中国．文旅中国乡村观察|乡村赛事火出圈，打造经济发展"新引擎"［EB/OL］．（2023-08-09）［2023-09-25］．http://news.sohu.com/a/710179989_120006290.

［2］农民日报．榕江"村超"何以破圈［EB/OL］．（2023-08-15）［2023-09-25］．https://baijiahao.baidu.com/s?id=1774254347872694521&wfr=spider&for=pc.

民旅游"的热潮，间接带动了当地餐饮业、住宿业、交通业等多种行业的发展，推动了当地经济的快速发展。

3.3 我国"体旅文商农" 产业融合发展的障碍诊断

3.3.1 技术融合障碍

3.3.1.1 标准融合障碍

"体旅文商农"产业融合过程中很多业务都分属于不同政府主管部门进行管理，如我国体育产业主要由国家体育总局管理，旅游产业归文化和旅游部管理，商业归商务部管理，农业归农业农村部管理。由于国家各部委都具有独立的统计分类标准和指标体系，导致当"体旅文商农"产业融合遭遇具体问题时容易出现部门分工不清和相互推诿扯皮的现象，这会加剧产业融合工作推进的复杂性和加大融合协同难度。同时，各个领域标准体系不统一也会使"体旅文商农"产业融合中有关产品、服务体系、质量考核、市场监管等方面的标准各异，造成"体旅文商农"产业融合难度加大。

目前，国际层面从事体育旅游标准化相关活动的主要组织是国际标准化组织旅游及相关服务技术委员会（ISO/TC 228）。而在区域层面上，欧洲标准化协会（CEN）成立了旅游服务标准化委员会（CEN/TC 329）和体育娱乐场所设施与器械技术委员会（CEN/TC 136）。此外，其他旅游业发达国家也有其专门的旅游标准化组织，如德国标准化协会（DIN）、法国标准化协会（AFNOR）、西班牙标准化和认证协会（AENOR）、英国标准协会（BSI）等。这些组织致力于制定地区或国际旅游标准[1]。国外机构会根据当地实际情况选择重点领域，并以高度系统化的方式制定体育旅游行业标准，通常一个标准由多个部分组成，涵盖某个体育旅游项目的各个重要方面，如潜水、滑雪、登山与攀岩等。

相比其他国家，我国也有制定相关标准的专业机构，除了全国旅游标准化技术委员会（SAC/TC 210）外，还有中国国家标准化管理委员会（SAC）成立的其他与体育旅游相关标准化的组织。根据我国行业标准信息服务平台统计数据显示，截至 2023 年 11 月 1 日，我国体育产业已备案的行业标准有 45 个，旅游产

[1]宋彪. 我国体育旅游行业标准构建初步探讨 [J]. 体育科技，2013（1）：1-4.

业已备案的行业标准有 90 个,文化产业已备案的行业标准有 125 个,农业备案的行业标准有 5750 个[1]。我国"体旅文商农"内部各产业已备案的行业标准众多(表 3-1),但是仍然存在现有行业标准不适配于"体旅文商农"产业的业态、各产业相似标准不统一、标准不规范等问题。如农业领域中的由农业农村部批准发布的《休闲农业服务员》标准,对服务员的休闲农业基础知识、农耕文化知识、农业生产知识、农业科技知识、导游工作实务与技巧,以及计算机操作基础知识等作了要求。但随着体育元素日益融入休闲农业,"体旅文商农"产业融合发展对休闲农业服务员的职业素质也提出了更高的要求,田园体育休闲综合体工作人员不仅需要具有扎实的农业知识,还需要了解体育技术项目要求和旅游知识,具备一定的休闲体育项目组织能力和导游技能。另外,国家体育总局 2018年批准发布的《汽车自驾运动营地星级划分与评定》和国家旅游局 2015 年批准发布的《自驾游管理服务规范》主要围绕自驾游相关标准进行界定,但是《汽车自驾运动营地星级划分与评定》主要侧重于不同等级营地的基础设施的区别,而《自驾游管理服务规范》则侧重于自驾游的服务管理层面,并未对自驾游的相关体育设施标准作出要求,造成实际操作中无标准可依、各地发展要求和服务标准不统一等问题,进一步制约了自驾运动营地的有序发展。

表 3-1 涉及"体旅文商农"产业融合的相关行业标准

产业	涉及"体旅文商农"产业融合的相关行业标准
休育产业	体育赛事、汽车自驾运动营地星级划分与评定、体育场所服务质量管理要求等
旅游产业	研学旅行服务规范、旅游休闲示范城市、国家蓝色旅游示范基地、国家绿色旅游示范基地、国家康养旅游示范基地、国家人文旅游示范基地、旅游演艺服务与管理规范、自驾游目的地基础设施与公共服务指南、自驾游管理服务规范、自行车骑行游服务规范、绿道旅游设施与服务规范、旅游滑雪场质量等级划分等
农业	休闲农业服务员
文化产业	演出、舞台等相关标准,非物质文化遗产数字化保护——数字资源采集和著录第 7 部分:传统体育、游艺与杂技

数据来源:根据我国行业标准信息服务平台数据整理。

---

[1] 行业标准信息服务平台. 已备案行业标准查询 [EB/OL]. (2023-11-01) [2023-11-19]. https://hbba.sacinfo.org.cn/stdList.

3.3.1.2 规划融合障碍

当前，我国体育产业、旅游产业、文化产业、商业和农业在发展过程中基于不同的部门发展战略目标，制定了不同的发展政策和制度规划，但是五个部门的跨部门联合规划尚未出台，"多规不一""政出多门"导致"体旅文商农"产业融合的区域壁垒和行业壁垒依然存在，进一步造成不同企业难以进入其他产业进行有效融合，进而影响了"体旅文商农"产业融合发展的深入推进。目前我国各省市出台的旅游规划有安徽省的《体育旅游产品发展规划》、《京张体育文化旅游带建设规划》（文旅资源发〔2022〕19号）、《贵州省全国体育旅游示范区总体规划》、《海南省国家体育旅游示范区发展规划》（琼府〔2020〕23号）、《六盘水市体育旅游及健身休闲产业发展规划（2021—2035年）》（六盘水体旅组通〔2021〕1号附件）等，其他省份仍只在各省的"十四五"体育产业发展规划》这种更为宏观的政策文件中提及促进体育旅游业发展和产业融合，但表述一般过于笼统，并未就一些细节性的措施和手段进行讨论，操作性不强。调研发现，由于体育旅游开发缺乏统一规划和指导，我国部分省市的体育旅游项目存在定位不准、设计粗糙、缺乏特色、布局不合理、与整个景观的融合度低和不协调等问题，破坏了自然资源和人文资源，影响资源的深度开发和可持续利用[1]。

3.3.2 业务融合障碍

3.3.2.1 产品渠道融合障碍

"体旅文商农"产业融合下的产品还存在供需适配性弱的问题，具体体现在高品质的体旅融合产品区域分布不均衡、现有产品同质化现象严重和产品融合创新能力较弱等。一是高品质的体旅融合产品区域分布不均衡问题。优质体育旅游企业和优质体育旅游产品之间有着密切的关系，优质体育旅游企业通常是以生产和提供高质量体育旅游产品或服务为目标的组织，我国优质体育旅游企业在区域间分布的不均衡导致了高品质体育旅游产品分布不均衡。截至2022年2月15日，我国体育旅游企业主要分布于沿海经济发达地区（表3-2），如上海、江苏、浙江和广东等地，因为这些地区居民的消费水平较高，有助于相关企业实现业务

[1]鲍明晓，赵承磊，饶远，等.我国体育旅游发展的现状、趋势和对策[J].体育科研，2011，32（6）：4-9.

增长[1]。同时，贵州因为得天独厚的自然条件，拥有兴仁放马坪体育旅游景区、兴义万峰林生态体育公园、坝陵河跳伞等旅游资源，为体育旅游开发提供了基础条件，因而也在当地聚集了大量体育旅游企业。但是像云南、西藏、甘肃、青海等省份，体育旅游资源并不逊色于贵州，而这些省份的体育旅游企业数量却只有贵州省的一半甚至十分之一。二是现有产品同质化和产品融合创新能力较弱的问题。一方面，乡村体育旅游因项目特色及开发目的不同，可划分为体育赛事体验式旅游模式，以户外营地、低空运动、自行车等为主的运动休闲式旅游模式，以太极拳、民俗养生项目为主的体育康养式旅游模式等，虽然乡村体育旅游产品模式众多、项目多样，但开发过程中仍存在模式单一、区域项目重复现象。另一方面，运动休闲特色小镇同样存在此类问题，许多负责建设运动休闲特色小镇的企业由于专业性不强，对体育产业缺乏了解，没有因地制宜地设计规划和创新，盲目跟风抄袭现象严重，只是以常规运动项目为主进行规划，导致这些特色小镇难以形成自身特色，后续发展缺乏动力。因此，体育旅游产品同质化严重和缺乏创新同样限制了我国"体旅文商农"产业融合的发展。

表 3-2　中国各省市体育旅游企业数量分布

省份	企业数量（个）	省份	企业数量（个）
贵州	101000	安徽	10020
北京	40226	福建	14826
广东	32289	江西	7857
上海	22194	山东	24029
天津	3471	河南	8536
山西	4498	河北	9633
内蒙古	5339	湖南	16608
辽宁	7018	广西	11764
吉林	3309	海南	16361
黑龙江	3727	重庆	6150
江苏	18242	四川	15495

[1] 陈来向. 2022 年中国体育旅游行业研究 [R]. 南京：头豹研究院，2022.

省份	企业数量（个）	省份	企业数量（个）
浙江	17240	云南	5030
陕西	8881	西藏	1142
甘肃	4021	青海	1893
宁夏	1612	新疆	7100

数据来源：《2022 年中国体育旅游行业研究》，截至 2022 年 2 月 15 日。

此外，渠道融合障碍依然存在，突出体现在"体旅文商农"信息共享度低和沟通不畅等，很难实现跨部门联合营销推广和渠道联通共用，导致很多体育旅游项目的知名度仅在一定区域和范围内传播，难以进一步将传播范围扩大至全国甚至国际，不利于我国"体旅文商农"产业融合下的产品品牌的建立和推广。如我国很多乡村体育旅游项目存在营销方式创新不足的问题，往往对乡村体育旅游项目与路线的介绍形式单一且力度不够，大多数乡村体育旅游仍依靠传统的海报、转播形式进行宣传，不善于运用新技术和新媒体，导致很多乡村体育旅游项目仅在当地形成了一定的传播度，而外地游客或潜在关注者却无法了解到这一信息，极大地制约了乡村体育旅游业的发展。

3.3.2.2 平台场景融合障碍

开发体育消费新场景是"体旅文商农"产业融合背景下的新兴产业实践。消费场景是在多种元素的作用下形成的场合、氛围或形态，旨在使目标人群产生预期消费行为，并传达特定的精神价值和生活方式[1]。就目前我国"体旅文商农"产业融合的发展过程仍存在诸多体育消费场景的障碍，具体表现为：一是满足体育消费需求的基础设施不完善。一方面，除体育消费先进城市外，我国大部分城市和乡村地区的线下能够满足体育消费需求的基础设施还不完善。目前我国各省市都在积极打造体育服务综合体，并已取得一定的成效，大多体育服务综合体都汇集了体育健身、主题运动、日常休闲、餐饮娱乐、主题购物、旅游会展等多元业态，且配套的基础设施也较为完善，在拉动潜在消费、创新服务方式、释放集聚效应等方面释放出活力。但是我国仍有很多城市尚未将体育旅游业与商业

---

[1] 陈元欣，刘恒，陈磊. 体育服务综合体消费场景营造的逻辑动因、实践探索及提升策略 [J]. 体育学研究，2022，36（6）：57-68.

有效融合,既缺乏能够满足消费者多种需求的新型体育旅游消费场景,也应完善配套的基础设施建设。除此之外,我国乡村体育旅游业的发展还处于探索阶段,需要配套公共基础设施的跟进,以解决乡村体育消费基础设施不足的问题。另一方面,线上多产业联合共用平台的欠缺也是体育消费需求基础设施不完善的一种表现,目前我国提供线上体育旅游项目预订服务的有携程、去哪儿网、久事体育、体和友等国内综合性体育旅游服务平台,以及游云南、一码贵州等省内体育旅游服务平台。但这些平台大多只涉及一些提供传统旅游服务的企业和很少一部分的体育旅游企业,并不是多产业联合共用的平台。除此之外,这些平台上架的体育旅游产品大多是一些常规的、大众普遍喜爱的旅游产品,如徒步、露营、滑雪等,缺乏创新的、小众的体育旅游产品和乡村体育旅游产品。以久事体育 App 为例,该平台集赛事宣传、赛事票务预订和体育用品销售服务为一体,但是最近如火如荼进行的村级体育赛事在此平台上却没有任何宣传。

二是体育赛事活动促消费的效能有待进一步激发。截至 2022 年,我国有 67% 的体育场馆平均每年举办大型活动的次数少于 20 次,场地利用率低的问题普遍存在[1]。另外,根据国家统计局数据显示,2015—2022 年,我国体育产业及竞赛表演活动虽然总规模一直处于稳步增长状态,但是体育竞赛表演活动规模占体育产业总规模的比例一直不高,大部分体育竞赛表演活动只集中在我国沿海发达城市举办,东、西部发展明显不均衡,并且与发达国家的体育赛事业发展水平仍有一定的差距。例如,美国 2022 年体育竞赛表演活动总规模为 130 亿美元左右,折合 910 亿元人民币,是中国体育竞赛表演活动市场总规模的两倍多[2]。无赛事时,对于体育场馆型的体育服务综合体消费场景的营造来说,有效利用体育场馆至关重要。通过积极举办其他类型的文化娱乐活动提高其使用率。然而,即使部分体育场馆定期有赛事和活动举办,由于未注重赛事活动品牌的塑造,这些赛事活动带来的随机消费行为仍然停留在简单的商品零售和储值卡充值赠送等方面,并未有效激发该场景蕴藏的消费潜力。

三是运动服务体验感不强,运动消费场景连接不畅。目前,我国许多体育服

[1]陈元欣,刘恒,陈磊.体育服务综合体消费场景营造的逻辑动因、实践探索及提升策略[J].体育学研究,2022,36(6):57-68.

[2]Statista Research Department. Revenue of sports event tickets in the United States from 2017 to 2024[EB/OL].(2023-09-18)[2023-10-25]. https://www. statista. com/statistics/1302220/us-sports-events-market-size/.

务综合体采取了体育与商业完全割裂的经营方式。一种情况是将综合体分为全民健身中心和商业中心两座建筑物，另一种情况是在大型体育中心的基础上改建或扩建成独立的商业中心。虽然相比以往有所改善，但体育与商业的严重分离导致了运动场景连接不畅，无法形成一个能够满足运动前后消费需求并紧密衔接的场景，从而影响消费者的体验感。

四是迎合消费的审美价值和愉悦体验不足。审美需求是人的重要需求，审美消费无处不在。因此，想要激发消费者的体育消费需求，必须从注重营造体育消费场景的美学体验出发。实地调查发现，我国"体旅文商农"产业融合所依托的诸如体育服务综合体、运动休闲特色小镇等载体在体验感与审美需求营造方面还存在以下不足：①载体空间的内外部设计缺乏美感，存在盲目追求项目数量、前期规划设计理念与后期运营思路相悖、空间利用率低等问题。②载体空间内缺乏时尚小众的体育消费项目，无法满足年轻群体对娱乐和社交的体验需求。如飞盘、腰旗橄榄球、匹克球、软式曲棍球等时尚小众的体育项目尚未在太多场地开展。

3.3.3 人才融合障碍

近年来，随着"体旅文商农"产业融合的蓬勃发展，市场需求旺盛与专业人才短缺的矛盾日益尖锐，致使我国"体旅文商农"产业融合还存在一定的人才融合障碍。其具体表现为：一是融合型人才数量供给不足。根据《中华人民共和国文化和旅游部 2022 年文化和旅游发展统计公报》显示：2022 年末，全国共有 A 级旅游景区 14917 个，直接从业人员 147 万人，纳入统计范围的全国各类文化和旅游单位 31.40 万个，其中，各级文化和旅游部门所属单位 6.81 万个，从业人员 72.49 万人[1]，而 2022 年美国旅游业的从业人数为 511 万人[2]。相较于美国旅游业的从业人数，我国旅游业的从业人员存在短缺现象，难以满足现有的旅游业市场需求。同时，"体旅文商农"产业融合发展需要大量的复合型体育旅游人才。体育旅游专业在我国仍是新兴专业，据统计，截至 2023 年 7 月，教

［1］文化和旅游部. 中华人民共和国文化和旅游部 2022 年文化和旅游发展统计公报 ［EB/OL］.（2023-07-13）［2023-10-29］. https://www.gov.cn/govweb/lianbo/bumen/202307/content_6891772.htm.

［2］Statista Research Department. Number of employees in the tourism sector in the United States from 2012 to 2021, with a forecast for 2022 ［EB/OL］.（2023-11-03）［2023-11-15］. https://www.statista.com/statistics/1180122/number-of-tourism-industry-employees-us/.

育部备案中仅有 14 所高校开设了体育旅游本科专业，专业人才供给远不能满足体育旅游产业发展现实需要[1]。二是人才专业化程度不高，素质难以满足融合型人才要求。调查发现，目前"体旅文商农"产业的运营团队主要来自旅游、地产、酒店、农业等领域，囿于教育背景和知识结构，缺乏体育旅游赛事策划、体育旅游产品开发、体育项目组织指导的实战经验，特别是运动技能缺失，导致难以满足"体旅文商农"产业融合专业化要求。以国家体育旅游示范基地三亚蜈支洲岛为例，实地调查发现，三亚蜈支洲岛对从事水上运动项目的工作人员在年龄、身体素质和运动技能上要求较高，但市场无相对成熟且有资质的培训机构开展相应的技能培训，造成此类专业人才不多且招工困难，严重制约了三亚蜈支洲岛水上旅游的发展。三是专业人才从业资格考核有待优化。我国体育专业人才可通过考取并获得体育教练员职称证书和社会体育指导员执业资格证书来从事体育旅游行业，而旅游专业人才也可通过考取并获得导游证来参与旅游产业发展。在"体旅文商农"产业融合的背景下亟须包含"体旅文商农"等复合型知识结构的职业资格考试来满足对复合型人才的考察，以此促使更多想要参与"体旅文商农"新业态的从业者通过优化复合型知识结构而提升职业技能水平，从而更好地服务于我国当前蓬勃发展的体育旅游业。因此，如何通过相关政策、制度和激励机制解决这一问题，也是未来我国"体旅文商农"产业融合需要考虑的重要问题。

3.3.4 市场融合障碍

3.3.4.1 市场需求融合障碍

"体旅文商农"产业融合所涉及产业链的各个环节需要根据市场需求进行调整和优化。然而，市场需求的变化往往不稳定，产业融合下的产业链的各个环节需要及时调整和适应。调查显示，目前我国"体旅文商农"产业融合还存在与收入和年龄，以及消费观念和行为形成的市场需求障碍，如不能破除观念障碍，将难以进一步激发体育旅游市场的消费需求，会在很大程度上制约我国"体旅文商农"产业融合的发展。究其原因，其一，收入和年龄是影响"体旅文商农"产业融合形成的新型体育旅游产品是否能够很好地被市场接受的重要原因之一。

---

[1] 新华网. 体育旅游高峰论坛暨全国体育旅游管理学科建设研讨会召开 [EB/OL]. (2023-05-14) [2023-10-31]. https://baijiahao.baidu.com/s?id=1765880954166173363&wfr=spider&for=pc.

首先，在我国整体居民人均可支配收入方面，国家统计局数据显示，2022年我国城镇居民人均可支配收入为49283元，比2021年增长3.9%。同样，我国农村居民人均可支配收入为20133元，比2021年增长6.3%[1]。虽然城镇及农村居民人均可支配收入的增长有助于扩大休闲娱乐消费需求，特别是体育旅游产品不断丰富和"体旅文商农"产业融合不断推进，促进体育旅游市场规模实现一定的增长。但与发达国家居民的人均可支配收入水平相比仍有一定的差距，如2022年美国居民人均可支配收入为18982美元，比我国居民人均可支配收入高出许多，由此可见，我国体育旅游业会受到国民较低收入的影响，在一定程度上会制约其发展。其次，在我国区域居民人均可支配收入方面，根据中国统计年鉴数据[2]，2021年我国东、中、西部地区人均可支配收入分别为44980元、29650元和27798元，收入的区域性差异会导致消费能力的区域性差异，我国东部地区和中西部地区间居民的收入差异也会使得居民在体育旅游消费能力方面存在一定的差异。最后，在我国居民体育旅游消费的年龄结构层次方面，我国体育旅游产品消费的主体主要是"80后""90后""00后"群体，并且以男性消费者居多[3]。而在当前我国"银发经济"和"她经济"的背景下，如何充分调动中老年群体和女性群体的体育旅游消费积极性，将成为我国"体旅文商农"需求障碍方面的主要发力点。因此，我国体育旅游市场目前已经涌现出很多有特色的体育旅游产品，并逐渐形成了一批有一定支付能力和喜爱探索、尝试新产品的体育旅游消费者群体。但是，这一群体仅占整个潜在市场的很小一部分，想要带动整个市场的消费能力是未来仍需解决的重要问题之一。

其二，"体旅文商农"产业融合产品是否被市场接受还与体育旅游消费者的消费观念和消费行为惯性有关。一是在消费观念方面，我国城市居民和农村居民也存在较大差异。改革开放以来，由于生产力快速发展及经济迅速增长，人们物质文化生活水平有较大提高。城市居民在开始通过体育旅游进行消遣、娱乐、交往，享受体育的时候，固有的传统消费观念（节俭和注重实用性）对农村居民还是有较深的影响，尤其是体育方面的消费观念受传统消费观念影响较大。同

[1] 中国新闻网. 国家统计局：2022年全国居民人均可支配收入36883元 [EB/OL]. （2023-01-17）[2023-11-03]. https://baijiahao. baidu. com/s?id=1755234554805325482&wfr=spider&for=pc.

[2] 国家统计局. 中国统计年鉴2022 [R]. 北京：中国统计出版社，2022.

[3] 人民网. 体育旅游将迎发展"黄金时代"客群以80、90后居多 [EB/OL]. （2016-12-26）[2023-11-05]. http://m. cnr. cn/chanjing/travel/20161226/t20161226_ 523394443. html.

时，农村体育设施缺乏、器材陈旧等因素更加制约了我国农村居民的体育旅游消费。二是在消费行为习惯方面，根据 Klemperer 对于转换成本的相关分析，市场中的有些企业在过去的竞争中会通过提高体育旅游产品的转换成本来增加消费者消费转向的难度，从而提高消费者忠诚度，这会使消费者对以前的消费行为产生一定的惯性[1]。因此，消费者基于对传统体育旅游产品的消费惯性，会对"体旅文商农"产业融合下的新型体育旅游产品产生一定的接纳和认同方面的阻力。

3.3.4.2 用户资源融合障碍

在企业扩大业务规模、实现跨产业联盟过程中，实现用户资源的融合能让"体旅文商农"产业融合进程持续有效运转，并迸发出强大的生命力。在"体旅文商农"产业融合的进程中，其用户资源融合方面仍存在一些障碍，若无法顺利进行用户资源的融合，可能会导致"体旅文商农"市场开拓受限，并且无法有效吸引和满足更广泛的市场需求。"体旅文商农"产业融合的用户资源融合障碍包括：①用户群体差异。这五类产业的用户群体存在差异，这些产业有着不同的消费偏好、需求和行为习惯。对不同产业的用户资源进行融合时，需要面对不同用户群体之间的差异。②信息传递和沟通难题。由于各产业的用户资源分散于不同的平台和渠道，信息的传递和沟通存在困难。用户资源的融合需要建立起统一的信息传递和沟通机制，以确保信息能够快速传递给目标用户，并进行有效的沟通和互动。③企业文化和管理差异。这五类产业拥有不同的企业文化和管理模式。将这些不同产业的用户资源进行融合需要解决企业文化和管理差异问题。

3.3.5 制度融合障碍

3.3.5.1 政策法规融合障碍

当前我国"体旅文商农"产业融合发展面临的制度障碍是多部门协同合作的工作机制尚未建立。"体旅文商农"产业融合涉及国家体育总局、文化和旅游部、商业部和农业农村部等多个部门，但目前从制度法规制定和部门工作协作上缺乏整合，难以发挥协同效应，无法形成积极政策引导下的生产要素的自由流动和配置优化，制约了"体旅文商农"产业深度融合。我国"体旅文商农"产业

---

[1] Klemperer, Paul. Markets with consumer switching costs [J]. The quarterly journal of economics，1987：375-394.

融合的制度融合障碍具体表现在：一是在政策方面。其一，回顾过往我国出台的促进体育旅游业和产业融合的相关政策，有国家体育总局、文化和旅游部两部门分别于 2009 年和 2016 年发布的《促进体育旅游发展倡议书》和《关于大力发展体育旅游的指导意见》（旅发〔2016〕172 号），以及国家体育总局等八部门于 2022 年发布的《户外运动产业发展规划（2022—2025 年）》，多部门协同所形成的促进"体旅文商农"产业融合的政策数量较少，且已有的政策尚存在政策分工和责任不明确等问题。其二，我国政府管理体系主要呈现出纵向的树状权力体系[1]。这种体系在由上而下的传达和控制方面有一定优势，但在支持横向的同级部门协作方面存在明显弊端，不利于各级横向部门进行协同合作，从而很难有效发挥各自管理部门的资源，促成产业间的融合。其三，我国乡村体育旅游业的发展还处于探索阶段，配套公共基础设施的完善也会牵涉资金的投入问题。而目前，我国缺乏针对乡村体育旅游发展的财政扶持政策和专项资金，这导致乡村体育旅游相关的基础设施建设进展缓慢，乡村体育旅游新产品开发滞后，服务质量不高。此外，乡村体育旅游的营销方式、方法创新也亟须资金投入。由此可见，我国在促进"体旅文商农"产业融合发展政策的制定亟须加强，不仅国家各部委宏观层面要形成合力，起好带头作用，更需要各省市联动内部各部门因地制宜制定发展规划。

二是在规制方面。我国尚未有专门针对体育旅游业的法律和规定颁布，只存在各自针对体育业和旅游业的法律，如旅游业涉及的法律有《中华人民共和国旅游法》（中华人民共和国主席令第 16 号）、《旅行社条例》（中华人民共和国国务院令第 732 号）、《导游人员管理条例》（中华人民共和国国务院令第 687 号）、《旅游投诉暂行规定》等；而体育业涉及的法律有《中华人民共和国体育法》（中华人民共和国主席令第 114 号）等。从已经颁布的相关法律来看，这些法律法规并未就体育旅游业从业者的具体资质、操作流程、风险防范方面作出具体的法律条例约束。如《中华人民共和国旅游法》（中华人民共和国主席令第 16 号）第三十九条规定，领队业务人员应当具有相应的学历、语言能力和旅游从业经历，并持有导游证。但体育旅游业由于加入了体育运动项目，导游证这单一的资格证书已无法满足专业的体育旅游领队职业要求。第四十七条中还提到，经营高空、高速、水上、潜水、探险等高风险旅游项目，应当按照国家有关规定取得经

---

[1]梁平，唐小飞. 区域旅游政府联合协作模式研究——基于渝东南、湘西、黔北的分析 [J]. 现代商贸工业，2009，21（2）：50-52.

营许可,该条例也并未对具体经营许可作出进一步的界定。而《中华人民共和国体育法》(中华人民共和国主席令第114号)中只有第七十条提到,国家支持和规范发展体育用品制造、体育服务等体育产业,促进体育与健康、文化、旅游、养老、科技等融合发展,更多地从体育产业从业者视角出发的规范体育旅游业发展、促进产业融合方面的具体法律条规尚未提及。由此可见,我国体育旅游业存在相关法律制度建设滞后于实践发展的问题。其具体表现:一是体育旅游企业的审批制度不健全。相当一部分体育旅游项目具有一定的风险性,需要建立风险预警与救护标准、场馆设施安全标准、专业技术服务人员技术标准,以保证这些项目的健康发展。二是监管和评价制度也需要加强。监管是维护体育旅游市场的必要手段,等级评价是激励体育旅游企业进行标准化建设、规范化发展的重要手段,但目前这方面仍较薄弱[1]。

3.3.5.2 组织机构融合障碍

"体旅文商农"产业融合涉及多个产业管理机构。调动各方的积极性,提高各产业管理机构的参与能力,汇聚政府、企业、人才培养机构、非营利社会组织、从业人员和乡村居民等各方的智慧和力量,协同推进产业融合,成为未来产业融合发展的重要突破口。目前,我国"体旅文商农"产业融合发展过程中还存在组织机构融合方面的障碍。一方面,目前参与我国体育旅游业建设的组织机构有2019年成立的中国旅游协会文化体育旅游分会和2021年成立的中国旅行社协会体育旅游分会。根据调查发现,两家协会近些年在推进体育旅游业产业融合方面尚未进行太多实质性工作,仍停留于就体育旅游业的发展进行简单调研和研讨阶段。另一方面,我国体育旅游产业发展的组织机构还与发达国家有一定的差距,相较于我国国内的体育旅游组织机构,美国体育赛事与旅游协会(Sport ETA)就在网络沟通、服务合作伙伴、进行体育旅游项目组织策划、体育旅游线路推广等方面有很多值得学习的宝贵经验,这也是未来我国体育旅游业组织机构所需要努力突破的方面。

---

[1]鲍明晓,赵承磊,饶远,等.我国体育旅游发展的现状、趋势和对策[J].体育科研,2011,32(6):4-9.

4

"体旅文商农" 产业融合发展的国内外经验解读

本章通过选取新加坡体育城、美国 Fresno 农业旅游区、加拿大惠斯勒冰雪小镇、英国老特拉福德球场和我国的宁波中体 SPORTS 城、贵州村超、哈尔滨亚布力滑雪旅游度假区、海南蜈支洲岛等"体旅文商农"产业融合案例,深入研究其主要举措,总结提炼可供借鉴的成功经验,为破解我国"体旅文商农"产业融合发展障碍、构建"体旅文商农"产业融合模式和创新"体旅文商农"产业融合发展机制提供经验依据。

4.1　"体旅文商农" 产业融合发展的国外案例

4.1.1　新加坡体育城

新加坡体育城位于市中心,早期用于举办大型赛事活动,但由于非赛事期间的使用率非常低,资源浪费和较高运营成本使得该项目亟待重新规划,于 2007 年重建为世界上首个集体育、旅游、商业、文化、娱乐于一体的体育服务综合体(表 4-1)[1]。其主要业态是体育赛事和健身休闲,配套了商品零售、餐饮服务、办公、教育培训等其他业态。据统计,2015 年有 140 万人参加了 124 余场赛事和娱乐活动,350 万人使用了体育场馆,1200 万顾客访问了购物中心[2]。新

[1] Ministry of Community Development and Sports. The report of the Committee on Sporting Singapore [R]. Singapore: Ministry of Community Development and Sports, 2015.

[2] Singapore Sports Hub. SPORTS HUB WELCOMES OVER 3.5 MILLION VISITORS IN 2015 [EB/OL]. (2016-01-04) [2023-07-01]. https://www.sports hub.com.sg/who-we-are/media-centre/news/sports-hub-welcomes-over-35-million-visitors-2015.

加坡体育城通过空间载体的统一规划与管理,较好地实现了环境资源的通用性、服务内容的互补性、不同业态的融合性及经营主体的竞争性。

表4-1 新加坡体育城的业态布局

空间载体	体育项目	业态布局	服务内容
国家体育场	足球、橄榄球、板球、田径	体育赛事展览演出	赛事:东南亚运动会;第八届东盟残疾人运动会;国际冠军杯(ICC);巴克莱英超亚洲杯 活动:第28届国庆阅兵仪式;明星演唱会
室内综合性体育馆	拳击、摔跤、格斗	体育赛事展览演出	赛事:ONE锦标赛;WWE 2017;UFC格斗之夜 活动:明星演唱会;马戏团表演;音乐剧与戏剧表演
华侨银行竞技场	羽毛球、击剑、篮球、排球、乒乓球、健身	健身休闲办公教育培训	赛事:东盟篮球联赛、Mission Food Nations Cup、击剑锦标赛、举重公开赛和鱼尾狮杯 培训:Hub健身俱乐部提供从尊巴、跆拳道到瑜伽的训练课程
华侨银行水上运动中心	游泳、跳水、水上健身	健身休闲办公教育培训	赛事:第28届东南亚运动会水上项目比赛;第五届国际泳联世界青少年游泳锦标赛 培训:水中健身课程;儿童跳水、游泳夏令营
水上运动中心	划皮划艇、独木舟、龙舟、帆船	体育用品销售办公教育培训	赛事:皮划艇定向比赛;独木舟马拉松;赛龙舟 活动:水上运动社区日;新加坡世界水日 培训:提供皮划艇和独木舟定向课程以及龙舟定向课程培训服务
户外水上游乐区	冲浪、漂流	健身休闲餐饮服务教育培训	培训:冲浪课程
社区体育空间	室外篮球、滑板、滨河步道	健身休闲体育旅游	体育旅游:通过在滨海步道徒步欣赏城市及海滨景观
新加坡体育博物馆	体育旅游	体育旅游	体育旅游:了解新加坡体育历史、体育遗产 培训:"博物馆之旅"、展览、研讨会
体育中心图书馆	电子竞技、国际象棋、跳棋	沉浸体验信息服务教育培训	活动:互动展品、沉浸式学习、视频观看站、巨型国际象棋和跳棋、XBox游戏站 培训:独家见面会、会议、讲座、研讨会

续表

空间载体	体育项目	业态布局	服务内容
SHIMANO 自行车世界	骑行体验	体育用品 销售 展览 教育培训	活动：自行车巡游；自行车展览 培训：定期组织自行车基本维护研讨会、自行车维修车间体验
加冷湾 购物中心	室内攀岩	健身休闲 商品零售 餐饮 康养	体育商品：体育用品大卖场；顶级球衣和球鞋足球商店；电动踏板车、滑板专卖店 餐饮服务：Yu Kee 美食广场 体育康养：日式温泉水疗 Yunomori Cnsen & Spa

资料来源：根据新加坡体育城官网资料整理。

4.1.1.1 重视体育设施和多业态组合

新加坡体育城以提供体育服务为主，兼顾配套服务的组合形式，通过多业态融合实现体育服务与配套服务相互补充、相互支撑的发展格局。从整体来看，体育服务是新加坡体育城的核心内涵，新加坡体育城有 11 个主要场馆，有 7 个以体育设施和提供体育服务为主的运动场馆，为突破单一功能场地的限制，新加坡体育城采用"室内体育馆+户外运动区"的复合空间布局，包括全遮蔽、空调灯光设备完善的室内综合性体育馆、可以在室内与室外模式之间切换的国家体育场等一系列不同运动场景、全年全时段可开放的体育设施，构建了一个能满足多元化、多层次需求的体育空间。其余 4 个是以除体育外多种业态为主的配套场馆，包括信息服务、体育旅游、教育培训、沉浸体验、商品零售、餐饮服务等，构建了丰富多彩的生活娱乐空间。重要的是，利用体育空间赋能生活娱乐空间的方式，在体育城形成消费聚集。体育场馆通过其强大的体育赛事及娱乐活动功能，吸引优质客流，主要体育场馆举办了多场国家级以及世界级的赛事和娱乐活动，据统计，2021 年体育城举办了 140 多场体育赛事及活动，共吸引 480 万人[1]。新加坡体育城重视体育设施与多业态的组合，通过空间载体科学布局，形成了业态融合、功能复合的体育消费集聚地。

---

[1] THE STRAITS TIMES. Singapore Sports Hub confident of staging more and bigger live eventsin 2021［EB/OL］.（2020-12-29）［2023-06-25］. https://www.straitstimes.com/sport/singapore-sports-hub-confident-of-staging-more-and-bigger-live-events-in-2021.

4.1.1.2 营造消费场景激活市场活力

通过消费场景营造,可以打造高质量消费空间,激发体育综合体的市场活力[1]。新加坡体育城对消费场景的营造主要做法:第一,建立与家庭场景的连接。体育城 11 个主要场馆中有 7 个场馆包含了教育培训业态且从项目来看多以青少年和儿童的培训为主,一方面是因为教育培训的周期长,能够增加消费黏性,能够在吸引消费者进入场景后,让消费者从一次性用户变成重复消费的拥护者,直到认可体育城所倡导的生活方式和处世态度;另一方面更重要的原因是青少年与儿童的培训项目能够成功地实现与家庭场景的连接,孩子在体育中心接受运动项目培训,其他家庭成员也会进入体育城的消费场景成为其他体育活动项目或配套服务的消费者。第二,通过信息与资源的共享构建消费场景。例如,体育中心图书馆通过举办体育专家、体育明星的见面会、研讨会,分享体育运动的心得、故事、精神,能够实现场景的延伸,获取热爱体育运动、进行体育消费的新客户。第三,建立与消费者的情感连接。随着消费升级,消费场景中的个体体验的愉悦感和满足感成为消费者选择的主要因素。体育设施方面,除了大型、专业体育设施外,根据社区市民需求,建设了社区体育空间、滨河步道、滑板公园等市民日常活动区;信息服务方面,为运动爱好者提供书籍、视频、讲座等资源;文化建设方面,在"体育、艺术和文化遗产步道"上陈列历史文物、艺术品为市民提供情感体验和审美体验。新加坡体育城的愿景是将自己打造成一个有情感温度的社区市民生活方式目的地,不仅国家运动员可以接受专业的训练,而且社区的家人、朋友可以在这里进行日常锻炼并参与体育和娱乐活动。

4.1.1.3 构建跨界多元协同治理模式

新加坡体育城是通过跨部门、多层次合作共同打造的一个涉及体育、旅游、文化、商业等多领域的项目,在制度设计方面提供了值得借鉴的经验。一是,政府内部的组织机构设置十分有利于产业融合,新加坡的旅游局下设有一个"体育与康养旅游"部门,负责将体育运动和健康生活的理念融入旅游部门的活动规划中,同时这个组织机构也带动了不同部门的联动。例如,2022 年新加坡旅游局

[1]陈元欣,刘恒,陈磊.体育服务综合体消费场景营造的逻辑动因、实践探索及提升策略[J].体育学研究,2022,36(6):57-68.

与新加坡体育理事会、保健促进局、企业发展局、国家艺术理事会等部门共同策划并创建了每年一度的新加坡“健康养生节”，内容包括心理健康、体育、艺术、餐饮、购物、疗养等，活动形式丰富，包括亲子瑜伽、农场导览活动等，将新加坡打造成为城市养生天堂。二是，基层组织与协会的协调共管。新加坡基层组织充分发挥主观能动性，积极参与到融合型项目的规划和实施过程中，包括征求群众的意见并向政府反馈，以及在项目实施过程中遇到征用土地、施工建设等方面与群众的矛盾时，主动在中间起到协调的作用，帮助项目推进。同时，充分调动社区各领域优秀人才，向社区居民提供免费体育技能培训，增强社区居民参与体育活动的意识，促进共建健康、文明、和谐的社区。三是，采用公私合作伙伴关系模式（Public-Private-Partnership，PPP）。PPP 模式的采用使得大型体育基础设施项目能够兼顾公益性和营利性，强调利用市场与政府合作的多元主体的优势，减少单一主体供给弊端。一方面，能够通过市场机制调节达到帕累托最优，在一定程度能够避免完全由政府决策造成的效率低下和资源浪费；另一方面，由政府主导可避免社会主体由于结构与功能的不成熟性等而引起的垄断行为，强化大型体育场馆的公益性。跨政府部门协同、基层组织的参与、政企合作等不同形式的组织机构融合，将不同主体的利益结合在了一起，为产业融合项目的落地保驾护航。

4.1.1.4 加强政策法规的规制和引导

新加坡体育城作为多业态融合发展的体育综合体，它的成功离不开政府对于产业融合的相关支持政策和法律法规的引导。从政策背景来看，新加坡政府对体育和多产业融合的发展十分关注，2011 年，由新加坡体育理事会发起，与其他政府部门和社会组织共同打造了新加坡“2030 年体育愿景计划”，强调全民体育的重要性，鼓励将全民健身融入各个领域。在这样的政策背景下，新加坡旅游局与全球最大的健身场馆预定平台 Class Pass 达成合作，鼓励居民在 Class Pass 平台上面预约参与健身和体育活动，同时旅游局与该平台合作开发视频内容，通过在热门地标处做体育运动并且现场直播，推广体育运动的同时，也对所在的旅游景点进行宣传，达到多效合一的效果。从法律法规上来看，新加坡体育城属于国家公共体育设施，新加坡体育城的成功得益于政府的统筹推进和相关制度保障。新加坡政府在对公共体育设施的规划、建设与管理中，设立有专门的规划机构负责进行规划。为了保证规划机构的权力和义务能够落到实处，政府专门制定了规划法及其修正案，规划法由议会颁布，是城市规划体系的核心，为城市规划及其行政体系提供法律依据，其对规划的审批流程、人员任命和管理细则都作出了具体的要求。除规划法以外，还有与之相配套的城市管理办法，这样就能在法律层面保证公共体育设施规划能够有序推进，层层落实。

（5）培养复合型的体育产业人才

体育产业跨界复合型人才不仅是新时代我国体育产业人才培养模式创新的重要目标，也是推动我国"体旅文商农"产业融合发展的重要力量。新加坡体育城在跨界人才培养方面，也有值得借鉴的地方。2018年，新加坡体育城与新加坡共和理工学院签署校企合作协议，旨在培养体育综合体的跨界复合型人才。一是发挥高校和科研院所智库功能。与新加坡共和理工学院建立合作关系，与体育、管理和医学等多领域专家开展定期会晤，为新加坡体育城的日常运营和大型活动项目提供实操经验和趋势指引。二是搭建产学研校企实践平台。新加坡体育城为新加坡共和理工学院的学生搭建多产业融合的实践平台，为学生提供真实的工作场景和项目运作机会，如体育城的活动筹办部门录用新加坡共和理工学院的学生为实习生参与新加坡体育城的社区体育活动的前期准备、资料搜集、策划及协商工作，部分学生有机会参与筹办新加坡体育城的大型赛事活动。校企合作平台使得体育城为跨界人才提供孵化平台，同时这些跨界人才也为体育城的发展提供人才保障。

4.1.2 美国 Fresno 农业旅游区

费雷斯诺（Fresno）是美国加利福尼亚州的一个城市，距离旧金山车程不足3小时，自然条件优越且农业发达。Fresno农业旅游区主要在Fresno主导下，由Fresno东南部的五个小镇联合打造的一个全球田园综合体的典型代表，区内主要分为"观光科普区""农事体验区""农产品销售区""度假体育区"四大功能区（表4-2），功能区内分别开设了类型全面、内容丰富、各有侧重的活动项目，因为体育、文化产业的融入，Fresno农业区由满足层次较低的观光消费需求向满足层次较高的体验式休闲度假需求升级转型，不再是传统的观光农业，更是一个集合了休闲体育、运动康养、旅游观光、科普教育、餐饮服务、商品购物于一体的"体旅文商农"综合型园区，通过销售风景、销售产品、销售文化、销售体验、销售健康，促进了产业深度融合、丰富了乡村产业类型、提升了乡村经济价值、改善了乡村生态环境，形成了可持续发展的商业模式。

表4-2 美国 Fresno 农业旅游区产业体系

功能区	项目名称	内容特征	主要市场人群
观光科普区	Blossom Bluff Orchards	占地80多亩、150多个品种的果树	旅行团
	Aspen Acres	多品种的动植物科普观光、亲子研学	青少年、家庭
农事体验区	Smonian Farm	全年蔬果采摘、虚拟漫游、酒吧	年轻人
	Hillcrest Farm and Wahtoke rallroad	圣诞节派对、葡萄种植和观光车	年轻人、家庭
	Squaw Valley Herb Garden	薰衣草观光、园艺、美食、购物	学生、旅行团
农特产品区	Circle Ranch	果园观光及农产品超市购物	水果商、旅行团
	Sun-Maid Raisins Headquarters	葡萄种植与干货加工中心	水果商、旅行团
度假体育区	Kelly's Beach	临河谷，公园内有漂流、露营、徒步、自行车、攀岩、运动康养	年轻人、家庭自驾
	Wonder Valley Ranch Resort	75亩林地，内有森林SPA等	企业、家庭、旅行团

资料来源：根据美国 Fresno Country 官网资料整理。

4.1.2.1 科学布局"体旅文商农"产业功能区

Fresno 农业旅游区的空间结构按照"一心、两线、三模式、四功能区"的基本思路布局，基于满足消费者多样化需求的基本目标，形成了 Fresno 东南乡村地区间的区域协作机制，创造了农场采摘、自然观光、休闲体育和文化节日多种功能相互组合的融合型产品。"一心"是指以 Fresno 为中心形成城乡经济共同体，农业旅游区依托 Fresno 对其产生辐射带动作用，基于其近郊区位和自然生态优势，成为 Fresno 的"果园+乐园+后花园"，服务于以 Fresno 为核心的周边大中城市。"两线"是指赏花游（Fresno County Blossom Trail）和果园游（Fresno County Fruit Trail）两条区域内的主要游玩路线，通过两线串联不同的业态。"三模式"是指如表4-3所示的三种基于不同的资源优势所发展的不同的主要业态，"四功能区"则是表4-2所呈现的四种具有不同内容特征并面向不同市场人群的产业功能区，"三模式"与"四功能区"的交叉组合，实现了农业旅游区内部的资源导向型区域分工、错位发展。Fresno 农业旅游区本着分类引导、特色发展的原则，引导有产业基础地区重点发展产品的生产和销售、有交通区位优势地区发展成为中转服务区、有自然资源的地方发展休闲体育和旅游。例如，Sanger 小镇位于市中心前往东部国家公园及南部休闲农业景点的重要节点，发展成为有 26 家餐厅、7 个便利店、4 家旅馆的综合服务小镇；Kings River 流域沿途包括两条著名的徒步路线（Kings River Paddle、Reedley Community Parkway），岸边发展了很多户外运动点，如 Kellys Beach，可以划船、钓鱼、滑水橇、漂流、露营等。区域分工有利于引导资源规模化、集群化开发，提高区域资源综合利用水平，实现了不同地区之间的信息共享、政策协调、功能互补、利益协调和规划衔接。

表 4-3 美国 Fresno 农业旅游区的主要业态

地区	优势	主要业态
Reedley、 Kingsburg、 Selma、 Orange cove	良好的农业产业基础	农业种植、产品销售、休闲体验
Sanger	区位优势、基础设施完善	综合服务（交通+商业服务）
Sanger 东部河流峡谷	良好生态、优美的环境	户外运动、度假休闲、会议节事

资料来源：根据美国 Fresno Country 的官网资料整理。

4.1.2.2 开发多元场景激发消费活力

融合体育产业和各个产业的新场景打造能够为消费者提供新体验、满足其新需求，并且为运营者带来新模式、新内容和新机会，Fresno 农业旅游区以两条主要游览线路为抓手，引导线路站点上的农场、葡萄酒庄、户外运动中心、餐厅、水果集市、啤酒工厂、历史景点和商品零售店合作与竞争，不断创新活动形式、提高服务质量，构建起"点上出新，线上出彩，面上成景"的发展格局。"点上出新"是指游览线路上的各个站点通过不断开发新的活动，以活动为媒，积极融合"体旅文商农"多种元素及业态，打造地域特色、文化特色、创新特色，激活消费潜能。例如，Hillcrest Tree 农场针对儿童开发了南瓜游园会，包括南瓜种植知识学习与实践、空中步道运动会等项目，并通过此活动吸引了大量的家庭前来；Selma 小镇举办葡萄干节，利用"节会效应"吸引人流，带动小镇消费，同时实现葡萄干等农产品的产销对接，也打响了 Selma 葡萄干的品牌，进一步提高了农产品附加值；Kingsburg 小镇每年举办瑞典节，以文化为主旋律，融入音乐、舞蹈等元素，令来客热情高涨，激发消费潜力。"线上出彩"一方面是指两条主要线路连接功能多元化的站点，另一方面也指线路的活动搭配，Fresno 农业旅游区冬春季主推赏花游线路上的以花为主题的站点和活动，夏秋季主推品果游线路上的活动，借助两条线路利用果树不同的花期和水果成熟期，实现了整个 Freson 农业旅游区的四季运营。"面上成景"主要是指在整个区域内，通过开发多元活动构成本地区极富魅力的娱乐体系，使旅游区全年皆有景和活动，形成集聚优势，从而盘活了农业特色小镇。

4.1.2.3　细分市场精准旅游产品供给

Fresno 农业旅游区通过对客户群体进行市场细分，开发出了具有差异性的产品，能够满足不同的客户群体对于兼具体育运动、自然观光、农业特色体验、当地人文历史的融合型产品的需求。如表 4-2 所示，Fresno 农业旅游区主要将客户人群分为了五类，包括旅行团、亲子家庭、年轻人、旅行团、企业，在细分市场的基础上，为不同客户群体开发和提供差异化产品和服务，满足不同人群的消费需求，针对家庭客户群体，将产品重心放在科普教育活动和农场体验，如观光科普区开发的产业融合下的亲子研学活动；针对团队游客做好观光线路及购物设施设置、餐饮服务；针对会议人群做强硬件设施与配套休闲娱乐服务，如乡村背景下的运动康养服务；针对年轻人做好文化娱乐活动服务，如在农事体验区的一些农场，通过对农业、音乐、传统节日等文化业态和活动的重组，形成了农场圣诞派对等创新的产业融合产品，可吸引大量人流、物流和信息流。据统计，Fresno 地区旅游收入金额最高的是食宿服务，其次就是文化和娱乐休闲活动，其中文化和娱乐休闲活动 2021—2022 年的增长率为 39.5%[1]，在所有类型的收入金额增长率中稳居第一，可见文化、休闲体育活动与旅游的融合产品对消费市场的拉动作用明显。Fresno 农业旅游区通过聚焦五类消费群体的不同需求，打造创新多元化产品和服务，撬动消费潜力，迎来更多发展机遇。

4.1.3　加拿大惠斯勒冰雪小镇

惠斯勒冰雪小镇位于温哥华以北约 100 千米处，被誉为北美最佳滑雪胜地、

［1］Dean Runyan Associates. The Economic Impact of Travel in California［EB/OL］. （2023-05-04）［2023-07-03］. https://industry. visitcalifornia. com/research/economic-impact.

最佳冬季目的地和国际知名山地户外运动胜地，作为 2010 年冬奥会举办地，惠勒斯冰雪小镇拥有的滑雪道众多，总数超过 200 条，且有 1/4 的雪道为专业的可用于训练及举办高规格的滑雪比赛，此外，还拥有 4 个可举办冠军大赛的高尔夫球场和被公认为世界最佳山地自行车公园。惠斯勒常住人口数量 1 万左右，每年大概有超过 300 万的来自世界各地的游客，人们都对这个小镇心神向往，因为充满时尚与活力的惠斯勒，不仅是山地户外运动天堂，更是一个集合了多元业态的综合性度假村。惠斯勒冰雪小镇以滑雪运动为引擎深耕专业赛事，同时配套发展极限运动、休闲活动、温泉康养、文化节庆、商业服务等，形成了多业态融合的产业链，自 2011 年以来，惠斯勒冰雪小镇每年能够吸引超过 300 万的游客并且每年收益达 1.7 亿加元，占全省旅游总收入的 25% 以上[1]，成为该区域经济发展引擎。

4.1.3.1 细化规章制度提升服务水平

体旅文商农融合景区的高水平规章制度、高质量标准化建设、高强度的动态监管，对于提升景区的管理服务水平、提升消费者的满意度起着决定性的作用，从 1987 年到 2023 年惠斯勒在管委会的主持下陆续出台了 43 份规章制度，涵盖了基础设施建设、土地规划和使用、经营主体营业执照和规范、管理层任命、决策执行、能源资源利用与节约、应急管理、环境保护、特别活动管理规定、游客住宿管理规定等领域，在惠斯勒管委会的统一管理下，实现一本规划、一张蓝图的目标，使得各项规划单独体系不完整、内容不全面、规划之间衔接性较差的问题能够得到有效解决。例如，土地规划和使用与基础设施建设、景区发展的互相配合，提高了土地资源配置的效率，优化了空间布局；环境保护与其他领域统筹协调，能够使得惠斯勒小镇的发展遵循可持续发展基本规划原则，实现经济与生态协同发展的目标；特别活动管理规定对景区范围内的体育赛事和活动、文化娱乐活动等的主办方作出了详细规定，该规定将事件具体分为初次举办活动、重大活动、小型活动、俱乐部活动等不同的级别，并规定了不同的有效许可证、活动申请程序，有效地解决了融合体育、旅游、文化、商业、农业多领域的活动的规范和安全管理问题。

[1] Resort Municipality of Whistler. 2019 Whistler Living Wage Final Report [R/OL]. (2023-06) [2023-07-08]. https://www.whistler.ca/wp-content/uploads/2023/06/2019-Living-Wage-Final-Report.pdf.

4.1.3.2 专业的规划设计与科学的运营维护

惠斯勒小镇以筹办奥运会，以及能够在赛后成为可持续发展的体旅文商融合体为目标，通过组织融合和规划融合完成了一项由政府、社会组织、行业商会、社区居民等多因素组合的动态系统工程，对惠斯勒小镇进行科学规划和维护运营。在组织融合方面，惠斯勒在申奥 40 年间经历了创新政府管理模式的探索，成立了惠斯勒山管委会，是加拿大首创的地区政府管理模式，形成了政府引导、企业主体、市场化运作的模式。滑雪度假区运营者通过与管委会签订协议对惠勒斯地区进行开发和运营，政府对其经营范围内的缆车安全保障、食品安全、酒精销售、用地规划、房产建设等进行许可授权和监督管理，保障了消费者权益，促进整体服务质量提升。在惠斯勒的城镇布局上，地区政府聘请世界顶尖设计师埃尔登·贝克进行规划设计，使得惠斯勒地区能够发挥极高的土地效能，让体育、旅游、文化、商业能够在有限的空间内共同发展。在惠斯勒的运营维护上，地区政府极具前瞻性地注重可持续发展，根据动态的自然环境状况，计算出最佳环境人口容量并严格控制人流量，并研究发布年度发展规划，对投资商的开发建设行为加以引导，使得惠斯勒至今能够在开发区与生态保护间实现平衡，保留了当地自然资源的可观赏性。奥运会后，当地政府出台了《惠斯勒 2020》发展规划，实现多规合一，以建成体育为主导，旅游、文化、商业为支柱的繁荣小镇为核心，以为游客和居民提供世界级的运动、娱乐及文化体验为目标，将经济和社会发展、土地利用规划、环境保护、可持续发展等各类规划统筹衔接。

4.1.3.3 建立风情化、娱乐化的小镇特色商业体系

完善的商业体系能为"体旅文商农"产业融合提供必备的配套要素和拓宽变现渠道，提升舒适度和幸福感。惠勒斯以餐饮美食和夜市娱乐为吸引物，健全旅游购物、商业零售、家庭旅游等要素，并通过特色建筑、特色商业两大载体，使惠勒斯商业文化变得鲜活且无处不在。特色建筑是指依托惠斯勒自然资源优势，形成的以休闲步行街、高层廊道系统为中心扩展的建筑群，在保持现代化建筑高标准的同时，尽量保留自然景观，让建筑融入惠斯勒雪山自然景观，创造"用户友好"的舒适氛围。例如，黑梳山顶的露台餐厅，可以赏雪景、观滑雪、品美食，是当地人气非常高的、极具惠斯勒冰雪小镇特色的体验项目。特色商业主要体现在休闲配套服务的多元化、国际化，在住宿方面，小镇有正规住宿共

120 多家，1 万多间不同房型的客房，类型包括酒店、汽车旅馆、别墅出租屋等，其中 14 家直接与滑雪道相通，可滑雪出入；在餐饮方面，有 120 多家餐馆咖啡厅，类型包括西式快餐、中餐、意式餐厅、日式料理等；在休闲方面，有发达的夜经济，有来自世界各国的商品，有温泉康养、专业按摩多种养生项目；在交通上，惠斯勒通往温哥华的 99 号公路上的一段"海天公路"被称为世界最美驾车线路之一，集雪山、森林、瀑布、湖泊等于一路，还有直升机为高端游客提供运输服务和大巴车为普通游客提供周边酒店上门接送服务。度假区内部设有由观光、步道、路标和车站组成的"非凡路线"（The Wonder Routes），组织串联了惠勒斯小镇几乎所有的旅游资源，为消费者提供了便捷舒适又丰富多彩的消费体验。

4.1.3.4 开发和举办特色活动聚集人气

《惠斯勒 2020》发展规划中指出，惠斯勒管委会应与惠斯勒旅游局、惠斯勒文化艺术委员会、黑梳山管委会共同推进区域特色活动战略，以达到吸引和稳定访客量的目的。第一类活动是商务会议，惠斯勒会议中心和湖边公园是惠斯勒的大型会议场所，位于林海雪原中，拥有壮丽的山景湖景资源，可提供全方位餐饮住宿服务及绿色会议策划，步行可至的餐饮、住宿、娱乐、运动场所一应俱全，可以让参会者在开会的同时获得度假体验感，大大提升满意度，不少组织因此每年定期到惠斯勒开展会议。第二类活动是社区活动，在冬奥会之后惠斯勒组织大量的社区活动主动创造与冬奥会有关的社区遗产，如惠斯勒生活文化节，在冬奥会举办前后的一个月，向来自全世界各地的游客充分展示加拿大国内外的音乐、舞蹈、绘画、电影等艺术，营造热闹的节庆氛围以吸引有多样化需求的消费者。此外，还在土著民族社区开展土著旅游活动，为土著青少年提供免费冰雪运动培训课程等社区活动，在促进民族社区发展的同时体现惠斯勒人文关怀、温暖互助的社区氛围和情怀，满足消费者更高层次的精神需求。第三类活动是节庆活动，据统计，2018 年惠勒斯全年节庆文化活动多达 260 个，其中每年 11 月惠斯勒冰火表演节和 12 月为期 4 天的惠斯勒电影节是小镇的传统文化品牌项目，不同季节、彰显不同特色的节庆活动使游客体验到惠斯勒的独特风情，增强度假体验感，这也是小镇保持社会关注度和聚集人气的关键。

4.1.4　英国老特拉福德球场

老特拉福德球场（Old Trafford）位于英国大曼彻斯特郡，拥有 100 多年的历史，是一座高标准的专业足球场，它被誉为"梦剧场"，是满载荣誉的英超曼彻斯特联足球俱乐部的主场。老特拉福德球场拥有七万多个座位，是仅次于温布利球场的英格兰第二大的足球场，也是全英格兰三个欧洲足联五星级足球场之一，承办了多场国际大型足球赛事和许多除足球外的文体活动，包括网球、板球、曲棍球、拳击、音乐会等。老特拉福德除了会承办影响力巨大的活动和赛事外，还拥有成熟的旅游参观路线、特色鲜明的咖啡馆，以及对球迷来说意义重大的博物馆和官方纪念品商场，因此成为举世闻名的体育旅游目的地。

4.1.4.1　聚焦足球主体产业，延伸发展多元业态

为了满足消费者对于融合型产品的消费需求，老特拉福德球场以足球赛事为主体，以球场的各个设施为空间载体，延伸至娱乐活动、足球文化、餐饮服务和商品零售多个领域，打造出以足球为特色的一站式体育旅游。一是，以球场为空间载体的赛事和娱乐活动，这里曾承办英格兰世界杯、英格兰欧洲杯、伦敦奥运会足球赛、欧洲冠军联赛等多项重量级的足球赛，每场比赛都是一票难求、座无虚席，为老特拉福德打响了品牌，聚集了人气。二是，以红咖啡馆和 VIP 包厢为空间载体的餐饮服务，VIP 包厢内精致的餐饮服务和舒适的观赛环境为商务和高端人群提供了不同层次的消费选择，咖啡馆的空间布局力求呈现出纯正的英式足球主题，食物也是以传统的英格兰风味为主，其场景布置和装修主题是大名鼎鼎的曼联足球队，鲜艳的红色、生动的球星画像营造出了极具红魔特色的氛围，再加上此处有偶遇足球明星的机会，使老特拉福德球场成为足球人的必打卡地点。三是，以博物馆为空间载体的足球文化宣传阵地，这里有曼联和老特拉福德球场的历史故事、辉煌战绩和象征着荣誉的奖杯展示区，向参观者传达着属于曼联、属于老特拉福德的独具特色的足球文化和体育精神。四是，以官方纪念品商店为空间载体的体育周边商品零售，售卖商品包括以曼联为主的球队授权的球衣、围巾、帽子、钥匙扣、抱枕等球队周边商品，其中球衣可以按照消费者想要的尺码和球员的号码进行定制，大部分商品都是老特拉福德球场全球独家专卖。在这里，足球运动爱好者在观看体育比赛的同时，又能够享受配套餐饮服务、充满足球文化的观光和购物体验，因此老特拉福德球场被认为是能够满足消费者综合型

消费需求的购物天堂。

4.1.4.2 深耕场景营销，强化历史现场感营造

老特拉福德球场充分发挥了自己历史底蕴深厚的优势，借着曼联"梦剧场"的品牌，致力于培育多种文化 IP 和品牌，聚焦足球运动爱好者的消费需求，打造独具特色的沉浸式娱乐消费场所，构建和引导体育消费。从线下球场内部来看，处处点缀着对历史和文化的追思和纪念：南看台外墙上有个时钟，时间转变，但日期永远定格在 1958 年 2 月 6 日，以寄托对慕尼黑空难的哀思，这些具有震撼力的建筑和景观设计，让人完全"沉浸"在历史感的场景之中；球场前面立三座雕像以纪念博比·查尔顿爵士、乔治·贝斯特和丹尼斯·劳的卓越贡献，设置并命名"斯特雷特福德看台"、弗格森爵士看台、博比·查尔顿爵士看台、"慕尼黑通道"等纪念功勋人物和重大历史事件，通过对这些足球明星的人物形象塑造和英雄事迹展示，营造了沉浸式体验场景，为老特拉福德体育旅游产品增加了更为浓厚的人文色彩，建立了与消费者情感上的深层连接。从线上官网宣传来看，展示了不同的明星人物在老特拉福德球场各个场景发生的历史故事，让消费者能够进一步地了解和感受专属于老特拉福德球场的历史和文化。与其他体育空间载体不同，老特拉福德球场形成了一个体育文化消费空间，深度联结了"体育文化"的元素，使得足球文化被作为主要的消费内容来满足消费者更高层次的需求。

4.1.4.3 注重产品品质和游客互动体验

老特拉福德球场开发出了多种针对不同的消费群体，并且兼具体育、旅游、文化产业特性的融合型产品，实现了消费方式从单一的纯观赛体验或者单一的纯购物体验，转变为多元化的足球文化复合体验。老特拉福德球场非常重视游客的互动体验，互动是一种体验方式，让游客参与到服务中并形成互动，从而增强印象和记忆。球场的参观分为博物馆游览和联程游览，博物馆游览针对普通消费者，在参观前会有会派发参观证，上面的吊绳印有曼联球队明星球员的肖像，并且游客可以将吊绳作为纪念品带走，其作为老特拉福德球场之旅的延伸，加深了与游客的联结。游客还可以在共有三层楼的博物馆游览奖杯陈列室、名人堂等，可以详细了解曼联俱乐部的历史，加深对足球文化的理解。联程游览是针对有基础的曼联粉丝，他们可以近距离地了解和体验球星的比赛生活，如可以进入球场

体验坐在替补席上的感觉，参观球员更衣室和运动员休息室，新闻发布室、球员通道等球场设施，亲眼见证、亲身感受球员在比赛和赛后所面对的情景，游客可以通过与自己喜欢的球星在同一个场景拍同款照片的方式进行互动，提升消费满意度。通过多种产品的搭配，形成了消费者在老特拉福德球场亲身经历、体察、检验、验证的闭合环节，使他们体验到足球文化带来的独特的精神满足感，消费者与企业的关系也从传统的对立面转变为共赢面。

4.1.4.4　线上与线下渠道互补

老特拉福德球场将线上与线下渠道相结合，通过赛事运营、体育传媒、场馆运营、品牌营销等打造以体育营销为核心的全方位变现体系，最大限度地挖掘消费者的潜在价值。对于职业性体育赛事，老特拉福德球场将赛事的线上转播与线下现场观赛相结合，最大限度地获取了观众资源，在新冠疫情时期，不同渠道结合的优势格外凸显，由于新冠疫情期间的公共卫生安全隐患，球场的线下观赛和非比赛日参观的收入减少了近95%[1]，但是得益于线上渠道的补充，比赛的总收入达到持平甚至发生了总量的增长，老特拉福德球场线上的赛事转播和线上周边产品销售发生了剧增，弥补了线下损失的收入。在非赛事日，老特拉福德球场实行线上经营管理方案，畅享流量红利，打通线上线下，让消费者从了解、咨询、预约到下订单都可以在线上完成。官网上为消费者提供了活动组织策划咨询、定制服务等个性化服务，针对的活动类型包括商务会议、娱乐派对、展览和晚宴等。凭借品牌知名度、专业且丰富的活动组织经验、便利的交通位置、容量巨大的硬件设施，老特拉福德球场的活动定制和场地租赁服务受到了消费者欢迎。

4.2　"体旅文商农" 产业融合发展的国内案例解析

4.2.1　宁波中体 SPORTS 城

宁波中体 SPORTS 城是中国首个运动主题商场，位于宁波市江北区，占地9.5 万平方米，由全民健身中心和体育主题商业综合体两大部分组成。其中体育

---

[1] Manchester Evening News. Old Trafford and Manchester United lost millions in revenue during the pandemic [EB/OL]．（2021－08－23）［2023－07－21］．https：//www.manchestereveningnews.co.uk/news/greater-manchester-news/old-trafford-manchester-united-lost-21380762.

公园和全民健身中心以室内和室外的运动场馆和设施为主，而另一部分体育主题商业综合体则是一个设有运动生活、时尚精品、儿童玩趣、美食荟萃、潮流玩酷、影视娱乐、商务办公七大主题的体育娱乐生活城，打造了一个"体育博物馆"式的购物中心和社交休闲空间，两大部分互为配套。宁波中体 SPORTS 城以促进全民运动健身为目标，利用其大型场馆资源、体育生态资源、人文特色资源、政府政策资源、消费市场资源，深入实施"体育+"多产业融合发展模式，打造出了深受各年龄段居民欢迎的集运动、休闲、赛事、教育、娱乐、购物于一体的难以复制的体育文化综合体，据统计，2020 年宁波中体 SPORTS 城注册会员高达 2.3 万人，累计总预约锻炼人数为 15 万，各场馆累计预约次数超 500 次[1]。

4.2.1.1 以丰富的体育服务联动客流

利用综合型场馆能够开发多种产品满足不同的客户群体需求的特征，宁波 SPORTS 城以丰富体育服务、优化消费体验、促进产业融合为目标，除了传统的游泳馆、羽毛球场、篮球场、网球场、足球场外，还增加了能满足不同年龄段消费者体育运动和休闲需求的设施。针对儿童群体，设置了儿童水上乐园、儿童陆上乐园、银杏林、彩虹铁路等体育休闲项目，并且在商场内采用符合儿童审美的各届奥运会吉祥物的卡通形象给儿童讲述奥运故事和传达体育精神；针对青年群体，宁波 SPORTS 城以公益培训的形式开展一系列"走进校园"活动，设置多元化、多层次、趣味性、创新性的游泳、击剑、搏击等培训课程，引导和培养运动群体；针对年轻群体，除了建设高品质的健身房、瑜伽馆满足日常运动需求外，还设置了极限运动区，融入街头运动、潮流内涵、艺术展览等多种元素，形成潮流运动文化聚集地，此外，爱情隧道、穿越花海、多功能水上舞台等融合了体育智能的项目也受到年轻人欢迎；针对中老年人，有门球场、老人健身区、健身步道和铁路风情长廊等设施，还有宁波 SPORTS 城推出的篮球、跆拳道、击剑、健身瑜伽、游泳等 20 多项免费技能培训项目。宁波 SPORTS 城不断推进场馆建设和服务升级，形成了能满足大众各类运动需求的家庭深度体验式体育服务综合体，有效联动客流，形成广受好评的集聚中心。

---

[1]搜狐体育. 宁波中体 SPORTS 城助推全民健身新模式 [EB/OL]. (2020-06-22) [2023-07-15]. https://www.sohu.com/a/403553896_114977.

4.2.1.2　以政企互惠为原则制定政策法规

宁波 SPORTS 城投资建设的背景是宁波市政府体育部门采用政府与社会资本合作的方式，在这种合作模式下，政府给合作企业提供了相关的支持政策，以帮助项目的融资、建设和运营。在 2015 年，由宁波政府与中体产业集团股份有限公司签订协议，使用建造-经营-移交（Build-Operate-Transfer，BOT）的投融资方式进行合作，产权归政府所有，由中体产业集团股份有限公司负责建设并免费运营 20 年。这一举措有助于政府解决大规模基础设施建设的资金不足问题，并且将融资风险和责任转移到企业身上，大大减轻负担，同时有利于政府借鉴企业专业的技术和先进的管理经验。在此基础上，政府制定了一系列有利于扶持与监管项目的政策，如通过降低土地价格、税收优惠、产业引导资金等方式为企业降低建设成本，还有通过政府购买的形式帮助建设游泳等项目的青少年训练基地，并定期举行免费活动让企业和群众都能从中受益。在扶持的同时也对企业进行监管，如为了达到为社区服务、鼓励全民健身的目的，在签署协议时运营企业被要求承诺运营期间保证每年对外开放时间不少于 280 天，活动赛事不少于 10 场，部分场馆部分时段向公众免费开放，并且帮助培育优秀人才，引入高端赛事并以此提升宁波 SPORTS 城品牌影响力。除此之外，政府还通过投资预算审核、审计等方式对企业进行监管，帮助其规范化运营。在这种合作模式下，政企双方形成良性合作关系，既相互支持也相互监督，共促宁波 SPORTS 城的长远发展。

4.2.1.3　以政府协同多部门合作提高项目落地效率

宁波 SPORTS 城占地面积较大、业态复杂、经营范围较广，其项目的顺利落地离不开以政府多部门协同的工作方式。一是政府内部各部门主动合作为项目提供更好的服务，在宁波 SPORTS 城规划建设期间，体育部门负责对项目合作的事项进行统筹以及与其他部门进行协商，如招商部门负责招商引资，规划部门负责规划、审批，城建、交管部门配合完成周边社区整治等工作，在各个政府部门主动参与、大力支持下，宁波 SPORTS 城的前期规划和审批工作非常顺利，只用了 25 个工作日就从获批土地证到获批施工许可证，比预期的开工日期提前了 149 天，创全国同类项目审批速度新纪录，并因此为企业减少了约 400 万元的工程投入直接成本[1]。二是政府主动与企业达成固定形式的合作,由政府的体育主管部门牵头,在项目落地期间,政府与企业共同成立了项目工作小组,通过每月召开会议的方式,为企业提供面对面与政府部门沟通的机会,并能直接对话相关部门,如能够主动争取并快速确定最便捷的工程车进出的交通组织方案,极大地提高了施工效率。宁波政府通过主动推进各部门合作、简化审批、项目工作小组等方式优化营商环境,让企业办事省时省力,为项目的落地按下"快进键"。

4.2.1.4 以智慧管理平台提升服务效率

宁波中体 SPORTS 城开发了一款运用数字技术将体育和商业融于一体的智慧管理平台,通过"线上+线下"的形式,加强运动场馆与商场和消费者的互动,强化宁波中体 SPORTS 城的服务功能。第一,智慧预约服务,群众可以通过"体育宁波"平台进行预约和线上购票,完成线上支付后可以直接按预约时间使用运动场地,有利于优化场馆服务,提升消费者体验;第二,会员管理系统,用户通过购买会员卡获取会员权益,宁波中体 SPORTS 城为会员提供价格优惠,根据数据统计情况,分析会员卡使用情况及课程安排情况,为会员提供课程推荐、运动建议等信息服务;第三,智能监测功能,智慧管理平台可以对场馆使用情况进行实时监测,及时调整场馆服务,在入口处设有智能签到平台,可以通过人脸识别和扫描二维码等技术获取访客数量和基本信息等统计数据,可以分析统计数据,根据各场馆使用时间段、使用频率进行管理优化,更好地满足访客多样化需求。2020 年 7 月,宁波市体育部门下属的公共体育场馆包括宁波中体 SPORTS 城统一在"体育宁波"平台上线后,用户互联网预定率超过 70%,线上购票率超过50%,自动化客服答疑服务率超过 90%,线上支付比例提升至 80%,线下的场地服务人工成本下降了 50%[2],使得运营人力成本及现金管理风险也随之大幅降低,有效地提升了体育场馆管理效能,进一步为群众提供更优质的服务。

4.2.2 贵州村超

"村超"是乡村足球超级联赛的简称,目前火爆全网的贵州乡村体育赛事就

[1]浙江日报.宁波江北:打通行政审批"断头路"[EB/OL].(2016-12-05)[2023-07-17].https://www.gov.cn/xinwen/2016/12/05/content_5143171.htm.

[2]中国体育报.智慧体育场馆建设按下"加速键"[EB/OL].(2021-03-31)[2023-07-26].https://www.sport.gov.cn/n4/n15334/c983571/content.html.

属于"村超"。2023年大年初三，榕江县三宝侗寨举办2023年乡村足球超级联赛，赛事由村民组织，参赛者以村民为主，比赛奖品很接地气，反响非常好。之后，榕江再次举办了持续三个月的和美乡村足球超级联赛，现场有万余人观看开幕式且球赛引爆全网并获得各大主流媒体争相报道，并被国家体育总局等多方点赞。如今村超已经发展成为以足球赛事和文化资源为核心，以商业服务、旅游服务、农产品销售为利润增长点的混合交融产业模式。据榕江县政府统计，截至2023年7月23日，榕江吸引游客250万余人次，实现旅游综合收入28.39亿元[1]，逐步走出一条中国式乡村地区"体旅文商农"融合发展的新路子。

4.2.2.1　创造新场景促进产业融合

消费场景的营造能够拉动消费、创新服务方式、释放产业集群动能，使得"体旅文商农"多业态融合时产生叠加效应以增强应对风险能力，因此注重场景营造成为产业融合发展的重要方向[2]。榕江以打造"超好看"的足球赛事为核心，借力足球赛事形成的人气，延伸至乡村旅游、传统文化、农特产品销售等多元领域，打造"超好吃"美食、"超好玩"美景、"超好住"民宿等消费场景，推动体育与旅游、文化、农业、商业等产业深度融合，为县域经济赋能。一是，在赛场内利用当地特色文化打造的节庆文化消费环境，村超的比赛开场，用极有侗族特色的音乐点燃全场，营造了热烈的节庆氛围；在赛事中场休息时，既有民族表演，又有少数民族地区流传的互动游戏，给观众带来不一样的趣味，还有"传统美食+非遗文化"啦啦队进场3次，展示当地美食10分钟，乡土味十足的足球比赛，加上这些具有浓厚乡土味的多民族文化元素，让村超别开生面。二是，赛场外夜经济聚集街的规划建立。榕江县以和美城乡"四大行动"为抓手，专门在球场附近规划建立了夜间经济聚集街，烧烤区、小吃区、冷饮区、儿童游玩区、酒水区、外来车辆后备厢集市区等411个临时摊位，并且政府以摊位免费的政策吸引大量的经营主体入驻，为游客提供餐饮娱乐、农特产品、赛事周边销售等服务，满足多层次、个性化、品质化的消费需求。

[1] 榕江县乡村振兴局.村超把脱贫群众"圈"进幸福生活圈[EB/OL].(2023-06-15) [2023-07-29].https://www.rongjiang.gov.cn/zwgk_5903530/bmxxgkml_5907050/xczxj/gzdt_5907465/202306/t20230615_80302317.html.

[2] 陈元欣，刘恒，陈磊.体育服务综合体消费场景营造的逻辑动因、实践探索及提升策略[J].体育学研究，2022，36(6)：57-68.

4.2.2.2 线上线下多渠道展销农特产品

榕江利用以村超比赛为核心的吸引力，通过线上和线下渠道对村超周边产品和榕江当地的农特产品进行展示和销售，让村超的产品和文化能够最大限度地吸引游客眼球，激发人们的消费欲望。线下渠道主要是指赛场摊位，摊位美食也是充满了榕江特色，罗汉果、小香羊、白茶、卷粉、芋头糕、牛瘪等数不尽的农特产品让观众大饱口福；文创产品有传统植物染色（蓝靛染）、苗侗民族传统蜡染、刺绣、木工等非遗手工艺品，也有忠诚镇以民族特色为主题的吉祥物玩偶，如"牛小瘪"一家、寨章竹筒饭"苗阿娘"等，用这些文旅产品配合《魅力忠诚》专题宣传片进一步推广。线上渠道主要是指农特产品的线上商城开发。"村超"赛事举办以来，以贵州省甜甜榕江农业贸易有限公司为代表的"甜甜榕江乐购"电商平台，以线下线上相结合的方式，展销榕江县杨梅、罗汉果、青白茶、锡利贡米、葛根粉等农特产品，为农户扩大增收渠道。截至2023年6月，全县实现农特产品销售收入共计835万元，其中，西瓜销售量675吨、销售额405万元，杨梅销售量56吨、销售额67.2万元，蔬菜销售量600吨、销售额240万元[1]。通过线下与线上渠道的组合，将本地"超"美食、"超"文化、"超"产品等，与村超体育赛事相融合，掀起村超消费市场的热潮。

4.2.2.3 跨界培养乡村体育旅游专业人才

村超的成功离不开的一个要素就是乡村地区跨界人才的培养，榕江的做法有以下几点经验值得学习：第一，重视协会等社会组织对人才的培养。村超由榕江县足球协会主办，赛事的队伍组织、赛程安排、晋级规则、节目表演、奖励奖品都是这些组织机构的村民自发组织、自行实施，如榕江县足协副主席杨亚江，既是参赛的球员，又是村超的策划者，也是基于足协提供的平台才有机会大展拳脚。第二，积极引进城市人才入乡就业创业。榕江县人力资源和社会保障局充分利用短视频平台，在村超赛场内进行针对榕江就业岗位的直播招聘，利用村超的流量关注度加大对人才引进政策的宣传，吸引更多人才回到榕江从事与村超有关的产业链，特别是对文创人才的引进，由此加大"超"主题文创潮品研发力度。

---

[1] 榕江县乡村振兴局. "村超"把脱贫群众"圈"进幸福生活圈 [EB/OL]. (2023-06-15) [2023-08-03]. https://www.rongjiang.gov.cn/zwgk_5903530/bmxxgkml_5907050/xczxj/gzdt_5907465/202306/t20230615_80302317.html.

第三，大力发展新媒体培训。面向非遗传承人、返乡创业青年、易地扶贫搬迁群众、留守妇女等，榕江政府提供免费的短视频直播培训，孵化了 1.2 万余个短视频账号分享生活、直播带货，将家乡推介到世界[1]。数字化人才的培养模式造就了庞大的乡村新媒体人才军团，例如侗族琵琶歌非遗传承人杨凤堂与农民吴凤丹组成"晚寨两个桶"组合，开始了独具特色的歌舞直播并带动了百香果和蜂蜜的销售。截至 2023 年 7 月，全县的新媒体账号带动农特产品销售收入超 2.8 亿元，同比增长 28.09%[2]，成功实现流量变现。村超的出圈，同样也带动了大量的群众返乡创业就业，足球文创产品也琳琅满目，产业融合发展势头正旺，跨界人才成为乡村振兴的谱曲人。

4.2.2.4　构建政府社会企业多方协同合作平台

村超一直以来都是"群众主导，政府支持"发展模式，当地政府主要提供场地、电力、通信、安保、环卫等后勤保障服务，而群众和企业在村超的发展中起到了突破和带动作用。从政府的角度来看，政府内部各个部门协同工作，以解决服务村超的难点痛点为工作重点，为村超保驾护航。榕江县综合行政执法局设置了临时摊位疏导点、开辟了停车疏导点，从城市"执法者"转化为城市"服务者"，全力护航"村超"夜经济持续升温，赋能城市温度，守住人间"烟火气"；榕江县交通运输局组织出租车、网约车从业人员在将军岩停车场集中培训，为"村超"赛事提供优质服务。榕江政府还通过积极与从江、荔波、黎平周边县市政府沟通协调，达成"村超流量大家在共享，同时榕江的短板大家一起在帮我们补"共识，有效缓解了人流量巨大的食宿和接待的压力。从群众的角度来看，榕江搭建以人大代表为核心的民意协商平台，采取发放征求意见卡、设立意见箱、入户访谈等方式，就村超赛事期间游客吃住游购娱等议题进行集体研讨并及时向群众公示处理结果。截至 2023 年 8 月，榕江已经有 20 个村级人大议事联络站，共提交办理涉及美食推广、基础设施建设、空闲房屋转村集体公司管理等具

---

［1］贵州日报 . 直播火了村超 电商甜了生活 —榕江县"三新农"助推乡村振兴观察［EB/OL］.（2023-09-04）［2023-08-05］. https://www.guizhou.gov.cn/ztzl/dcgzzshm/zxzx/202309/t20230904_82197418.html.

［2］榕江发布 ."村超 IP"带动榕江农产品走出大山助农增收［EB/OL］.（2023-07-21）［2023-08-08］. https://www.rongjiang.gov.cn/xwzx_5903512/rjyw_5903513/202307/t20230721_81121337.html.

体事项46件，共整合停车位241个，临时在道路两边划定公益停车位117个[1]，极大地提高了乡镇对于大型活动的服务能力。从企业的角度来看，很多企业与榕江县各个村进行了合作签约，村企协作的特点是"职责明确，利益分摊"，企业对村内自然资源进行合理开发、不断完善村级旅游设施，注重提升服务接待质量、突出地方文化特色，并将景区运营收益的51%作为村集体分红，帮助村集体经济持续壮大，反哺村级基础设施建设。忠诚镇正乐村、乐乡村、王岭村、干烈村通过打造村超配套旅游村，已经陆续获得了一些企业的项目投资。榕江政府各部门与群众、企业已达成共识：巩固"村超"成果、维护好"村超"IP品牌，不同主体不约而同地围绕此中心思想作出了贡献。

4.2.2.5 赛事组织管理

村超取得初步的成功后，后期村超成果的维护和以村超为核心的产业链的发展得益于所在地政府融合型的组织结构和在此背景下发展良好的社会组织。在政府的组织机构上，黔东南州设有文体广电旅游局，下设有群众体育科、竞技体育科、产业发展科、公共文化科、文化遗产科、旅游行业管理科等，机构职能兼顾了体育、旅游、文化、商业等多个行业的发展，有利于各个主管部门形成统一的理念和拥有共同的目标，能够对融合型的项目进行统筹规划和监督管理。就是在这种融合型的政府机构设置的背景下，榕江成功诞生了一个以足球赛事、榕江文化为核心的合法社会组织。近年来，我国社区体育发展迅猛，由兴趣群体组成的小型团体成为组织群众体育活动的主力军，但是，这些群体大多面临着组织身份的合法性困境，由于缺少官方合法性和社会合法性，在融资渠道、场地使用、基础设施保障、组织管理等多方面都受限[2]。村超在榕江县文体广电旅游局的支持下，于2023年6月通过正规流程登记注册了一个名为"榕江县村超管理中心"的合法社会组织，使得村超社会组织的身份问题得到了解决，在赛事举办、文化活动举办、文化创意和品牌运营管理上有了更多的自主权。在活动的策划上，榕江县村超管理中心可以配合政府进行登记备案；在活动准备期间，榕江县村超管理中心可以配合榕江县应急、文旅、住建、消防等部门等不定期深入比赛场内外

[1]忠诚市人民政府."四个构建"畅通"村超"热点服务[EB/OL].（2023-08-23）[2023-08-31].https：//www.rongjiang.gov.cn/xwzx_5903512/xzdt_5903515/202308/t20230803_81448413.html.

[2]邵邦印，沈克印.草根体育组织的合法性困境与应对策略——基于新制度主义的分析视角[J].河北体育学院学报，2020，34（4）：45-51.

进行安全检查，消除赛事期间的各类安全风险隐患，确保赛事各项活动安全有序进行；在活动进行期间，配合榕江县市场监督管理局规范市场价格，并严格查处未明码标价、价格欺诈等违法行为，切实维护消费者合法权益；在活动结束后，能够以"村超""村 FA"的商标注册等形式将村超的成果以无形资产的形式保留并进一步发挥其价值。总之，榕江县村超管理中心的合法化为保护村超果实起到了关键作用。

4.2.3 哈尔滨亚布力滑雪旅游度假区

亚布力滑雪旅游度假区位于黑龙江省哈尔滨市尚志市亚布力镇西南 20 千米，冬季雪资源存留期长达 170 天，拥有各级滑雪道 50 多条，是国内最大的滑雪场，也是我国最大的综合性雪上训练中心。这里不仅有着丰富的国际国内大型滑雪赛事组织经验，也被誉为中国滑雪领域的人才高地，为奥运会培养了大批的国家运动员、管理人员。亚布力滑雪旅游度假区的设施建设全面对标北欧滑雪度假区，着力发展竞赛表演、健身休闲、康养旅游、运动培训、文化体验、国际会议等配套功能，建成了集滑雪、住宿、休闲、运动、娱乐、餐饮、购物、社交、SPA 等功能于一体的度假综合体，每年都在此召开亚布力中国企业家论坛，大大助力提升了亚布力的会议品牌优势，使之被誉为"中国达沃斯"。

4.2.3.1 发挥市场优势开发跨界融合产品

亚布力滑雪旅游度假区充分发挥其体育旅游市场优势，大力推进体育与旅游、科技、教育、工业、农业、林草、中医药等领域相加相融和协同发展，延长产业链、创新新业态，形成多产业融合发展新局面。一是，通过各要素相互赋能，丰富旅游业态供给，打造一站式旅游目的地产品。亚布力凭借良好的生态环境、丰富的旅游资源，建成了冰雪倾情区、专业赛事区、冠军先锋区、林韵康养区、自然乡居区、闲情漫游区、巅峰悦动区和雪域畅游区八大区域，包含了民族风情和民俗文化等文旅融合项目，游乐园、房车营地及餐饮、住宿、医疗、购物等旅游度假配套项目，园艺花卉、特色农产品等现代农业项目，还有会展、教育培训、商贸、物流、商务办公等现代服务业项目。二是，企业从扩大竞争优势出发，发挥跨界联动与资源整合优势。亚布力将着眼于"文旅与创新"，为确保亚布力 170 天超长雪期体育赛事和文化活动全天候覆盖，亚布力与来自不同领域的企业合作开发旅游新产品。例如，亚布力通过与龙江特色中医药企业合作，与亚布力滑雪节同时期举办"亚布力冬补药膳美食节",一方面可以通过滑雪、泡温泉、品药膳的康养特色产品帮助亚布力塑造"冬季冰火康养"的品牌形象,另一方面可以促进龙江中医药养生理念与冰雪旅游项目的融合,带动龙江地区的中医药种植与销售。

4.2.3.2 以政府为主导的组织机构

在尚志市人民政府主导下,亚布力滑雪旅游度假区建立了以度假区建设领导小组和亚管会为中心的组织机构,负责统筹亚布力滑雪度假区的规划发展。2014年4月成立了由尚志市人民政府、亚布力滑雪旅游度假区管委会(以下简称亚管季)等组成的度假区建设领导小组,这种由政府和亚管委共同组成的领导小组,因为有政府的直接参与,度假区内各个片区和各类项目的规划衔接、基础设施建设、建设资金筹措等重大事项的审批和落地更为畅通。同时,因为有亚管委一线工作人员的参与,能够更好地反馈一些重大历史遗留问题、发展过程中遇到的痛点难点,让政府能够更好地针对这种融合型度假区制定政策标准,如招商引资政策、度假区投融资机制和渠道的建立等。另外,在度假区的管理中发挥决定性作用的就是亚管委,值得注意的是,亚管委的职责和权力得到了省政府的高度支持,黑龙江省相关厅局先后成立了度假区公安局、工商局、地税局等机构直接对度假区进行管理,黑龙江政府对亚管委职能的描述是"代表省政府对区域内经济和社会行政事务进行统一管理"。在度假区建设领导小组和亚管委的作用下,度假区结束了以前条块分割、独立经营的运营模式,如"三山联网、雪道相连、索道相通"工程,就很好地实现了不同功能区之间的相互补充与协同发展。从新的组织机构成立以来,亚布力滑雪旅游度假区接待旅客数和旅游综合收入大幅增加,发展潜力大幅提升。同时,黑龙江省政府统筹搭建了冰雪产业智慧大数据平台,通过政务云,完成跨部门流程审批文件、共享等功能,并利用大数据平台采集票务、交通、餐饮、住宿等数据进行分析,为决策做充分的支持。

4.2.3.3 产品组合满足不同群体需求

随着北京2022年冬奥会圆满闭幕,亚布力以冬奥会为契机,打造民间冬奥,不断推出能够满足全部年龄段各种游客多种需求的新产品,大力发展节庆娱乐与冰雪竞技、冰雪文化融合的活动,让更多人参与到"体旅文商"融合的冰雪运动中。首先,亚布力滑雪旅游度假区针对不同的客户群体,设计了全季卡、平日季卡、老年卡、儿童卡、青少年卡等不同的滑雪产品，这些产品除了滑雪运动外，还包含一些吸引对应年龄的项目。例如，针对滑雪新手，推出了一款全新的"肆滑梦想卡"，凭此卡能够在全雪季进行滑雪运动并享受由滑雪教练提供的滑雪新手教学服务；针对家庭游客，推出了集滑雪和高山观光于一体的套票，包括世界第一滑道、森林温泉馆、熊猫馆、森林小火车、雪上飞碟、马拉爬犁、雪地摩托、疯狂雪圈等游玩项目，让活动更加丰富多彩。其次，为了培育冰雪运动文化，针对学生等特殊群体，亚布力推出一系列优惠政策。例如，不定期开展黑龙江省内游客50元滑雪体验票、全国中小学生免费上冰雪活动等惠民政策，哈尔滨市及尚志市政府发放度假区消费券等活动鼓励更多人参与。更重要的是，亚布力度假区为转变群众观念，配合"民间冬奥"主题在滑雪节期间举办专家共论道系列活动，以打造滑雪论坛为契机，邀请滑雪行业大咖汇聚，开展关于滑雪运动、滑雪旅游、滑雪文化发展的讲座和论坛，引导提高群众和政府对体育旅游对于个人健康的价值的认识，促进其观念认知转变和健康思维形成，实现新时代健康理念对于体育产业融合的引领。

4.2.3.4 构建业态多元的产品体系

亚布力实施四季全时战略，优化产品设计，形成多方位复合型产品以增加顾客黏性，拉动产品需求。首先，从产品的全年时间线来看，亚布力强化冬季和非雪季旅游的协同发展，冬季以滑雪主题娱雪为主，夏季发挥亚布力森林覆盖率高、生态环境优美、避暑气候优良的优势，重点发展森林避暑康养度假，其他季节着重发展山地自行车运动，利用度假区越野雪道、缆车、索道等设施设备资源，与美国著名山地自行车赛道设计公司、全球最专业的山地自行车设计制造商闪电（SPECIALIZED）公司联合建立了具备举办国际山地赛事的山地自行车公园。其次，从产品的游览路线来看，亚布力参考国家级《旅游度假区等级划分》，以"三天两夜"，即是否能满足游客至少3个白天和2个夜晚的多样化需求为检验度假产品能否留住游客的重要指标[1]。针对家庭亲子客群，规划让小孩充分消耗精力、家长能独处休息的路线，路线包括儿童水上乐园、滑雪培训课等；针对老年康养客群，设计节奏舒缓、有晨练和午休的路线，包括沙滩和康养

---

[1] 国家市场监督管理总局，国家标准化管理委员会. 旅游度假区等级划分 [EB/OL]. （2022-07-11）[2023-09-03]. https://openstd. samr. gov. cn/bzgk/gb/newGbInfo？hcno＝6AE1864CEE523F84892F90EC090EFE85.

温泉等;针对年轻客群,设计夜生活精彩丰富的路线,包括音乐节和美食街等;针对比较"宅"的客群,规划不出酒店即可畅享各种活动和服务的路线,包括棋牌室等休闲娱乐活动。立足游客不同的日常生活习惯和消费需求,提高产品功能价值,帮助消费者释放消费欲望。

4.2.4 国家体育旅游示范基地——海南三亚蜈支洲岛

蜈支洲岛位于三亚市北面的海棠区境内,海棠区被誉为"国家海岸",拥有丰富的热带海岛旅游资源,蜈支洲岛距离亚龙湾站仅 26 千米,距三亚凤凰国际机场 38 千米,交通便利、区位优势明显,是海南三亚市最负盛名的景区之一,也是中国最好的潜水地之一,被誉为"中国马尔代夫"。蜈支洲岛旅游区自运营以来,以其多功能的赛事场馆、丰富的旅游资源为核心,以完善的基础设施为保障,以创新项目为动力,推动以体育和旅游为双动力的产业融合发展,2016 年被评为 5A 级旅游景区,2017 年被评为"中国体育旅游十佳精品景区",2021 年被评为"国家体育旅游示范基地",2019 年获得"中国最高人气文旅项目入围奖",如今,蜈支洲岛已经成为海岛多元化旅游目的地的首选。

4.2.4.1 搭建"体育+"产品体系

蜈支洲岛大力推动水上与水下运动和文化、旅游、农业融合发展,结合三亚的旅游品牌、赛事活动、康养度假、研学教育、民族风情等产品,开发具有体育与吃、住、行、游、购、娱等多要素融合的产品体系。一是,基于自然体育旅游资源,开发了丰富的水上和水下娱乐项目,除了传统的潜水、摩托艇、海钓、香蕉船外,也通过不断创新,开展极限运动,如动力冲浪板、海天飞舞、帆船、帆板等多项集竞技、文化和时尚于一体的体育娱乐项目,共计有 30 余项。二是,基于人文体育旅游资源,举办各种赛事和活动。首先是利用海洋环境优越、海域地形开阔的优势,吸引了专业赛事落地,建设水上运动赛事平台,打造属于蜈支洲岛的精品赛事 IP,先后举办海钓、摩托艇、沙滩排球、帆船、潜水、尾波冲浪等大型赛事,其中包括"FIDSM 动力冲浪板国际赛""环海南岛国际大帆船赛""海南国际潜水节"等大型国际赛事,吸引力来自全世界各地的多国选手和游客;其次是蜈支洲岛的妈祖文化,海岛北部有一座妈祖庙,作为海南最古老的庙宇之一,借着妈祖的故事传说,蜈支洲岛开展了具有特色的海钓、海上公开水域游泳等赛事活动;最后是以少数民族的民俗风情为特点的节会,如"三月三"

和中国体育界庙会,通过将体育竞技、民俗表演、餐饮娱乐、购物体验融为一体,打造有趣、有内涵的全民参与的体验型体育旅游产品。

4.2.4.2 政策机构融合助推产业融合

从宏观背景来看,蜈支洲岛的蓬勃发展得益于国家发展战略和海南省相关政策的积极推动。2016 年 6 月 2 日《海南省人民政府关于提升旅游产业发展质量与水平的若干意见》(琼府〔2016〕17 号)提出,加强旅游与体育赛事融合,继续办好环海南岛国际大帆船赛、环海南岛国际公路自行车赛、万宁国际冲浪节、海口及儋州国际马拉松赛、观澜湖世界女子高尔夫锦标赛、高尔夫明星赛等国际赛事。海南省先行先试的战略部署为蜈支洲岛提供了政策基础,也引起了国家部委的高度重视。2018 年国家发展改革委发布《海南省建设国际旅游消费中心的实施方案》(发改社会〔2018〕1826 号)明确,海南省的战略定位是"旅游高质量发展示范区、旅游体制机制创新试验区和世界知名国际旅游消费胜地",同时对海南省提出了"建设海南省国家体育旅游示范区"的任务要求,为加快推动国家体育旅游示范区建设提供了依据。2019 年,国务院办公厅印发《体育强国建设纲要》(国办发〔2019〕40 号),明确提出拓展体育健身、体育观赛、体育培训、体育旅游等消费新空间,促进健身休闲、竞赛表演产业发展。

为贯彻落实国家宏观政策指引,海南省人民政府于 2020 年颁布《海南省国家体育旅游示范区发展规划(2020—2025)》(琼府〔2020〕23 号),提出进行"空间规划、产品规划、产业规划"三大规划联动,优化体育旅游空间布局,促进体育、旅游、文化健康等深度融合发展。2018 年海南省政府机构改革进一步推动体育旅游产业融合发展,设置了旅游和文化广电体育厅,主管全省旅游和文化广电体育工作,通过组织机构的改革直接促进了体育、旅游、文化的融合。2022 年海南省人民政府发布《海南省全民健身实施计划(2022—2025 年)》(琼府〔2022〕18 号)强调,统筹推动国家体育旅游示范区创建。这一系列的政策为蜈支洲岛的体育和多产业融合发展指明了方向,为蜈支洲岛以体育和旅游为核心的融合型发展提供了政策支撑。

4.2.4.3 跨界培养复合型人才

体育旅游因其突出的规划性和专业性,其产业发展需要依托拥有专业旅游知识、同时又是体育人才的复合型人才。因此,跨界复合型人才的培养对于产业融合发展具有关键性的作用。首先，同时具备多领域专业知识的人，可以对在地资源进行深度挖掘并进行合理规划，构建效益最大的产品体系。蜈支洲岛以设计与建造以人工鱼礁为主体的海洋牧场而被评为国家级海洋牧场示范区，海洋牧场成功的关键就在于海南蜈支洲岛的开发运营企业与海南大学建立的联合培养实践基地，十多年的校企合作让来自各领域的专家和学生能够在海洋牧场的实践基础上实现生物学、农学、体育学的跨界融合，在海洋生态系统的稳定与平衡、海洋水产渔业资源的再生的基础上，开发出了海钓、潜水观光、潜水珊瑚种植体验等新产品。其次，以体育为主的复合型旅游产品一般都强调具有参与、刺激、挑战性，甚至危险的体验，需要从业人员掌握多领域知识。例如，游客参与摩托艇、滑翔伞等水上极限运动，游泳、潜水等水下运动，都需要专业的体育指导员在旁辅导，基于这些体育项目的娱乐和观赏性质，蜈支洲岛会通过定期开展相关文化知识讲座、旅游服务培训，提升体育指导员的综合素质。针对其他非体育的服务人员，也会进行运动急救、运动康复等方面的知识传授和实践培训，提升体育领域的技术水平，从而实现整体的人员素质的提高、服务水平的提升。

4.2.4.4 渠道融合引领特色农业发展

蜈支洲岛景区建立了线上与线下渠道相结合的农特产品展销中心，与周边农户达成合作对农特产品进行运营和销售，在农旅融合中延伸了产业链条，推动了周边地区农特产品的加工和包装精细化、商标品牌化、销售数字化，为农户增收创效。2017年底，三亚市旅游委、市扶贫办引导全市4A级以上景区设立"扶贫农产品展销中心"，蜈支洲岛作为5A级景区响应政策，开创了"景区+电商+农户"新模式，蜈支洲岛旅游区扶贫农产品展销中心通过与农户签订产销协议，开拓线上、线下两条联合销售渠道，销售利润按照3∶3∶4的比例进行共享。线下销售主要的是景区利用自身的人流量优势，免费为农特产品售卖提供铺面，农户以村为单位，组织供应农特产品，再由景区在农特产品展销中心进行售卖，数十种瓜菜、蜂蜜、鸡蛋等农产品亮相展厅。另外，蜈支洲岛农特产品产销中心会组织特色农业旅游活动，通过基地采摘、农场运动会、农业科技研学等体验活动，让游客亲自感受农耕文化、学习农业生产知识，以及了解农户生活，进一步把更丰富的体育旅游资源和渠道引入乡村，促进体旅农融合。线上销售渠道依靠蜈支洲岛景区官方微信和三亚农产品App等平台开设线上农特产品展销馆，整合游客资源，发展直播带货、直供直销等新业态，促进农产品销量增长，进而壮大村集体经济，让村集体有资金和能力更有效地开发符合市场需求的旅游商品，形成良性循环，让农户也"吃上旅游饭"。

4.3　启示

4.3.1　理念融合为先导，创新产业融合新模式

理念是实践的先导。各行业和各方形成多产业融合发展重要性的认识是推动"体旅文商农"产业融合的前提和基础，有利于推动跨行业的技术、制度、市场、场景、人才融合，以及五个产业的相互渗透、彼此延伸。国内外实践的成功经验表明，应加强跨领域和跨部门政府机构的理念融合；引导群众消费理念的转变激发产业融合的内生动力；重视企业产品融合创新。建议重视以下具体措施：其一，政府应以融合理念为引领，积极为跨领域经营企业提供合作平台，鼓励不同经营主体之间协同合作，为促进跨领域经营主体融合创新提供政策引导、资金支持和税收优惠等，帮助他们达成合作，促进产业融合。其二，政府和企业经营主体应该采取多种形式引领群众消费观念、引导消费需求升级，为激发"体旅文商农"消费奠定培育市场基础。企业经营主体应根据消费者的新需求适时推出"体旅文商农"融合产品。同时，以赛事活动为驱动，向消费者宣传知识、营销产品，加强对消费理念的引导。其三，乡村地区发展规划部门应以融合理念为指引，将有特色的、优秀的在地体育文化合理地融入文化旅游发展规划设计中，切合乡村实际、协调各方利益，传承与创新在地文化，助力乡村振兴，创建一种真正可持续的发展模式。

4.3.2　技术融合破瓶颈，拓宽产业融合新市场

目前，我国经济进入高质量发展阶段，消费结构升级、消费习惯变化、消费需求呈现出多样化和专精化的特征。而信息技术能够帮助产品和市场战略适应这些发展变化，以"互联网+"理念的融合创新突破发展瓶颈，打造新优势。在产业融合发展领域，新的数字技术在产业融合发展中的应用能够搭建新平台增加流量入口、创新链接方式和改变传播模型、拓宽渠道、逐步消除技术壁垒，从而刺激新市场的产生。借鉴案例经验，我国可以从以下几方面进行努力：其一，政府应该加强乡村地区信息化基础设施建设，通过增加基站接收器、信号接收设备

等，提高社会网络覆盖率及提升网络信号质量；引进支持高速互联网和智慧 App 等的监测设备、机械化设备等硬件设施为乡村地区信息化发展提供基础；在此基础上，政府应协助建立地方建立信息化共享平台，针对性开展地区间大数据统计与监测，共享数字化信息与资源，优化资源整合与配置，打破信息传播的时空限制；另外，数字技术的应用会导致大量的数据产生，而只有专业技术人才能对这些获取的数据进行精准的加工、分析和解读，将数字技术变成可实施的科学合理的规划与方案，所以还需要利用薪资和保障政策的倾斜，引导信息技术人才下沉到技术落后地区，为数字技术提供支持保障。其二，企业应该主动在"体旅文商农"五个产业中涉及的环节融入互联网、物联网、传感器、数字监测监控、人工智能等多元化技术，在设计、运行、监测和分析等环节都应该融入相配套的信息化技术和智能化设备，如通过将虚拟现实技术和产品本身的特色相结合，为消费者带来沉浸式的消费体验；或者运用监测和数据分析技术来为产品开发和营销提供更精准的决策，更好地满足消费者个性化需求。其三，一方面"体旅文商农"五个行业的不同主体之间通过共享数据、信息资源和平台等能形成更加高效的合作模式；另一方面也能通过来自不同行业的主体之间的优势互补，减少在融合型项目中由于新技术带来的风险，增加稳定性。

4.3.3　制度融合促发展，培育良好的制度环境

制度融合能够为产业融合主体创造优良的发展环境，并且有利于提高产业融合的效率和水平，主要表现为以下几点：一是，能够为产业融合项目提供相应政策、资金支持，解决这一类的项目前期投资资金不足、回收周期较长导致的后期运营维护困难的问题。二是，有利于增进产业间的协作关系，打破条块分割的局面，实现统筹共治。三是，能够加强对产业融合市场主体的监督，帮助其实现良性的可持续发展。我国可以参考案例中的经验：其一，政府应在税收、公共支出等方面对多产业融合的项目提供有针对性的合理的政策扶持，如对融合型的大型项目应提供土地使用、项目审批、融资、税收等方面的优惠和支持，通过政策便利鼓励企业进行产业融合新尝试，能融则融。其二，我国应鼓励地方政府内部通过组织机构的融合，加强不同领域的协同，在组织机构的设置上打破体育部门与其他主管部门之间割裂的局面，与关联性较高的部门，如文化和旅游部、商业部共同组建形成大部制，从而优化管理方式和理念。其三，在具体的项目落地上，政府可以探索与企业采用公私合作伙伴关系模式合作，在项目规划与实施阶段可

以让政府与企业共同成立项目工作小组，定期召开会议，为企业优化营商环境，让企业办事省时省力，切实保障项目的落地。其四，应该在产业融合实践的过程中不断探索，形成针对不同类型的融合主体的行业规范和安全运营标准。

4.3.4 市场融合增动能，满足多样化消费需求

市场融合是产业融合的外在动力。首先，经营主体通过需求融合增加或重新整合目标消费人群，从而获得更大的市场占有率，以实现最大的收益率。其次，各个行业通过产品融合降低产业壁垒，产业之间相互交叉、渗透，从而解决产品同质化、生命周期短、竞争力弱等问题。通过对案例经验的总结，建议我国应重视以下工作：其一，以融合型新产品代替传统的体育产品，进一步虚化市场边界。鼓励企业跨领域和跨机构合作，促进产品设计和制作的知识与技能的传播，实现营销和销售的渠道和资源共享，联合开发融合型的产品或服务，提高产品的附加值，推进产业融合。其二，多元化产品组合实现产业融合的市场重构，启示我们应该将有条件的空间载体进行改革创新，使之成为多元化、多功能的综合体，利用本来的优势产业和所在地的资源，不断地延伸产业链，提供多样化的组合型产品，吸引更多的消费人群。其三，以产品融合为切入口，打造精细化、差异化的产品，切实提供消费者需要的产品和服务，为用户提供独特、便捷的使用体验。

4.3.5 场景融合造氛围，激发多元消费新活力

场景化在营销领域是在特定的目标消费者所处的地点、环境、时间和状态下，为消费者提供与之相匹配的信息、产品或服务，营造消费场景，从而满足其消费需求[1]，融合型的场景能够重建"消费者、产品、场地"的连接方式，充分利用各个行业的优势资源，激活消费活力，如将体育的空间环境、旅游品牌形象及文化领域的情感元素和价值观结合，创造出多元化、聚合化、协同化的场景，并将之转化为消费空间。针对场景融合，我国可以尝试以下几种做法：其一，我国应该促进传统的空间载体升级为多业态的场景集合体。一方面，各经营主体利用传统的空间与原有的产业，再配套相关业态，构建泛体育生态产业群落，如"体育+运动场景""体育+全人群""体育+科技"等融合型项目和产品；

---

[1] 刘珊，黄升民. 人工智能：营销传播"数算力"时代的到来 [J]. 现代传播，2019，41（1）：7-15.

另一方面，各行业利用消费者需求链打破产业边界，在消费者需求升级的背景下，传统的业态通过自我迭代实现价值链重构，通过与其他业态组合为消费者提供多样化的选择。其二，各运营主体应该学会利用多维度、多功能的节日和赛事，驱动体旅文商农产业新消费，一是能够通过赛事和节庆的氛围强化消费的正当性、合理性，利用节庆氛围和亲身体验激发消费者的购买欲望；二是增强消费的社交性，如利用社交媒体制造热门话题，让相关产品自然地融入消费者的社交链条，产生消费与社交的互相促进作用；三是利用体育赛事和节庆活动营造体育消费新场景，激发群众体育消费需求，从而产生消费行为。其三，通过空间载体智能化改造、引进高端体育项目和科技公司、利用体育品牌的号召力、加强体育文化宣传等措施，打造沉浸式的高端体育及文化消费场景，促进消费。

4.3.6 人才融合为支撑，保障多产业融合发展

在"体旅文商农"产业融合的背景下，不少工作都要求工作人员不仅要拥有某项或多项专业的理论和实践技能，还需要具备较高的文化素养和认知水平，从而完成对知识的交叉运用与创新，复合型人才对于产业融合的重要性日益凸显。借鉴国内外的案例，我国可以从以下几个方面着手解决复合型人才储备不足的问题：其一，企业应该充分发挥高校和科研院所智库功能，主动将高校的专家等人才请到企业来提供决策意见。其二，搭建产学研校企实践平台。从学校的角度来说，一方面要加强跨学科的研究与教学，高校的专业设置要充分考虑区域发展需求及相关产业链的构成和发展，在教学上应该提高实践和实操类课程比例，注重对学生的实践和操作能力，以及信息化的应用能力的培养，培养适应信息化时代和产业融合时代的应用型、高技能实用型复合型人才；另一方面需要注重校企合作，在产业融合项目的实践中进行学科交叉研究和跨学科人才培养。其三，提高农村人才培育力度，加强人才激励体制机制建设。一方面要重视当地的人才培养，完善人才培养机制，创新对乡村人才的培训形式与内容；另一方面要加大人才引进力度。首先，政府应该制定切合中国乡村地区实际的人才引进机制，鼓励各地方政府和各个运营主体大胆尝试创新的人才引进方式；其次，政府优化乡村的人居环境、加强乡村地区基础设施建设，为返乡人才创造良好的生活条件，尽力缩小城乡差距；再次，应该鼓励创办贴合乡村地区实际的新型企业，如允许技术人员、科研人员通过以知识产权和专利技术入股的形式，加入乡村地区的企业的经营管理中，解决人才缺乏的问题；最后，不能忽视对人才引进政策的宣传和解读。

5

我国"体旅文商农"产业融合发展的模式构建

本章立足价值链理论、产业集群理论和创新理论等基础，充分借鉴国内外"体旅文商农"产业融合发展的成功经验，探索构建了"体旅文商农"产业渗透型融合模式、交叉型融合模式和重组型融合模式，并对应分析了三类融合模式的典型业态，最后从技术融合、业务融合、市场融合和制度融合四个维度提出了我国"体旅文商农"产业融合发展路径。

5.1 "体旅文商农"产业融合发展模式构建的理论基础

5.1.1 价值链解构与重构

迈克尔·波特于 1985 年首先提出了价值链理论，概括性地阐述了产业价值链是价值创造的过程，他认为企业的活动是围绕产业价值链塑造产品价值，而企业的价值链内嵌在企业的整个价值体系中，并围绕产业价值链塑造产品价值[1]。价值链之间的环节是相互关联和相互作用的，企业要在市场中形成竞争优势，就必须在生产经营活动的每个环节实现利益最大化。Gereffi[2]、Kaplinsky 和 Morris 等指出大多数价值链可以总结为研发、生产、销售和消费四个环节[3]。"体旅文商农"产业价值链是指以体育产业为核心，通过体育与旅游、文化、商业和农业产业链的重构，扩大"体旅文商农"产业的竞争优势，在协调有序的价值链

[1] 迈克尔·波特. 竞争优势 [M]. 陈丽芳，译. 北京：中信出版社，2014：29.
[2] Gereffi G. International trade and industrial upgrading in the apparel commodity chain [J]. Journal of International Economics，1999，48（1）：37-70.
[3] 胡登峰. 区域创新系统与产业价值链互动及管理研究 [M]. 北京：经济科学出版社，2018：8-9.

影响下提高体育文化旅游、体育乡村旅游等产品附加值，以满足大众休闲健身、娱乐消费、精神愉悦等方面的消费需求为目标，从事体育服务业产品生产制造、经营和策划的各级组织部门、企业、行业机构、乡村社区及其各种相关经济活动的集合。

随后，学界不断拓宽和发展价值链理论的内涵和范围，同时把价值链分为两类：生产者驱动价值链和购买者驱动价值链；简单价值链和延伸价值链[1]。有研究进一步提出，企业外部价值链同时依赖外部所有相关环节的价值创造，也有研究发现价值链上的企业可以在技术、人才、市场等方面实现资源共享，借助其他企业优势以弥补自身不足，避免资源浪费和重复使用；企业可以通过其他企业的资源利用，扩大资源使用范围，降低进入和退出壁垒，提高企业战略灵活性；融入价值链是企业实现产业升级和产品多样化发展的重要路径，也是企业技术变革和创新驱动发展的主要手段[2]。

"体旅文商农"产业在客户资源、商业模式、内容渠道、平台场景和支持政策等方面具有天然的紧密连接性。实际上，体育产业、旅游产业、文化产业、商业和农业各有优势、各有短板，通过"体旅文商农"产业融合可以实现优势互鉴、短板互补，延伸价值链。具体而言，体育产业以其优质的产业内容和较高的产品黏性，能与文化创意、旅游等产业相结合，依托完备的体育、商业配套要素，发挥"体旅文商农"产业内部企业在场景营造、推广营销、带动人流和提升大众幸福感上的优势，从而克服产品结构单一、场景消费链接不畅、缺乏产业核心竞争力的劣势，进一步推动城乡经济格局的转变与协调发展。综上所述，"体旅文商农"产业的企业可以在技术、人才、市场、场景等方面互通有无，不断扩大资源使用范围，实现资源共享、产业升级和价值共创。

5.1.1.1 价值链解构

体育产业是制造业和服务业相结合的综合产业，产业形态较复杂。"体旅文商农"产业融合使体育、旅游、文化、商业和农业的要素相互结合，各产业的价值链环节重新组合。当产业相互融合时，产业涉及的企业会对自身的价值链业务

[1] Gereffi G. International trade and industrial upgrading in the apparel commodity chain [J]. Journal of International Economics, 1999, 48 (1): 37-70.
[2] 王先亮，郭学庆，周婷婷. 价值链与创新链耦合赋能体育用品制造业高质量发展研究——基于上市企业研发投入、盈利能力与盈利质量的分析 [J]. 成都体育学院学报，2022，48 (6): 24-30.

进行分解。体育产业在充分发挥自身优势的基础上，积极寻求能够适应快速变化的市场和技术环境，同时能与自身价值链嵌入与对接、实现产业融合进而产生价值增值的业务，反映了产业发展和创新的动态过程。在体育产业价值链的解构过程中，通过引入先进的技术、整合传统产业链中的不同环节、优化资源配置等方式，以不同产业间的渗透、交叉与重组为手段，通过技术融合、业务融合、市场融合等多种路径，打破原有的产业边界，找到能实现新融合产业利益增值的业务形态，进一步通过产品创新、业务整合、新场景塑造等手段，使新的产业价值增长点融合到现有的产业链中，对"体旅文商农"产业价值进行优化整合，使各产业自身资源得到拓展与延伸，并赋予体育产业新的功能和更强的市场竞争力，开辟产业发展的新领域，拓展产业的发展空间。

5.1.1.2 价值链重构

价值链中还包括价值活动和利润，其中价值活动包含了企业设计、生产、营销、交付和支持产品一系列活动，这些活动直接或间接地为产品和服务的生产、销售创造了价值[1]。在"体旅文商农"产业价值链重构过程中，相关企业产品营销和销售、配套服务等作为主要活动，与体育场馆、企业人力资源、组织管理等辅助活动共同支持着整个产业价值链的重组与升级。体育、旅游、文化、商业和农业分别属于新融合产业价值链的上下游产业，如从体育产品的设计、体育赛事的规划，到城市旅游、乡村旅游和体育文创产品的开发带动商业消费，从而促进大众消费旅游、健身休闲，要实现产业融合，需要将各产业要素进行调整和重新组合，以形成内容更加丰富、形式更加多样、内涵更加深厚的体育旅游服务产品或体育文化产品，以全民健身、"大健康"理念为政策指引，以大众的需求为核心导向，使"体旅文商农"产业的不同要素重新组合成新的产品、业态和模式等，实现产业价值链的重构。

5.1.2 产业集群

产业集群研究权威迈克尔·波特认为，产业集群是在某一特定产业领域内相互关联并且大量集聚于某一特定地理区位的企业组织及其关联机构的集合。产业集群是以共享基础设施、劳动力市场和服务等资源为目的，通过合理的分工协作

---

[1] 迈克尔·波特. 竞争优势 [M]. 陈丽芳, 译. 北京: 中信出版社, 2014: 31.

和产业间的网络关系,在一定的空间范围内形成的产业集聚体,产业集群内部通常以一个主导产业为核心,有利于产业间的组织协调,并为集群内的产业带来持续的竞争优势[1]。

作为现代产业发展的一种新范式和新趋势,体育产业以其自身固有的综合属性,已经逐渐与旅游、文化、商业等产业交叉相融,如体育旅游,在国外早已形成产业集群发展的格局,并且依托产业集群取得了巨大的发展红利[2]。在我国体育旅游产业发展过程中,产业集群现象正逐步显现,乡村振兴战略的提出也促使体育与农业、乡村旅游有机融合,将产业集群的空间范围由城市转移至农村,进而推动产业的发展和经济格局的转型升级,为我国"体旅文商农"产业融合发展提供所需要的基础条件,符合产业发展的内在需求。由此得出我国"体旅文商农"产业集群的基本概念:在一定地域空间内聚集的体育旅游、文化旅游、乡村旅游及户外体育运动等企业,为了增强企业竞争力、创新体育产业发展模式、营造新型体育消费场景、促进城乡协调发展,各企业间建立联系、协同工作的产业组织形式。体育旅游核心行业,旅游、文化及相关行业,配套服务机构和政府等是体旅文商农产业集群的主要组成部分(图5-1),这些行业与机构之间存在着非常密切的联系。

"体旅文商农"产业集群内部不同行业之间存在着密切的联系和协同作用,共同推动了整个产业集群生态系统的发展。在该集群中的核心行业主要包括体育旅游核心吸引物、餐饮住宿业、文化创意业、会展业和休闲农业等,这些行业直接为大众提供基本服务。政府部门、交通、行业协会、乡村社区、大学院校为该产业集群提供了政策法律、基础设施、人才培养和科技创新方面的支撑[3],为产业集群的发展提供了有力保障。相关行业则包括了体育场馆、旅游配套设施、装备供应商和维护商、体育旅游赛事策划、节庆推广与赛事新闻媒体公司等[4],保障产业集群的持续健康发展。

[1] Porter M E. Clusters and the new economics of competition [J]. Harvard business review, 1998, 76 (6): 77-90.
[2] 邢中有. 我国体育旅游产业集群竞争力提升研究 [M]. 北京: 中国水利水电出版社, 2017: 149-151.
[3] 方春妮, 张贵敏. 我国体育旅游业集群化发展之策略 [J]. 上海体育学院学报, 2009, 33 (6): 18-21.
[4] 方春妮. 体育产业集群研究 [D]. 上海: 上海体育学院, 2010.

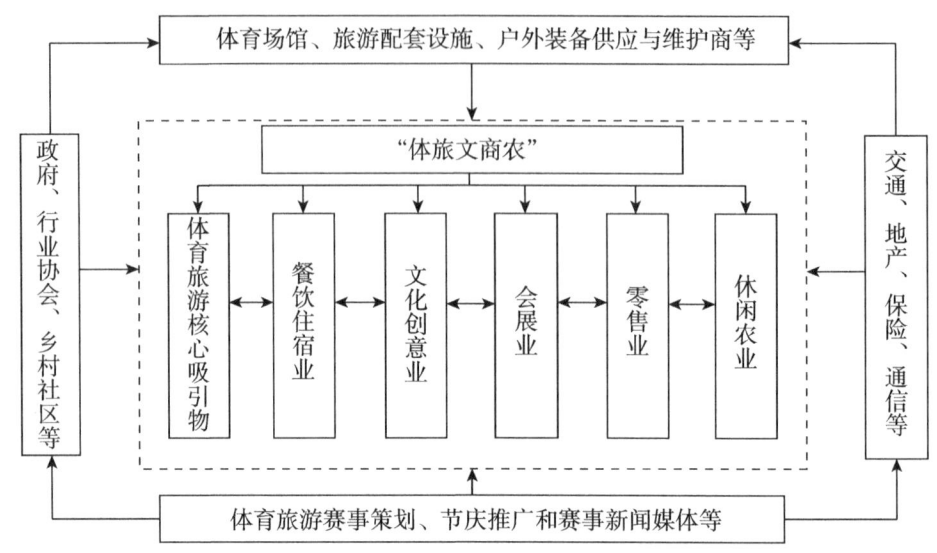

图5-1 "体旅文商农"产业集群示意图

5.1.3 创新理论

在经济学界,熊彼特[1]在《经济发展理论》一书中提出"创新理论",该理论的特色就在于强调生产技术的革新和生产方法的变革在经济发展过程中的重要作用,并提供了一种创新性的系统框架,有助于企业理解和解释"创新"是如何在个体、企业和社会层面发生和演化的。这些理论为研究者、政策制定者和企业提供了指导,帮助企业对生产要素或生产条件重新组合,以更好地应对不断变化的环境和挑战。熊彼特进一步明确指出"创新"的五种情况[1]:①采用新的产品或新的特性;②采用新的生产方法;③开辟新的市场;④控制原材料或半制成品的新供应来源;⑤实现任何工业的新组织或打破其垄断地位。这五方面依次与现代经济学中对产品形态、生产技术、拓展市场、优化资源配置、组织制度等方面的创新相对应,进而说明经济发展就是不断创新的结果,其根本目的是最大限度地获取超额利润。此外,熊彼特还将企业家喻为经济中的创造者和推动者,企业家通过投资、创业和风险承担,推动着新的生产关系和经济结构形

---

[1]约瑟夫·熊彼特.经济发展理论[M].何畏,易家洋,张军扩,等译.北京:商务印书馆,2000:73-74

成[1]。同时，根据产业组织理论，企业行为是指企业为了更大的竞争优势，在市场环境中所采取的各种决策和行动，包括市场定位、定价策略、产品开发、营销推广、资源配置和技术创新等，是企业在一定的内部、外部环境制约下，为实现经营目标做出的有意识的活动，而技术创新、组织结构改革等行为也是企业在市场经济下创新行为的体现。例如，进行技术创新、开发新产品或改进现有产品以满足消费者的需求；使用新型营销手段、进行广告宣传，提高产品销量和知名度。

技术创新为"体旅文商农"产业融合产品带来了市场，实现了新技术、新工艺打造的应用场景，并构建了新的商业模式。资金的运转、政策法律的支持、市场和社会的需求是调节产业融合创新的有利杠杆。作为体育旅游产业的延伸与发展，建立在此基础之上的"体旅文商农"产业创新需要依托其内部产业之间的相互作用，依靠各种创新资源，利用制度、组织及管理创新途径，以企业、政府和金融机构的投资为支撑，以政策法律法规为保障，以市场需求为导向，逐步实现创新。因此，"体旅文商农"产业融合在本质上就是体育作为核心产业，通过技术、资本、人才等要素的交叉渗透和合作，实现与"旅文商农"间的互补和协同，形成新的、更具创新性和竞争力的产业格局。在有效推进"体旅文商农"融合的过程中，依靠各种文化创新资源、自然生态资源、商业配套设施等，以培育和发展现代体育旅游服务业、完善中心城市功能、提高人民生活质量、助力乡村振兴和城乡资源交互为目标，为"体旅文商农"产业融合营造创新环境，依靠体育、文旅、商务、农业农村等部门在制度、组织结构及管理方式上开辟创新途径，借助国家、地方政府、各行业协会和企业的有力支撑，逐步实现产业内部和产业间生产要素的有效整合[2]。

5.2 我国"体旅文商农" 产业融合发展的模式

产业融合是一个动态发展的过程，"体旅文商农"产业融合并非一蹴而就，不同产业之间的融合趋势、速度和程度并不一致[3]，加之"体旅文商农"产业本身涉及的理论与业态较为广泛，其融合模式具有一定的复杂性，但多数学者认

[1]柳柏力．体育产业概论 [M]．北京：人民体育出版社，2005：25-26.

[2]李燕燕．我国体育产业融合成长研究 [D]．武汉：武汉体育学院，2014.

[3]黄益军，吕振奎．文旅教体融合：内在机理、运行机制与实现路径 [J]．图书与情报，2019（4）：44-52.

为多产业融合与社会进步、经济发展、科技创新、政策导向等因素密切相关。基于对"体旅文商农"五大产业中不同企业间的竞争与合作、体育与"旅文商农"的资产通用性、社会需求、技术创新、政府管制放松等产业融合动因的分析，体旅文商农产业融合的过程是各产业在技术、业务、需求、制度、市场等方面对接的过程（图5-2）[1]。从产业价值链理论来看，"体旅文商农"产业融合发展的机理为"体旅文商农"产业价值链之间的解构与重构，并通过制度、市场、产品、技术等融合路径，将具有一定融合空间的价值链节点进行整合[2]，最终结果是形成具有高附加值和规模经济效应的新产品、新业态和新经济增长点，其具有"体旅文商农"五大产业特征，赋予原有产业新的功能和经济价值，能满足更加广阔的市场需求[3]。

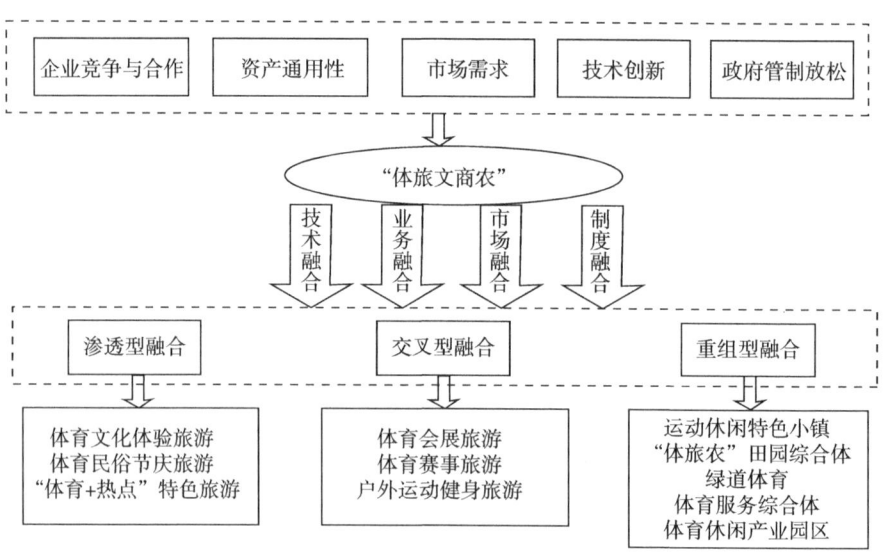

图5-2　"体旅文商农"产业融合

由于融合过程的特点和融合结果的差异，结合参与融合的产业间的关系，衍生出渗透型、交叉型和重组型三种不同的融合方式，每种模式的特点、内涵，所包含的核心资源，以及衍生的新业态如表5-1所示。

［1］雷波. 我国体育产业与旅游产业互动融合模式分析［J］. 北京体育大学学报，2012，35（9）：40-44.

［2］杨强. 体育与相关产业融合发展的路径机制与重构模式研究［J］. 体育科学，2015，35（7）：3-9，17.

［3］李玥峰. 四川省体育产业与旅游产业融合发展研究［D］. 成都：成都体育学院，2022.

表5-1 "体旅文商农"产业融合模式

模式	特点及内涵	核心资源	典型代表
产业渗透	发生于原本联系紧密的各产业边界,形成相互交织的产业格局	体育服务、演艺服务、旅游服务等	体育文化体验旅游 体育民俗节庆旅游 "体育+"特色综合旅游
产业交叉	针对已形成规模的特定产业,通过各产业间产业链的延伸交叉,形成功能互补的新业态,创造新的产业附加值	会展、赛事、户外运动项目集群等	体育会展旅游 体育赛事旅游 户外运动健身旅游
产业重组	发生在关联程度较低或不相关的产业间,通过对各要素重新配置,实现一体化发展	土地、资本、技术、功能设施等	运动休闲特色小镇 "体旅农"田园综合体 绿道体育 体育服务综合体 体育休闲产业园区

5.2.1 渗透型融合模式

"体旅文商农"的渗透融合是多向的(图5-3),往往发生于各产业的边界处,以新技术为核心、新空间为载体,逐渐成长起来,既包括单一产业(如体育产业)

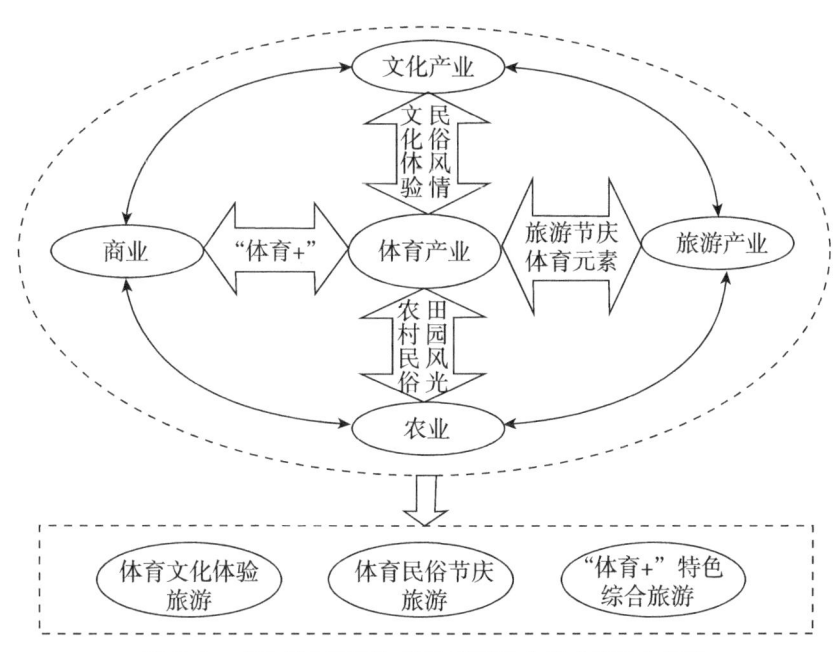

图5-3 "体旅文商农"产业渗透融合模式及融合结果

向其他四个产业的渗透，也包括多个产业向单一产业的渗透。通过相互渗透，形成互相交织的格局，丰富产业内涵。体育产业包含多种资源要素，体育产业与"旅文商农"的渗透融合特征表现为将体育资源要素通过进行加工和重新包装，结合商业推广和营销等手段转化为旅游、文化吸引物[1]。在实现体旅文商融合的基础上，将融合产业的空间载体由城市拓展至乡村，积极响应国家对乡村振兴、农业发展的政策要求。

5.2.1.1 体育文化体验旅游

体育、文化和旅游三者融合是国家战略发展规划的重要内容，产业间相互促进可以更好释放经济发展活力。体育文化体验游就是在旅游过程中满足大众文化享受的同时，将体育资源经过策划、规划和开发，转化为体育文化旅游产品，以建筑古迹、红色基地、文化博物馆等场所为载体，给大众带来置身其中的体验感，不仅能够满足体育爱好者的需求，还能够为旅游者提供更加丰富多样的旅游体验和文化熏陶，促进地方经济发展。

体育博物馆是我国博物馆体系的重要组成部分，其类型多样，包含体育历史、运动项目、红色体育、城市特色体育、名人堂等。目前全国各省区市成立了地区的体育博物馆，部分高校也利用本校体育教育资源，建设校级体育博物馆；在民间，众多体育爱好者、体育文化研究学者和运动员后代等将体育文化成果进行展示。上海体育博物馆是展现上海体育文化的重要载体，通过藏品讲述上海体育的历史，如近百年前欧美流行的女式泳衣、古希腊奥林匹克纪念币、东京奥运会火炬，又以现代化手段展示着上海体育的风采，通过数字化展厅为游客提供富有创意和乐趣的虚拟式交互场景。上海体育博物馆在挖掘体育文化和传播体育精神的同时，通过精美文创产品提取历史元素，处处体现着上海深厚的体育文化底蕴。上海体育博物馆以体育文化为根本，形成以博物馆为依托的体育文化体验游，促进体育与旅游、文化、商业有机融合。

敦煌文化是各种文明交流融汇的结晶，敦煌莫高窟是敦煌文化的代表，为打造敦煌沙漠旅游的形象，凸显全国优秀旅游城市的优势，当地政府联合企徒文旅集团连续多年组织"千人走戈壁"沙漠徒步活动，充分体现了体育领域的文化自信。作为我国体育旅游示范基地的鸣沙山月牙泉景区，依托其地理区位优势，通过举办

---

[1] 叶晨曦. 河南省体育产业与旅游产业融合模式研究 [J]. 体育文化导刊, 2017 (8)：120-123, 128.

一系列群众体育活动，积极传播敦煌文化，而敦煌壁画本身蕴含的体育元素，如壁画中保留了大量古代击剑、摔跤、射箭等运动的景象[1]，深厚的人文情怀更是被越来越多的人了解，这种文化旅游中蕴含的体育元素，带给游客更加直观的观感体验，进而带动了以敦煌文化为核心产品的旅游商业进一步发展。

5.2.1.2 体育民俗节庆旅游

体育民俗节庆旅游是一种体育产业与农业、旅游、文化产业，推动休闲农业相关产业发展的旅游形式，主要是指游客参与或观赏与体育、民俗和节庆相关的活动，以丰富的体育元素和当地传统文化为特色，提供独特的旅游体验。随着民族文化旅游需求的提高，融合传统民俗节庆体育文化的创意性旅游开发崭露头角，并以其高附值倍受市场肯定，多彩绚烂的民族文化也为凸显地方特色优势和促进地区经济转型提供不竭动能，因而体育民俗节庆旅游有着大众性、文化性、地方性和短期性的特点[2]。通过体育民俗节庆的活动开展，提升举办国家或者城市的影响与知名度，促进举办城市的旅游服务设施的建设，吸引游客，为举办城市的旅游业、餐饮业、住宿业等带来商机。

一方面，农村民俗和民间特色文化活动，本身是我国人民在生产实践中流传的体育文化与优秀文化精髓的结合，其中蕴涵的优秀传统体育文化源远流长[3][4]。借助民族特色打造新型文化旅游产业，有助于实现文化传承、经济繁荣、社区发展和文化交流的多重目标，为地方提供了全方位的发展机遇。融入了民族传统文化的体育赛事承载深厚的民族传统文化基因，包含着深远历史因素和现实需求，是民族地区文化创意及体育旅游产业的重要资源[5]。近年来，内蒙古的传统盛会"那达慕"以其独特的体育竞技、浓厚的文化庆典和与自然环境的结合而具有独特的旅游吸引力，并以此开始打造具有鲜明特色的系列旅游活动，促进了民俗文化与旅游产业多元融合发展。"旅游那达慕"系列产品更是充分发挥其在马匹养

[1] 平萍，周阳."千年律动"甘肃敦煌壁画里的体育元素[EB/OL].(2018-08-13)[2023-07-01]. http://new-sports.cn/wenhua/201808/t20180813_12806.html.

[2] 周平，徐嘉馨，范才清.文化创意下的苗族传统节庆体育与旅游产业的融合——基于湘西、黔东南苗族节庆体育考察[J].体育科技，2018，39(6)：87-88.

[3] 章青松，刘志勇.中国体育产业与休闲农业融合机制与重构模式研究[J].绥化学院学报，2022，42(8)：35-37.

[4] 郭莎.休闲农业与民族体育运动的融合发展研究[J].黑龙江粮食，2021(10)：63-64.

[5] 周平，荣良.民族传统节庆体育与旅游产业融合动力与模式——以内蒙古那达慕为个案[J].体育科技文献通报，2022，30(2)：213-216.

殖业中的优势，推出马奶疗法、蒙医康体、马头琴、奶酪、马奶饮品等旅游产品。

另一方面，依托民俗节庆、体育赛事开展传统体育文化体验，适应新时代旅游市场发展的需求，既是体旅文商农产业融合的重要组成部分，也是将农业与体旅文商产业结合的有效途径。2022年浙江省民俗体育精英赛暨长三角体艺交流大会践行"体育让生活更美好"的理念，体现了体育和艺术的深度融合，进一步凸显赛事品牌价值，吸引了大批游客，成为温州体育赛事和文化旅游的新名片[1]。与此同时，节庆体育作为农村体育的有机组成部分，一直伴随着农村社会的发展而发展，与民众生活水乳交融，农村广泛开展体育活动，对提高农业劳动生产率，促进农村经济发展，提高农民思想道德素质、科学文化素质和身体素质，加强精神文明建设，具有十分重要的意义[2]。川西康巴藏族进行的节庆文化活动，内容包含了宗教祭祀活动、农事生产活动、健身娱乐活动，是开展传统节庆体育文化保护、建言节庆体育文化旅游发展、促进当地农事体验和旅游消费的有力推手[3]。

5.2.1.3 "体育+"特色综合旅游

"体育+"是一种将体育与其他领域结合的概念，旨在促进体育产业与其他产业形成融合发展形式。在"体育+"中，体育作为核心元素，可以与科技、教育、健康、旅游、文化等产业进行深度融合，形成新的业态和商业模式。这种融合可以带来体育产业的升级和扩容，同时也有助于其他产业的发展。在实际应用中，"体育+"可以有很多表现形式，如"体育+科技"，指利用人工智能、大数据等技术提高运动员的训练效果，提升观众的观赛体验；"体育+教育"，指通过体育课程促进学生的身心健康发展，培养学生的团队精神和竞技精神；"体育+旅游"，指通过体育赛事、体育节庆等吸引游客，推动旅游业的发展；"体育+文化"，指通过体育传播文化或与文化融合，增强民族凝聚力等。在"体旅文商农"融合发展中，"体育+"充分彰显了其在促进产业创新和升级中的优势与作用。

以"体育+"产业打造特色综合游。2023年青岛国际啤酒节与青岛时尚体育

［1］轧学超．民俗体育亮相温州［N］．中国体育报，2022-11-17．

［2］郭传燕．节庆体育与农村社区活力［D］．桂林：广西师范大学，2007．

［3］刘成菊，刘玉．川西康巴藏族传统节庆体育文化传承与发展［J］．边疆经济与文化，2022（9）：65-67．

节同期举办，旨在依托优越的区位和节庆优势，积极培育和发展时尚体育，推动青岛"体育+旅游+节庆"深度融合，为体育产业跨界发展赋能，以青岛"国际啤酒城"的名片打造"体、旅、文、商"融合发展的城市样板，时尚体育节共分为全民健身、街头潮玩、民族传统和亲子娱乐 4 大板块，涵盖斗腕、搏击、街舞、篮球、跑酷等多项时尚体育赛事，还与优酷联合打造体育类电影 IP 文创展示区，举办体育题材电影放映会，设置二次元国风动漫打卡地，为市民游客带来独特难忘的"沉浸式"体验。

以小众运动引领城市体育休闲特色旅游。近年来，腰旗橄榄球、飞盘等时尚运动项目以其挑战性、运动性、竞技性、团队性和趣味性吸引着广大都市人群参与其中，掀起了全民健身的热潮，推进都市人群身心健康发展。2022 年全国飞盘联赛在西安举办，该比赛对推广宣传飞盘文化，吸引本地人群和外地游客积极参与，推动赛事举办地经济发展具有良好的示范引领作用。此外，与"特种兵式旅行"相反的慢节奏"松弛感"旅行已逐渐成为城市休闲旅游新趋势。Citywalk凭借短途、短时、休闲性、体验性强等特点，在年轻人中迅速流行，Citywalk 能将城市中的人文资源与自然遗产持续激活，地方政府也能推动文旅的融合与升级。北京、上海街景是历史文化与现代文明的碰撞，贵阳、重庆、成都则是"烟火气"的代表，这种旅游方式背后蕴含着巨大的市场潜力，也呈现出城市"体、旅、文、商"休闲旅游的特色。

5.2.2 延伸型融合模式

"体旅文商农"产业延伸型融合模式是以满足消费者在体育领域的需求和相关体验需求为中心，关注和满足消费者在体育和相关领域的多样化追求，推动体育产业与旅游产业、文化产业、商业和农业等三个或三个以上的产业互补，借助产业间的功能互补，整合不同产业的资源，促成产业边界的模糊或消失，最终形成融合生产、生活、体验和生态功能的新型产业体系的动态发展过程（图 5-4）。这种模式的形成往往发生在具有较强互补性的产业之间，是具有互补性的若干产业在同一标准束或集合下得以高度兼容的整合[1]，能够有效实现不同产业的优势互鉴和短板互补。这种融合模式在我国主要体现在三个方面：一是体育赛事旅游，二是体育会展旅游，三是户外运动健身旅游。

[1] 巨荣良. 当代产业组织合作的研究视角 [J]. 理论学刊，2006（2）：38-41.

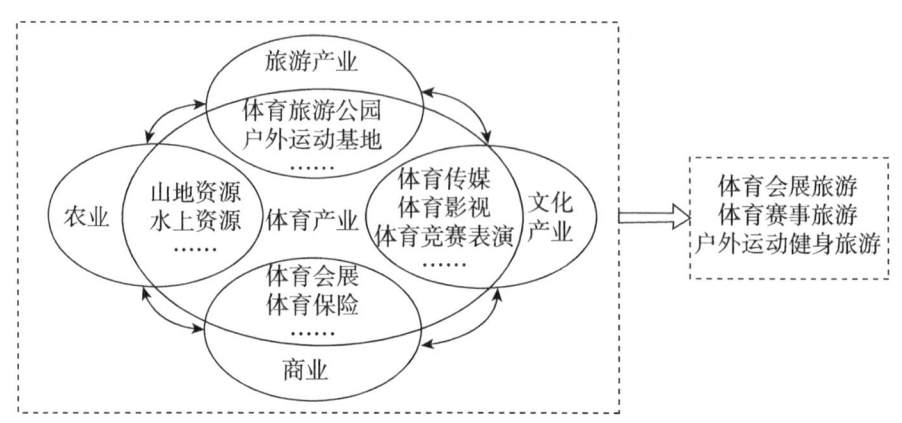

图5-4 体旅文商农产业延伸型融合模式及结果

5.2.2.1 体育赛事旅游

体育赛事是以体育竞技为主题，在特定时期和地点举办，且具有一定期限的体育活动[1]。体育赛事旅游不仅是对赛事本身的观赏，更结合了旅游的诸多元素，为游客提供多样化的体验和娱乐，这种形式的旅游也对目的地的经济发展和旅游业的繁荣有着积极的促进作用，从而为产业融合发展带来重要契机。体育赛事旅游就是伴随体育场馆的建设、体育赛事的完善发展形成的体育产品，其主要表现是体育和旅、文、商产业的相关企业以体育赛事为依托，将体育元素渗透到其他产业当中。体育赛事是体育本体资源产生的内部动力，文化、旅游、商业、农业产业融合下的大众诉求与消费升级是外部拉力[2]。

在经济全球化的时代背景下，受城市间激烈竞争的影响，许多城市都选择举办大型体育赛事来提高知名度，打造城市形象，进而促进自身产业的发展[3]。如2023年杭州奥体中心接连举办CBA总决赛、国际男子篮球挑战赛和第十九届亚运会，"中国特色、浙江风采、杭州韵味、精彩纷呈"的口号充分彰显了杭州作为国内著名旅游城市接续打造体育旅游名片的目标。又如，从2003年开始举

［1］庞徐薇，高文情，郑月平，等．上海大型体育赛事与城市旅游业互动的发展模式［J］．体育科研，2011，32（6）：14-21.

［2］侯宇亭，彭国强，陆元兆，等．全域旅游背景下我国体旅融合发展的协同效应与创新路径［J］．体育文化导刊，2021（10）：29-35，42.

［3］陈于恒，罗建英．杭州亚运文化对居民体育消费行为的影响［J］．杭州师范大学学报（自然科学版），2023，22（5）：478-483.

办的厦门马拉松赛，在经过二十年的积淀后，目前已经成为国际金标赛事，通过"体育生态岛"这一城市发展方向将体育赛事和城市深度融合，在城市宣传、商业赞助、配套活动、跑者口碑等方面取得了不俗的成绩。2023 年共有 30397 人参加厦门马拉松，其中年龄最大的为 79 岁，平均完赛率达到 92.77%[1]，厦门马拉松体育赛事的设置使竞技比赛平民化，为大众参与体育比赛提供便利，推动文化传播、带动经济、促进旅游消费，充分体现了体旅文商产业融合带来的强劲动能。

此外，一系列电子竞技和棋牌赛事的举办也充分发挥丰富人民群众文化生活、促进身心健康方面的独特作用。2013 年 11 月，国家体育总局承认电子竞技为我国正式开展的第 99 个运动项目，在政策层面上承认了电子竞技的体育地位[2]。电子竞技是通过先进的软件和硬件设备，以软件和硬件作为运动器械，进行人与人之间的智力、思维对抗运动[3]。电子竞技首次作为正式比赛项目亮相杭州亚运会，其背后蕴含的不仅是传统项目中的"更高、更快、更强——更团结"的体育精神，还是高速发展的科技手段与体育结合的时代需求。棋牌作为我国智力运动的代表，有着鲜明的文化属性。作为中华传统文化的特色载体，围棋、象棋等棋牌运动以其深厚的文化底蕴和独特的教育功能，多年来为推动社会文明进步和优秀文化传播作出了重要贡献[4]。起源于江苏淮安的益智类扑克牌游戏"掼蛋"，近日已被列为第五届全国智力运动会表演项目，具有很强的娱乐性、参与性、观赏性、科学性和竞技性，是"体育+智慧"的有机融合。2023 年 7 月 25 日全国掼牌（掼蛋）公开赛北京站比赛在地坛体育馆举行，充分发挥了智力运动在全民健身、健康中国战略中的重要作用，同时吸引广大外地游客参与其中，丰富游客的精神文化生活。

将体育赛事与城市之间的互动逐步拓展至乡村，是我国体育赛事发展的新趋势，乡村体育赛事旅游正是我国"体旅文商农"融合的直接体现。体育硬件基础的改善，为"村 BA"和"村超"创造了条件，"村 BA"不仅体现着少数民族的历史传承，还体现了农村地区对高质量精神文化生活的强烈需求，乡村体育活

[1]厦门马拉松微信公众号、厦门晚报、厦门网．厦门马拉松赛大数据出炉［EB/OL］．（2023-04-14）［2023-11-17］．https://www.fjdaily.com/app/content/2023-04/14/content_1846698.html.
[2]朱罗敬．电子竞技成为体育项目的争议与挑战［J］．党政干部学刊，2018（7）：76-80.
[3]唐华．全力推动电子竞技运动健康规范发展［N］．体育信息中心，2015-06-11.
[4]刘思明．繁荣棋牌文化 服务大众需求［EB/OL］．（2014-11-26）［2023-11-24］．https://www.sport.gov.cn/n4/n155/c155/c321001/content.html.

动还以赛事举办带动乡村休闲旅游产业，进一步助力乡村振兴，实现群众体育和文化旅游事业的深度融合。海南也紧跟其后举办"村 VA"，充分展现了文昌区域特色和排球文化，凸显当地独特自然环境，参赛选手和慕名而来的游客在满足对当地特色农特产品消费需求的同时，还深深感受到了当地的人文风貌。

5.2.2.2 体育会展旅游

会展业是指依托相关服务企业、政府部门与组织机构形成的产业体系，是国内近些年高速发展起来的产业，包括会议业和展览业、节事活动、奖励旅游[1]。会展业具有高度的产业关联性、产业带动性，在带来巨大的经济效益和产业附加值的同时，还能够带来巨大的社会效益。因此，会展业在许多国家和地区都得到了一定的重视，我国一线、新一线城市都相继出台相关政策引导会展业发展。会展业与旅游、文化、商业等产业之间的融合相互独立又高度关联，良性互动又相互支持，依托体育服务综合体，基于会展业实现"体旅文商"融合对产业提质增效和创新发展具有重要意义。

为凸显会展业特色和满足更广大人群的需求，其更加注重体验感、参与感及多种元素的综合体现，即文化创意类会展结合高新技术，突出设计理念；民俗文化类会展体现其文化内涵与体验，体现差异与特色。对于体育产业而言，依托体育服务综合体举办体育会展，将活动主办与旅游、商业、城市文化资源开发相结合，通过行业权威吸引和主办方深度营销，是既吸引专业人员参与，又拉动游客前往会展现场体验的一种形式，有利于带动当地旅游经济的发展[2]。例如，中国体育文化博览会和中国体育旅游博览会以体育商务、会展博览为核心，联动业内资源和文化的全面交流，展示传统体育项目、体育文创产品，开展体育非物质文化遗产的保护与推广，业内专家与高校学者还在会展论坛中共享体育文化产业发展优质经验，为体育与生态融合发展、全民健康、体育事业发展规划建设及体育创新创意等内容建言献策，发挥体育引流、文旅消费生态循环特性，真正促进体育与旅、文、商的深度融合。合肥体育中心是安徽省举行体育赛事和文体活动的重要平台，是集休闲、娱乐、办公、会展、餐饮于一体的体育综合体，并成功

［1］李泽琳. 产业融合视角下会展业与旅游业融合发展路径研究——以山西省为例［J］. 商业经济，2023（4）：61-65.
［2］邵明华，张兆友. 国外文旅融合发展模式与借鉴价值研究［J］. 福建论坛（人文社会科学版），2020（8）：37-46.

举行 2011 年第七届中国国际徽商大会暨第十一届中国（合肥）自主创新要素对接会等大型会展，秉持着以体育服务为先和以体为本的原则，带动合肥市"体旅文商"产业发展，适时引入与体育相关的配套服务，充分释放大型体育场馆的运营潜力[1]。中国国际体育用品博览会、中国国家职业健身教练专业大会（I-FIT健身大会）等会展的举办，不仅展示了品牌体育文化形象，而且为当地旅游、商业的发展做出巨大贡献。

此外，线上展会是新冠疫情后期会展业的新形态，并对展会服务提出更高要求。线上展会平台能拓展现有市场、开发新客户，数字经济的发展为传统展会企业带来转型的机遇。作为技术应用与创新的前沿阵地，线上展会将是文旅产业创新驱动、高质量发展的重要抓手[2]，其也成为科技与体育结合、推动体旅文商产业融合的新动能。

5.2.2.3 户外运动健身旅游

户外运动健身旅游依托户外运动而生，户外运动是指在户外自然环境中带有一定探险和体验属性的运动方式，体育休闲、度假体育、体育康养等体验型、消费型体育是体育经济增长过程中新的需求点，将休闲体验放在首位，将有利于相关企业经济效益的提高。日益优越的生活条件和不断提高的生活追求为户外运动健身旅游带来巨大的市场空间，据《户外运动产业发展规划（2022—2025 年）》数据，截至 2021 年底，我国户外运动参与人数已超 4 亿人，近两年户外参与率快速提升至 28% 以上[3]。此外，在参与率提升初期，我国大量户外参与人群为体验式初级玩家，参与频次、每用户平均收入（ARPU）虽与欧美国家存在一定差距，但我国户外用品消费市场有广阔的发展空间。户外运动健身旅游项目的规划和开发应充分依托区域资源，突出其内在的旅游、文化、商业功能，通过改造和完善体验型设施建设，提高融合产业服务水平，增加融合产业吸引力。如滨海体育项目体验、登山越野健身的户外运动健身旅游能充分建立大众与大自然的情感链接，增强大众在休闲健身中的参与感和体验感，并促进体旅文商融合产业往乡村发展和延伸。以广东为例，其拥有全国最长的海岸线，因此广东滨海旅游一

［1］国家体育总局体育经济司. 体育服务综合体典型案例汇编［M］. 北京：电子工业出版社，2021.
［2］曾理，王跃，吴婷，等. 基于数字技术的上海市体育市场事中事后全息型监管体系［J］. 体育科研，
　　2021，42（4）：60-67.
［3］范佳元. 发展户外运动 推广健康生活［N］. 人民日报，2023-09-12（015）.

直呈现强劲发展态势。2019 年广东海洋生产总值在全国率先突破 2 万亿元，海洋旅游业增加值已经达到 3581 亿元[1]，深圳金沙湾度假区致力于打造"运动海岸"，设有沙滩排球、潜水、滑板、帆板、帆船、观光游艇、攀岩等多种体育项目[2]。

5.2.3　重组型融合模式

重组型融合是发生在与体育产业具有紧密关联的旅游、文化、商业等产业之间，或其产业内部的子产业之间，使得原本各自独立的产品或服务在满足大众追求更高品质的休闲和消费或某一共同利益的刺激下，通过重新组合的方式融为"体旅文商农"一体化的整合过程[3]，实现了业态创新（图 5-5）。由于大众对体育锻炼需求的提高，大健康、大体育理念的普及，公共体育资源的充实与完善，产业技术的进步与创新，政府管制的放松等，"体旅文商农"重组式融合在考虑体育产业融合推动因素的同时，其过程仍受到一般产业融合论的影

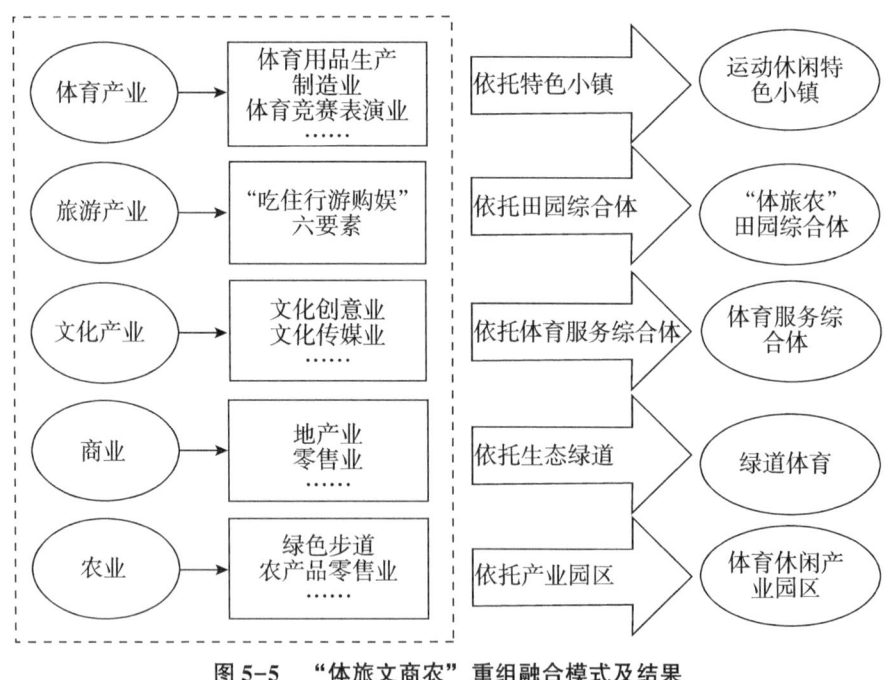

图 5-5　"体旅文商农"重组融合模式及结果

［1］广东省自然资源厅 . 广东海洋经济发展报告（2020）［R］. 2020.

［2］邱永旺 . 深圳市东部滨海度假区滨海体育旅游产业发展研究［J］. 经济研究导刊，2022（32）：33-35.

［3］张河清 . 岭南文化与旅游产业融合发展研究［M］. 广州：中山大学出版社，2020.

响[1]，即宏观政策的战略部署和政府管制因素依然是体育产业融合重要影响
因素[2]。

"体旅文商农"重组型融合是实现体育产业与区域旅游、文化创新、乡村建
设等协调发展的重要手段，能适应消费格局的变化和消费场景的转换，助力于实
现全面建成社会主义现代化强国的目标。近年来，我国以体育用品、公共体育服
务资源、旅游风光、民俗体育项目、特色农产品为主要展示内容，融合当地文化
特色的综合会展活动与体育赛事逐年增加，成为推广体育企业、促进区域全域旅
游业和商业发展、扩大地区特色文化宣传和普及、加速传统农业产业升级的重要
手段，并在推动体旅文商农产业集聚，逐步打造多产业融合特色品牌等方面发挥
着巨大的作用[3]。体育产业与旅游、文化、商业等产业凭借赛事、会展、产业
园区等纽带和平台，经过重组融合，形成全新的综合业态，我国常见的有运动休
闲特色小镇、"体旅农"田园综合体、体育服务综合体、绿道体育和体育休闲产
业园区等。

5.2.3.1　运动休闲特色小镇

运动休闲特色小镇是指在城乡规划中注重运动休闲产业发展，在国家出台的
促进特色小镇与体育产业发展的政策引导下产生的，具有独特特色和吸引力的居
住区域[4]。与其他性质的特色小镇有所不同，运动休闲特色小镇依赖所在地的
资源禀赋，从而突出其运动休闲的特性，不仅关注经济效益，更注重居民的生活
质量和社区的可持续发展。一些远离城市的山地、沙漠、湖泊等自然景观则构成
了运动休闲特色小镇自然资源的基础[5]。依托山地、峡谷、水体等地形地貌资
源开发山地运动、水上运动、户外拓展、徒步探险等体育旅游产品，"体旅文商
农"产业链功能互补、交互支撑，协同推进体育、旅游、文化、赛事、度假等业
态的深度融合发展。体育运动休闲特色小镇已成为体育旅游发展的重要载体，也

[1] 朱海艳.旅游产业融合模式研究 [D].西安：西北大学，2014.
[2] 李玥峰.四川省体育产业与旅游产业融合发展研究 [D].成都：成都体育学院，2022.
[3] 易闻昱，杨倩.体育与会展产业融合：理论逻辑、现实发展与未来展望 [J].上海体育学院学报，
　　2022，46（12）：94-108.
[4] 闫亚茹，柳鸣毅，张毅恒，等.基于战略路线图我国运动休闲特色小镇治理路径研究 [J].南京体育
　　学院学报，2018，1（1）：23-30.
[5] 倪震，刘连发.乡村振兴与地域空间重构：运动休闲特色小镇建设的经验与未来 [J].体育与科学，
　　2018，39（5）：56-62.

成为以体育旅游为起点推广体旅文商农多产业融合的典型范式。以不同的特色主导产业为分类标准,将运动休闲特色小镇分为体育赛事型、休闲娱乐型、生态康养型和文化民俗型[1]。

体育赛事型运动休闲特色小镇是以休闲赛事为主导,与体育用品生产制造、文化传媒、餐饮服务、赛事观光等融合发展,重点打造优势体育赛事,形成体育赛事产业聚群和产业生态链,并为其他运动休闲项目提供发展环境的运动休闲特色小镇[2]。在全民健身的风潮下,体育赛事自带 IP 热点,是影响力较大的一种体育活动形式,通过体育赛事向关联产业不断延伸体育服务产业链,能在增加地方经济收入、提高地区知名度、获取政策支持、提高人口素质、解决就业问题等方面带来长期效益。因此,体育赛事型运动休闲特色小镇应利用自身优越场地条件,在建设高标准的赛事场馆、完善赛事服务能力等方面提质增效。浙江海宁马拉松小镇以马拉松赛事为核心,兼顾徒步、定向、素质拓展、露营、山地自行车等体育项目的拓展,依托钱塘生态绿带开发出生态旅游、康养度假等休闲项目,拥有较为完善的酒店、餐饮、交通等相关配套设施,游客能在领略赛事魅力的同时感受古城文化。云南安宁温泉国际网球小镇以建设中国第一座红土网球中心——温泉半岛国际网球中心为起点,将网球产业作为支柱产业,将网球运动作为小镇的特色项目,先后承办数百场国内外网球赛事,并形成以国际网球赛事为核心的体育产业生态链,同时为安宁温泉镇传统的旅游产业带来高品质的旅游客群,带动康养健身、体育旅游、生态观光等产业的发展。

休闲娱乐型运动休闲特色小镇以满足大众休闲娱乐需求为主要目的,以运动休闲项目为主导,联合相关产业融合发展,着重打造服务大众的运动休闲娱乐产业链,具有玩乐、休闲、度假的属性。休闲娱乐型运动休闲特色小镇一般依托独特的地理环境、适宜的生态气候或人造运动场所发展,与旅游结合打造,此类小镇大多都会对自然资源加以充分改造和利用,开发出具有一定特色的体育休闲项目,这类项目通常群众参与性强、运动强度较低、服务体验好,能充分考虑不同家庭、不同年龄段人群的体育需求,形成以休闲娱乐为核心的多个参与型体育项目,打造集体育运动、体育休闲、大众娱乐等于一体的项目集聚区,因此聚集区对基础设施的观感度、承载量、配套完善程度等要求较高。另外,在选址方面,

[1] 张雷. 运动休闲特色小镇:概念、类型与发展路径 [J]. 体育科学, 2018, 38 (1):18-26, 41.

[2] 前瞻研究院. 运动休闲小镇如何分类? [EB/OL]. (2018-11-18) [2023-11-24]. https://f. qianzhan. com/tesexiaozhen/detail/191118-fcd91b2f. html.

考虑到辐射范围内的受众总数和消费频率，城市圈周边或大型旅游目的地是该类型小镇较理想的选择。位于浙江的绍兴柯桥酷玩小镇拥有得天独厚的交通地理优势，杭甬铁路、杭甬客运专线（高铁）、杭甬高速、329省道及杭甬运河等穿境而过[1]，利用柯岩街道独特的人文资源、旅游资源开展设置宣传水文化区、山水游乐区、突出"酷玩"主题的时尚极限区（室内滑雪场）和高端休闲区（赛车、高尔夫），小镇还可以同时满足大众的餐饮、住宿等需求，提供完整的一条龙服务[2]。嵩皇体育小镇是以全民健身、体教融合、文化传承等为主体的体育产业运营载体的典范，小镇地处五岳之中岳嵩山，毗邻武术文化发源地少林寺、宋朝理学发源地嵩阳书院等文化旅游胜地，政治、经济、文化、自然资源丰厚[3]，小镇从自身发展实际出发，将体验型运动作为特色，结合当地文化和风俗大力发展旅游观光，既向普通游客提供了可参与体验的卡丁车、射箭、拓展训练等传统项目，又向敢于冒险的游客提供了赛车、动力伞、热气球等高端潜力项目[4]。

生态康养型运动休闲特色小镇是以优质的生态环境为基础，以体育运动为载体，以全民健身、运动医疗与康复、体质监测、运动休闲疗养等身心健康恢复类运动休闲项目为主导，着重打造"运动休闲+健康"产业链，并结合旅游、度假等发展而形成的特色小镇[5][6]。良好的生态环境和气候条件，既是实现健康生活的重要基础条件，也是各康养型特色小镇根据当地不同资源、结合市场需求特点发展融合不同产业体系的关键，如拥有宗教文化、温泉资源、医药产业资源等，构建生态体验、度假养生、温泉养生、高山避暑养生、海岛避寒养生、湖泊养生等养生业态[7]。此外，"十四五"时期乡村振兴需要与各产业的发展有机

[1] 陈最新，何阳，胡宝萍. 绍兴柯桥酷玩小镇的创建模式研究 [J]. 浙江师范大学学报（自然科学版），2021，44（1）：92-99.

[2] 影娱读社. 浙江有一文旅小镇，以"酷玩"为亮点，人称绍兴"城市名片" [EB/OL]. (2021-10-17) [2023-11-26]. https://new.qq.com/rain/a/20211020A0EE9M00.

[3] 张嘉益. 乡村振兴战略背景下河南省体育特色小镇发展路径研究 [D]. 济南：山东大学，2020.

[4] 里口山风景名胜区. 嵩皇体育小镇——做好运动体验是体育小镇成功的捷径 [EB/OL]. (2018-10-31) [2023-12-01]. https://www.sohu.com/a/220150415_223648.

[5] 前瞻研究院. 运动休闲小镇如何分类？ [EB/OL]. (2018-11-18) [2023-12-02]. https://f.qianzhan.com/tesexiaozhen/detail/191118-fcd91b2f.html.

[6] 生态体育. 不同类型体育小镇的产业构建 [EB/OL]. (2020-05-22) [2023-12-02]. https://www.sohu.com/a/396861545_505583.

[7] 中国商业地产研究院. "康养小镇"——未来乡村旅游"新模式" [EB/OL]. (2017-07-06) [2023-11-13]. https://www.sohu.com/a/155077471_760111.

衔接，而康养型运动休闲特色小镇可以看作未来乡村旅游的新平台，利用小镇优势赋予乡村活力和吸引力，协同推动乡村产业、文化、人才、生态全面振兴[1]。《体育总局办公厅关于推动运动休闲特色小镇建设工作的通知》（体群字〔2017〕73号）提出，“到2020年，在全国扶持建设一批体育特征鲜明、文化气息浓厚、产业集聚融合、生态环境良好、惠及人民健康的运动休闲特色小镇”的主要任务。在此时代背景下，广东惠州白鹭湖体育旅游小镇、山西卧龙湾康养小镇、湖北武当山特区太极湖康养度假小镇等众多康养小镇不断涌现。其中，白鹭湖体育旅游小镇以体育康养旅游为重点，与大众休闲体验、户外运动、康养医疗有机结合，建设多个体育康养及生态休闲项目，打造医疗康养、休闲运动项目集群，形成有龙头、有生态、有人气的休闲体育康养小镇[2]；卧龙湾康养小镇大力培育“森林康养+运动”“森林康养+养生”等各具特色的康养模式，将神农炎帝尝百草、辨药性、疗民疾的医药文化与现代医学、现代体育运动学等结合[3]。该模式将中医文化与运动康养相结合，为人们提供涵盖身体、心理和社交层面的益处，同时带动当地乡村经济发展，并为发展特色康养旅游提供有力支撑。

民俗文化型运动休闲特色小镇是以具有深厚文化底蕴和民俗风情的运动休闲项目为主导，是将旅游观光、体育产业聚集和新型特色城镇发展结合起来，具有文化、旅游、城乡协调发展的综合效益，体育特色活动为保护和传承民俗文化提供载体，也为全面推进乡村振兴、促进体旅文商农融合发展提供动力[4][5]。在我国，经济落后地区迫切需要利用历史文化禀赋和民俗资源，借助体育扶贫、城乡体育一体化加快我国新型城镇化进程，因此建设民俗体育特色小镇顺应时代发展的需要[6]。广西歌娅思谷民族体育特色小镇拥有丰富的民族体育传统，该小镇的白裤瑶文化被联合国誉为“人类文明的活化石”，结合自然资源和人文优

[1] 张嘉益.乡村振兴战略背景下河南省体育特色小镇发展路径研究 [D].济南：山东大学，2020.

[2] 前瞻研究院.全国24家体育小镇案例解析 [EB/OL].（2017-06-23）[2023-11-10].https://f.qianzhan.com/tesexiaozhen/detail/170623-b11df679.html.

[3] 高平市大数据中心.卧龙湾康养小镇：开启“康养+旅游”模式 打造大健康生活“后花园” [EB/OL].（2022-09-15）[2023-11-15].http://www.sxgp.gov.cn/xwzx_358/jcdt_363/202209/t20220915_1666632.shtml.

[4] 前瞻研究院.运动休闲小镇如何分类？ [EB/OL].（2018-11-18）[2023-11-19].https://f.qianzhan.com/tesexiaozhen/detail/191118-fcd91b2f.html.

[5] 周怀球，刘邦华，钟科，等.洞庭湖区民俗体育特色小镇的建设内容与模式构建研究 [J].体育科技，2020，41（2）：86-87，90.

[6] 秦慧.“三生融合”视角下洞庭湖民俗体育特色小镇建设路径研究 [J].武术研究，2022，7（5）：101-103.

极限运动、休闲旅游、科普研学于一体，是我国著名的体育旅游目的地[1]。除了专业的极限运动，莫干山探索极限基地还为各年龄段人群特别定制了教育系列、自由探索系列等多种参与项目。如7～14周岁莫干山及周边6天5夜夏令营、地面挑战体验、自然探究、D24课程-Level1极限突袭等项目。让参与者在通过户外运动的同时，接受科普教育，体验生态旅游，将运动、教育、文化、旅游完美融合。除此之外，在景区内外集聚各种各具特色的美食和民俗，以及游客设施和观景设施，让游客在游玩的同时，享受全方位的消费体验。

5.2.3.4 绿道体育

国家步道体系是满足人民群众健身休闲、户外游憩、亲近自然等多种需求的慢行廊道系统，是服务全龄人口的高品质休闲游憩空间，也是通过徒步、慢走、慢跑等运动方式舒缓压力、亲近自然、放松身心的新型运动空间[2]。步道的打造依赖于尽最大限度使用原始山径、耕道等原生态路基资源，辅以泥石路、砂石路、落叶路、青草路等，许多绿色步道除运动健身外，还涵盖旅游、文化、休闲、商业消费等多种功能。

全民健身战略的提出进一步推广了健康的生活方式，创造了更和谐、更富有活力的社会，为可持续发展提供了多方面的积极影响。各种类型步道的建设与推广均为全民提供了便捷的体育锻炼场所，有助于提高身体素质、促进社交和心理健康，从而推动全民健身事业的发展。浙江宁海是我国健身步道的发源地，宁海步道是以"科学、安全、生态、环保"为基点的登山健身步道系统，并引发了体育健身、文化休闲、乡村旅游、经济富民等多重效应[3]，其将沿线"农林牧渔"、景区景点、生态产业、特色建筑等各种资源进行串联，拉动当地第三产业和城乡的协调发展。在福建厦门，山海健康步道延伸于城乡之间，已形成集生态改善、文化展示、休闲健身、观景旅游功能于一体的步道系统。山海健康步道充分挖掘自然景观资源，将生态发展和民生改善有机融合，打造"低碳环保、绿色

[1]执惠旅游.背靠Discovery，探索极限主题公园如何走出莫干山？[EB/OL].（2018-05-15）[2023-11-18].https://www.jiemian.com/article/2139177.html.

[2]李金霞.打造全民健身空间新格局——登山步道 线路多样 移步换景[EB/OL].（2022-04-21）[2023-07-08].https://www.sport.gov.cn/n20001280/n20001265/n20067708/c24215996/content.html.

[3]林海.国家步道体系建设：打造绿色环保全民健身新载体[EB/OL].（2022-04-28）[2023-11-23].http://news.cnnb.com.cn/system/2022/04/08/030343882.shtml.

出行"的便民生活方式，设置丰富多样的体育设施和场地，逐渐形成健身与旅游商业的结合体，周边村镇也因此得到发展。在新型运动空间中，"体旅文商农"产业融合对城市运动空间的拓展和乡村经济的带动初显成效。位于成都的世界规模最大绿道系统——天府绿道，以"一轴、两山、三环、七带"的绿道系统为载体，营造建设符合群众生活、企业生产、文化渗透的新场景，依托各类全民健身设施、户外拓展设施和旅游配套设施等，将文化、体育、旅游、农业等项目与绿道系统有机结合，大力发展文化会展、体育赛事、乡村旅游、绿色消费等业态，推动了绿色产业的发展、消费场景的升级、文化品牌和城市品牌的打造。绿道体系具备生态保障、慢行交通、休闲游览、城乡统筹、文化创意、体育运动、农业景观等诸多功能，与所处地区的产业布局紧紧相扣，将产业布于绿道周边，做到了"城景互动、景业互促"，使得天府绿道成为助推"体旅文商农"产业融合发展的动脉。

5.2.3.5　体育休闲产业园区

体育产业园区的建设与多样化开发为产业融合发展提供了空间载体。产业融合发展的空间载体建设与改造对于传统产业园区向综合性体育产业园区转型发展具有重要意义[1]。综合性体育产业园是指以体育产业及其配套产业为核心产业，以特定区域为活动空间，具有经济规模效应的产业集群或产业园区。具体而言，综合性体育产业园区涵盖传统产业园区的功能，以生产创造、科技创新等内容为核心，又因体育场馆、体育训练基地或体育用品生产制造而衍生出具备休闲娱乐、旅游观光、商业购物等性质的产业园区，以满足人们对新型旅游模式的追求，成为打造"体、旅、文、商"综合性体育旅游的支撑载体[2][3]。由此，体育产业园区可分为体育休闲和创新生产制造两种类型。

体育休闲型体育产业园区在体育资源的基础上集聚了休闲、娱乐、观光甚至养老等元素，因此目前此类体育产业园是国内最为常见的，如苏州依托太湖健身步道、渔洋山自行车赛道、太湖国际网球俱乐部、太湖新天地等载体构建环太湖

[1] 付群，王雪莉. 我国钢铁产业园区向体育产业园区转型经验及启示 [J]. 体育文化导刊，2020 (10)：33-39.

[2] 辛欣. 文化产业与旅游产业融合研究：机理、路径与模式 [D]. 开封：河南大学，2014.

[3] 生态体育. 体育产业园区主要类型与七大经典案例 [EB/OL]. (2017-07-17) [2023-11-28]. https://www.sohu.com/a/157823239_505583.

体育圈，丰富太湖旅游内涵，促进传统景区转型升级；环青海湖体育产业基地串联起贵德国家地质公园、青海湖、察尔汗盐湖等生态旅游目的地和共和光伏产业园区，向人们展示该产业基地周围独特的高原风光和绿色有机特色资源，并带动当地有机农畜产品的资源输出[1]。同时，全民健身使得大众将参观著名的体育场馆、训练基地作为出行旅游的目的地之一，因此体育园区要在整体规划和硬件设施建设上提高吸引力，在软件建设上提升品牌影响力[2]。如北京 2008 年奥运会后，鸟巢和水立方的游客参观率一直保持着较高水平；后冬奥时代，国家速滑馆"冰丝带"着力打造成为集体育赛事、群众健身、文化休闲、展览展示、社会公益等多种功能于一体的"冰丝带"冰雪体育运动园区，以满足群众参与冰上运动的需求，努力成为中国冰雪的亮丽名片[3]。

创新生产制造型体育产业园区指在一定空间内聚集包括全要素、开放式的创新创业公共服务平台和体育产品设计、制造、零售服务等业态产业集聚区。体育用品生产与制造属于体育产业的重要组成部分，同时也吸引着广大体育爱好者对体育用品生产全过程及其产业链的参观。《2018 年全国体育产业总规模和增加值数据公告》指出体育用品及相关产品制造的增加值为 3399 亿元，占全部体育产业增加值比重的 33.7%[4]。福建晋江体育产业园以安踏、361°、乔丹等国家级体育品牌为基础，积极对接"健康中国""体育强国"战略，已成为最大的运动鞋生产基地，年产运动鞋达 10 亿双[5]，企业还不断突破固有模式，寻求更有竞争力的发展道路，其中 361°与百度成立了"大数据创新实验室"，共同研发和生产面向用户与市场需求的数字化产品。

5.3 我国"体旅文商农" 产业融合发展的路径

根据产业融合理论，产业融合是一个多层面、多内容的融合过程[6]。其通

[1] 王向娜，弓学文，刘洋．环湖赛为青海产业"四地"建设贡献力量 [EB/OL]．（2022-08-04）[2023-07-09]．https：//www.sport.gov.cn/n2000/280/n20067662/n20067662/c24550310/content,html.

[2] 雷波．我国体育产业与旅游产业互动融合模式分析 [J]．北京体育大学学报，2012，35（9）：40-44.

[3] 新京报．"冰丝带"的后冬奥时代，中国冰雪运动发展的亮丽名片 [EB/OL]．（2022-06-26）[2023-12-03]．https：//www.sohu.com/a/561115687_114988.

[4] 体育经济司．2018 年全国产业总规模和增加值数据公告 [EB/OL]．（2020-01-20）[2023-12-08]．https：//www.sport.gov.cn/jjs/n5043/c941611/content.html.

[5] 赵少聪，杨少雄，郭惠杰．福建省体育用品制造业服务化转型困境与路径研究——以福建晋江国家体育产业基地为例 [J]．福建师范大学学报（哲学社会科学版），2018（4）：15-23.

[6] 马健．产业融合理论研究评述 [J]．经济学动态，2002（5）：78-81.

常经历筹备、整合和创新三个主要阶段。首先，企业需要进行市场调研、资源整合和规划，为后续的整合奠定基础。其次，整合阶段，各个产业开始合并，共享资源，提高效率。最后，创新阶段，通过整合后的优势，企业可以更好地创新和适应市场变化。这一过程又包含着技术、业务和市场三个不同层面的融合阶段。在技术融合阶段，不同产业的技术要素相互融合，推动创新和提升整体技术水平；业务融合阶段涉及各个产业之间业务模式的整合，以实现资源共享和协同发展；市场融合阶段则是在整合了技术和业务的基础上，拓展市场空间，提高市场竞争力。这三个阶段相互交织，共同推动着产业融合的发展。

对"体旅文商农"产业融合而言，其产业的涵盖范围较大、行业互通性较强，会产生更为丰富的协同效应，因此细分出制度与市场融合路径。首先，技术融合是产业融合的基础，意味着不同产业之间的技术要素相互交流与整合，通过技术共享与整合、跨界创新等方式促进创新和提升整体技术水平。技术融合为业务融合提供了基础，借助技术融合的成果，产业更好地适应市场需求；同时，不同领域的技术融合可以促使业务模式的创新，推动企业在市场中获得竞争优势，技术融合和业务融合共同提高了企业对市场变化的适应性，技术的不断更新和业务模式的灵活调整使得企业更能够迅速适应不断变化的市场环境。在技术和业务融合的基础之上，通过整合各方的市场份额和客户基础，融合后的企业可以更加广泛地服务于不同领域客户，实现市场规模的扩大；通过共享市场渠道和品牌影响力可以使得企业更具吸引力，同时有助于不同产业之间的创新和多元化发展，促使创新和业务模式的调整，推动行业企业在观念和思维上的创新与转变，体现技术融合和业务融合的意义；市场融合分散企业的市场风险，降低整体市场风险。其次，制度融合是前述路径实施的保障，通过制定出符合"体旅文商农"产业融合发展规律和模式的政策，以国家政策和法律法规为引导，为"体旅文商农"产业融合发展提供保障。其中，进行技术融合是产业融合实现的前提和基础，业务融合是核心，业务和业务融合是产业融合过程中相辅相成、互为支撑的两个关键要素，共同推动着产业的发展；市场融合是关键环节，制度融合是保障，标志着新产品、新业态和新场景的出现[1]。"体旅文商农"产业融合路径如图5-6所示。

---

[1] 杨强. 体育与相关产业融合发展的路径机制与重构模式研究 [J]. 体育科学, 2015, 35 (7)：3-9, 17.

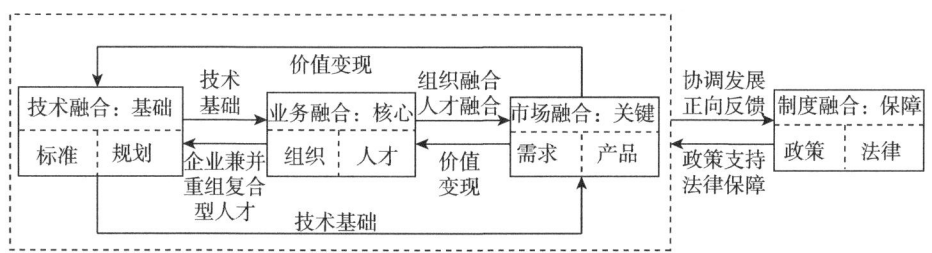

图 5-6 "体旅文商农"产业融合发展路径

5.3.1 技术融合

以体育科技创新为核心，推动体育产业与旅游产业、文化产业、商业、农业深度融合，构建"体旅文商农"产业融合发展新模式，将现代科技成果转化为推动产业融合发展的强大动力，为我国经济高质量发展提供有力支撑。技术融合的实现涉及全社会的合作与努力，包括企业、政府、研究机构和人才等多方面的支持和参与，因此"体旅文商农"产业技术融合需要通过标准融合和规划融合两种主要手段来实现。

5.3.1.1 标准融合

标准融合指不同产业或行业中的各种标准相互融合，以实现更高效、更一致的产品或服务。在不同的产业中，存在许多不同的标准和规范，这些标准可能涉及技术参数、质量要求、安全规范等方面。"体旅文商农"产业标准融合就是共享相似技术规则的过程。产业标准融合能促进"体旅文商农"融合发展的规范化和标准化，积极推进各业态融合发展，带动整个行业的高质量发展；还能解决不同标准之间的互操作性问题，提高融合产业内部的系统性，消除重复工作，提高标准制定和实施的效率。不同产业间标准的融合发展是国家标准化战略实施的核心内容，也是企业应对日益激烈的市场竞争环境的必然选择[1]。标准融合是提高产业经济效益的有效途径，"体旅文商农"产业标准融合以体育旅游为起点，逐步向其他领域渗透。标准融合作为一种手段，在各产业资源评价、产品组合、提升服务水平、提供管理依据等方面发挥着重要作用，通过制定、贯彻实施"体旅文商农"产业标准融合，对行业的生产、经营、服务、管理等各环节都能

[1]张芮，陈晓占，牟映璇，等.标准与专利融合机制探究[J].中国标准化，2022（22）：22-25.

进行规范和约束，从而促进产业高效、可持续地发展[1]。

信息时代背景下，"互联网+"、大数据、区块链等是体育与其他产业深化发展的必要条件。大型体育赛事、体育节庆会展、体育文化博物馆、户外运动体验、体育乡村游等在发展过程中离不开信息技术的支撑，通过运用云计算、物联网、5G等技术使体育场馆和旅游景区管理更高效，响应更迅速，从而推动体育活动与"智慧旅游""智慧文创"等加速融合。通过微信小程序、公众号、二维码进行购票、宣传旅游目的地及相关活动信息；通过信息技术手段进一步加强服务，实现预览旅游路线图、体育场馆导览及人流密度等，更好地满足大众个性化的出游需求，同时能进一步实现大众之间的信息共享，如城市绿地、公园、广场等休闲场所、体育场馆和文化娱乐场所的空间分布情况，不断提升旅游公共服务水平；以移动互联网技术为依托，建立各种类型的旅游服务平台，开通线上订票、住宿、餐饮、虚拟旅游、旅游导航、活动体验等项目，提升游客体验。这一系列在信息技术运用的基础上实现的"体旅文商农"产业融合迫切需要统一的标准来约束企业的行为和保障大众的信息安全，自2009年开始，国家和地方制定的有关体育旅游、商务会展旅游、乡村生态旅游的标准陆续出台，为"体旅文商农"产业融合的标准融合打下了坚实的基础（表5-2）。

表5-2　现行的部分产业融合标准

序号	标准号	标准名称	实施日期
1	DB11/T 652.6—2009	《乡村旅游特色业态标准及评定 第6部分：休闲农庄》	2009.11.01
2	DB32/T 2686—2014	《商务旅游会展服务规范》	2014.11.15
3	DB14/T 2221—2020	《文旅产业融合发展示范区创建导则》	2020.11.20
4	DB52/T 1401.29—2020	《山地旅游　第29部分：特色农业旅游 服务设施与服务规范》	2021.04.01
5	T/ZJLB 0001—2021	《县域文化和旅游融合工作指南》	2021.10.01
6	T/ZJLB 2002—2021	《乡村文化和旅游创客基地数字化建设与 服务指南》	2021.10.11
7	DB36/T 1544—2021	《体育旅游基地建设与评价规范》	2022.06.01
8	DB11/T 2119—2023	《文化旅游体验基地评定规范》	2023.10.01

---

[1] 林章林. 标准化在旅游业发展中的价值评价探讨 [J]. 上海标准化, 2010（10）：39-42.

5.3.1.2 规划融合

规划融合是指将不同领域或部门的产业规划相互整合，制定出一个统一的"体旅文商农"产业融合发展规划，以实现更加协调、一致和有序的发展目标，为"体旅文商农"产业融合的发展进程提供指导性意见和行动细则，进一步明确责任主体，以此来确保产业融合的顺利进行。产业规划融合的目的在于最大限度地发挥各产业的优势，避免资源浪费和冲突，实现产业全局性的经济与社会效益。我国张晓瑞等学者在《多规合一：规划创新与空间重构》一书从城市空间规划的角度将"多规合一"界定为以国民经济和社会发展规划、城乡规划等部门为依据，强化城乡建设、土地利用等各类规划的衔接，确保"多规"确定的保护性空间、开发边界等重要参数一致，建立控制线体系，以实现优化空间布局、有效配置土地资源等目标。从该界定中探索"体旅文商农"产业规划融合的新内涵思路。此外，我国出台的《关于开展市县"多规合一"试点工作的通知》（发改规划〔2014〕1971号）提出要统筹考虑经济社会发展规划、城乡规划、土地利用规划、生态环境保护规划等相关规划目标，研究"多规合一"的核心目标。基于学者研究成果和国家政策指示，本研究赋予"体旅文商农"产业规划融合新的内涵以体育发展规划、文化和旅游发展规划、推进农业农村现代化规划、商务发展规划、城乡规划、土地利用总体规划等为依据，强化体育旅游、文化旅游、商业模式转变、城乡协调发展和乡村振兴、土地利用等各类规划的衔接，打破各个产业之间的壁垒，促进知识、技术和市场的交流，推动整体产业体系的创新和发展。总体而言，"多规合一"是一种综合性的战略，旨在促进产业协同发展，实现经济的全面提升，进而为"体旅文商农"产业融合提供合理的规划前提。

以大型体育赛事、体育节庆活动等项目为依托，运用科技手段将体育场馆、户外运动基地、体育特色小镇、乡村体育赛事举办地作为旅游目的地进行规划，整合该区域内的体育产业资源、体育文化资源、旅游资源、历史底蕴、区位条件、交通道路及配套设施等。如阿里体育依托数字技术和互联网平台，助力体育产业实现数字化转型，并积极参与体育赛事的投资与合作，在足球、篮球和马拉松等领域开展体育赛事的商业化和品牌建设；乐刻运动在全国范围内进行24小时智慧健身房的布局，使得大众能更加方便获得高质量的健身体验、满足日常锻炼的需求[1]。从资源之间的互补关系考虑体育与旅游、文化、农业等产业协调发展的综合价值，提升"体旅文商农"产业发展的整体水平，凸显产业特色，满足产业数字化转型的需求，并进一步提升旅游目的地知名度[2]。成都天府绿道在整体发展基础上，通过合理规划与布局，逐步形成产业链条完整，持续循环，增长反哺的消费生态体系。每年吸引千万旅游人次，促进城乡整体价值提升，辐射沿线及周边现代服务业等产业集群，带动旅游、文化、生态等产业发展；功能价值，改善城乡人居环境品质，强化文化、体育、交通、休闲、游憩等功能；人文价值，传承成都历史记忆，展示天府魅力，成都国家中心城市新名片；就业价值，发展就业方向，创造就业岗位，改善就业环境，吸引高素质人才，提升城市创新、创业水平。

5.3.2　业务融合

业务融合指体育企业与其他产业的企业将各自领域的业务进行整合与结合，以实现协同效应、提升综合竞争力的发展模式。对原有商业模式进行了改变与创新，通常涉及业务流程优化、组织架构调整、技术创新应用等多方面的调整，这一过程的关键在于重新审视和调整产业内部的各个环节[3]。在"体旅文商农"产业融合发展过程中，人才融合和组织融合是各产业间实现业务重构的重要方式。

5.3.2.1　组织融合

组织融合是"体旅文商农"企业的兼并和重组，形成跨界融合的企业组织和架构。产业融合带来的协同效应、市场规模拓展和多元化经营模式、新型消费场景与数字化转型等方面的需求已经成为我国"体旅文商农"企业向跨产业经营和集团化发展的重要驱动力。这些因素共同推动企业朝着更广泛、更多元化的方向发展，以应对市场的复杂性和变化。一方面，各企业通过合作，使"体旅文商农"的产业资源得以合理配置和利用，企业之间的协作有助于实现"体旅文商农"产业资源的合理分配与使用，并在此过程中促进不同行业之间的知识转

[1] 潘玮，沈克印．新科技革命背景下体育产业信息化建设价值、问题与路径［J］．体育文化导刊，2022（9）：74-81．

[2] 朱佳滨．旅游产业与大型体育赛事融合路径优化研究［J］．社会科学家，2022（2）：7-14，161．

[3] 杨强．体育与相关产业融合发展的路径机制与重构模式研究［J］．体育科学，2015，35（7）：3-9，17．

移，加强了行业之间的协作，从而实现了资源的聚集与知识技术的有效利用，最终生成的体育产品或相关服务，可以使企业在市场上的竞争中取得优势。另一方面，企业间的协作则是通过跨行业的多样化来寻求范围经济内的最大收益，创造出新的消费市场，提高企业经济效益，从而加速产业融合发展。例如，上海航空国际旅游（集团）有限公司与中国联合航空有限公司合作，这些企业之间的业务融合通过公司资源的重新整合，形成兼备多项产业的大产业集团。同时，继续拓展成立以体育旅游为主要经营方向的子公司，如国旅联合股份有限公司、湖南体育产业集团有限公司、海航旅游集团有限公司等，从而实现企业间的业务整合，促进体育与旅游产业价值链在市场层面的融合，并成为"体旅文商农"产业融合的典型样板。

5.3.2.2 人才融合

随着科学技术的不断创新、突破和持续发展，各行业之间的交叉与融合对复合型人才的要求逐渐提高。人才融合是一项重要的人力资源开发工作，当"体旅文商农"产业融合面临诸多技术、产品、企业运营的难题时，应该积极引进和培育一支掌握多领域技能、跨学科知识，具备良好沟通写作能力和创新思维，符合"体旅文商农"产业融合发展需求的复合型人才队伍，为行业融合发展提供坚实人才的有力支撑，提升行业融合工作的效率与质量，稳步推动产业健康创新可持续发展。

人才融合需要基于了解体育产业与市场变化的专业人才，并推动其将体育与旅游、文化、商业和农业的经营结合起来，进而胜任以体育为核心的融合产业运作和拓展。通过专业技能的交叉，将体育科学、营销策略和管理技能相结合，为产业的全面发展提供支持；通过数字化与信息技术的应用，结合计算机科学、数据分析等技术帮助产业进行以数据为驱动的决策；传媒领域与体育产业的交叉，创造更具创新性和多样性的体育内容，以满足不同受众的需求；曾经从事旅游资源开发和产品设计的人，也能挖掘体育旅游的行业亮点。目前，体育产业融合业态的创新和转变以非体育行业的专业人才主导，以不同专业的人才融合作为前提，促进体育产业人才的多元化发展，使其能够更加全面地支持体育产业的不断壮大和创新，并服务于产业融合[1]。如上海企徒体育发展有限公司董事长赵超

[1] 杨强. 体育强国发展战略的思考：突破与不足——基于《关于加快发展体育产业的指导意见》的解读[J]. 体育科学, 2010, 30 (9)：12-17.

以"众人出资 1 万元"的众筹理念，于上海成立企徒体育。企徒体育集合国内顶级的社群和企业家人群，打造以"互联网+文化体育旅游+社交"为理念、"众筹+社群+资本运作"为经营模式的户外徒步企业家交流平台和行业领导品牌"千人走戈壁"项目，实现企业"从 0 到 1"的积累与发展。跨界人才进入体育产业，能为体育产业注入新的创意和创新，有助于推动体育产业在赛事、营销等方面取得更多突破和进步，带来知识、资源、技术的融合。同时，跨界人才具有对市场的独特洞察力，能践行观念的创新，有助于制定更具前瞻性的发展战略，这将对"体旅文商农"产业融合发展至关重要。

此外，高校是复合型人才重要的输出端，产业融合突破了单个产业对人才的需求，扩大了高校院所对创新、复合型人才培养的空间。例如，南京体育学院通过整合学校优势资源和学科交叉要素，开展多元融合培养复合型体育类人才的改革探索，全面实现融合育人、全员育人、协同育人和文化育人的目标。将体育学与医学、文学、工学、艺术学等学科资源进行整合重构，打造以体为本、多学科交叉的育人新体系，建立体教、体训、体医、体产、体旅、体艺"6 大融合性"专业群，建成 5 个国家一流专业、14 个省一流专业，同时推进专业、课程、教材、师资深度融合，形成横向联合、纵向贯通的"体育+"知识链[1]。

5.3.3 市场融合

市场是资源配置最有效的形式，是商品交换的空间[2]。市场融合路径是指基于技术融合与业务融合，不同产业之间通过合作、整合或共同开发，共享市场资源、渠道和客户群体的过程。这种融合是"体旅文商农"产业之间建立更紧密联系的一种方式，使得体育企业的发展方向随之改变并创造出符合市场需求的融合型产品，旨在实现互利共赢，创造更大的市场价值。从市场供需角度出发，市场融合可以表现为消费者的需求端整合，供应商在包括供应链整合、产品与服务整合、跨行业合作、市场定位调整和新兴市场开发等方面的供应端整合。消费者需求端融合表现为对体育旅游产品或配套服务的"一站式"消费体验，并随着市场细分领域需求的变化，对更加多元化的产品和服务的需求。供应端的融

[1]杨国庆. 多元融合培养复合应用型体育人才［EB/OL］.（2023-04-04）［2023-07-09］. http://paper. jyb. cn/zgjyb/html/2023-04/04/content_622145. htm?div=-1.
[2]侯平平. 航空和旅游产业融合发展的动因、路径与模式研究［M］. 北京：中国旅游出版社，2023.

合,首先需要从整合供应链上的不同环节,实现"体旅文商农"产品生产、物流和销售等方面的协同,进一步提高供应链的效率。其次,企业通过调整市场定位,拓展业务领域,能更好地适应市场需求的变化,降低对单一市场的依赖。最后,供应端整合的落脚点为产品融合,通过"体旅文商农"业务整合,创造更具综合性和竞争力的解决方案,有助于满足消费者对多样化和一站式服务的需求,最终推出符合市场需求的融合型产品。以需求和产品为主导的市场融合将聚焦于满足不断变化的市场需求和整合多元化产品,关注产品的品质与创新,深度了解和满足消费者需求,将需求与产品紧密结合,更好地满足消费者期望,为"体旅文商农"产业发展获得更大的市场范围,从而实现产业融合的市场目标[1]。

5.3.3.1 需求融合

近几年来,随着全民健身意识的逐步增强和生活品质的提高,以往单一的体育用品购买、观光旅游已无法满足当代人们的需求,多产业融合的综合性服务映入人们眼帘。因此,需求融合指随着物质水平的提高、体育消费内容的增多、消费者需求的升级出现了"体旅文商农"产业的综合型消费需求。

就体育赛事而言,受体育赛事吸引前来的游客除了体验当地的体育赛事活动,还能参与当地的特色活动,与体育赛事形成功能互补的各类博览会、文化节等会展活动能进一步满足参赛者的多样化需求,积极实现以赛促旅、以文促旅,有助于向外界传播当地的体育文化,增强游客黏性,增加当地旅游目的地的知名度和吸引力。2023年第31届世界大学生夏季运动会(以下简称大运会)于成都召开,170个国家和地区的运动员于暑期相聚于成都,国宝熊猫繁育基地的吸引力叠加大运会的热度,成都旅游业由此迎来新一波旺季,据去哪儿大数据显示,截至7月20日,大运会期间成都酒店预订量同比2019年增长2.7倍,大运会期间(7月25日至8月10日)机票预订量同比2019年增长五成[2]。成都在体育消费新场景的基础上,结合天府绿道、城市公园、潮流商圈及大运会新建体育场馆,评出体育消费示范场景100处,吸引大众参加山地户外运动,体育赛事在释放消费潜力中扮演着越发重要的角色。

[1]张广俊,李燕领,邱鹏. 体育产业融合的动因、路径、效应与策略研究 [J]. 武汉体育学院学报,2017,51(8):50-56.

[2]李馨婷. 大运会带火当地旅游:成都变暑期最热门目的地,高星级酒店预订量翻3倍 [EB/OL]. (2023-07-28)[2024-03-29]. https://mp.weixin.qq.com/s/sktgozQ0_6cjCLG505gN7W.

体育赛事、体育文化体验、民俗节庆活动等新型消费场景要求将旅游目的地自然环境、生态环境、体育文化环境与体育旅游目的地建设充分融合，重塑并不断优化体育旅游环境，以吸引更多游客。同时，体育赛事旅游、户外运动参与型旅游、文化体验型旅游既需要工作人员提供配套的优质服务，也需要当地居民积极地响应与参与，以帮助游客能够迅速融入当地环境，参与旅游目的地的生活，将旅游视角由游客转变为当地民众，从而获得更加深刻的旅游体验，带动当地乡村旅游或休闲农业的发展[1][2]。四川省彭州市龙门山镇宝山村以体育旅游为抓手，为满足越来越多的运动观光群体，宝山村大力发展攀岩、登山、山地越野、徒步、溯溪等山地运动项目，实现景观资源与运动产品和项目融合发展，并按高标准建设特色民宿、温泉酒店，建成特色餐厅、旅游厕所等配套设施，运用体育产业带动农业、交通运输业、娱乐业等相关产业发展，以山地运动建设催生文旅产业发展新动能，在满足人们对于复合型体育消费需求的同时，推动"体旅文商农"产业要素集成、功能协作配套[3]。

5.3.3.2 产品融合

"体旅文商农"产业融合的重要环节是实现产品的融合。体育产业和旅游产业都具有一定的服务业属性，这使得两者具有较强的可塑性和与其他产业的叠加性。因此，产品融合指的是体育及有关产业在满足消费者多元化和综合需要的基础上，根据产业特性将体育和旅游、文化产业结合起来，并适当突出农业特点的融合性产品，是通过技术融合、业务融合引起的产品功能的统一。产品融合使得"体旅文商农"产业兼备多产业特性与资源，丰富的资源打造出多样化的产品，助其以强大的竞争力占据更多市场份额。

体育赛事、场馆设施和健身资源与"旅文商农"相关产业资源进行融合，能开发出包括赛事观赏套餐、运动员互动体验、赛后旅游路线等专门的体育旅游产品；通过举办艺术展览、音乐会、文化节等提高体育场馆的利用率；将健身设施与农业资源结合，推动健康农业产品和农业体育旅游项目的开发，如在健身设施周边开发农场或有机农庄，提供新鲜、健康的农产品，在农田中设置趣味性的体育赛事，实现农业与体育的有机融合；此外，利用科技手段将体育资源纳入数

[1]廉涛，黄海燕. 体育赛事举办地居民感知的国内外研究 [J]. 体育文化导刊，2015（5）：76-79.
[2]朱佳滨. 旅游产业与大型体育赛事融合路径优化研究 [J]. 社会科学家，2022（2）：7-14，161.
[3]王珂. "体育+旅游"融合发展加速（消费视窗）[N]. 人民日报，2022-07-13（19）.

字化平台，推动体育产业的数字化转型，推出在线赛事观看、虚拟健身课程、数字化体育赛事门票等产品。这些新型的体育旅游融合产品的开发与生产，将进一步拓展现有产业边界，提高资源利用效率，丰富消费体验。以自然风光、地方文化、人文历史、乡村特色等因素为基础，把民俗文化与人文风情交融于体育赛事和体育旅游中，挖掘其旅游吸引力，系统地开发体育旅游产品。例如，创建国家体育旅游示范区大背景下的贵州体育，已从单纯的竞技赛事和全民健身运动，转变为全域旅游、体育产业融合的助推器。由体旅融合衍生出来的新产品，在"体育+""+体育"的思路引领下，以其迅猛的发展势头拓展服务行业的消费空间。下司古镇是国家4A级旅游景区，拥有"贵州省少数民族传统体育项目——龙舟训练基地""中国西部龙舟城暨贵州省龙舟训练基地""全国少数民族传统体育示范基地"等诸多荣誉[1]，具有"体旅融合践行者"的标签。依托下司古镇旅游资源，凯里市因地制宜推出"舟游贵州—水上运动基地"的体育旅游产品，通过举办水上体育赛事活动，吸引游客参与，推动水上运动旅游的发展。同时，配套良好的基础设施，满足了游客对旅游、健身的多样化需求，生态茶园、红色景点、苗乡侗寨等贵州民族文化与赛事活动资源不断下沉，在当地特色产业、人文地理等各个层面实现产品融合创新，为当地经济、文化和旅游业的发展做出积极贡献[2]。

以文化体验为核心，与体育旅游、赛事节庆相结合，体育旅游产业在自身稳定发展的基础上，从不同角度，打造整体化的体育旅游产品，以加深体育赛事与旅游产业的深度融合，有效带动乡村旅游业、文化创意业的发展与效益提升，打造"体旅文商农"融合产业核心竞争力[3]。

5.3.4 制度融合

制度融合是"体旅文商农"产业融合发展的重要保障，日益激烈的利益竞争使得市场迫切需要政府规制产业的合理发展，政府在规制层面主要包含政策融合与法律融合两方面[4]。产业融合不仅仅是单一部门的工作，还需要融合过程

[1] 陆青剑. 喜迎省运会/探索体育旅游融合发展新路，贵州大力创建全国体育旅游示范区 [EB/OL].
 (2022-08-07) [2023-03-29]. https://www.ddcps.cn/detail/d_wenhua/11515115958811.html.
[2] 贵州省体育局. 体旅融合，新业态新产品助力贵州消费提质扩容 [EB/OL]. (2022-08-15) [2023-11-25]. https://www.sport.gov.cn/n14471/n14495/n14543/c24580589/content.html.
[3] 朱佳滨. 旅游产业与大型体育赛事融合路径优化研究 [J]. 社会科学家，2022 (2)：7-14，161.
[4] 张广俊，李燕领，邱鹏. 体育产业融合的动因、路径、效应与策略研究 [J]. 武汉体育学院学报，2017，51 (8)：50-56.

中每个产业对应部门主体通力合作,因此"体旅文商农"产业融合需要以国家政策为指南,法律法规为保障,推动产业间形成良好的融合效应与驱动合力。

5.3.4.1 政策融合

"体旅文商农"政策融合指的是体育、旅游、文化、商业、农业等多个领域的政策综合融合和协同发展,这种综合性的政策方向旨在促进各个领域之间的互动与合作,实现经济和社会发展的全面提升。"体旅文商农"产业融合是以体育旅游的发展为基点,并结合各地旅游资源、文化特色、商业规模与农村发展情况进行合理的开发与建设,在此过程中,平衡好不同领域之间的利益、构建起多部门合作的机制和手段、开展合理有效的资源配置、促进各方的文化认同与协作意识等问题至关重要,因此体育旅游的发展离不开国家的政策支持及各级政府部门之间政策的一致性与协同性。"体旅文商农"产业融合以体育旅游的发展为基点,结合各地旅游资源、文化特色、商业规模与农村发展情况进行合理的开发建设,因此体育旅游的发展离不开国家及各级政府的政策支持。2014年和2016年,国务院、国家旅游局(现文化和旅游部)、国家体育总局等部门分别针对我国体育产业发展和我国发展体育旅游的重点任务做出了部署和规划。各地也在国家政策的指导下,大力发展体育旅游产业[1]。在国家层面体育、文化和旅游、商务、农业农村等部门的合作指引下,各地区相关部门应立足区域实际,加强沟通与合作、凝聚产业融合共识。由于体育赛事各资产要素与旅游、文化创意、文化体验、户外健身、民俗节庆的要素在融合过程中高度相关,更需要多部门的协同发力。一方面,各部门要做到政策协同,针对各自产业存在的融合短板,出台扶持政策,围绕体育旅游与相关产业共同进行投融资等相关政策支持。另一方面,各地区相关部门要做到规划协同,在进行产业布局之前需要思考"体旅文商农"产业融合发展规划的契合度,产业规划的差异容易导致各自发展的速度产生差异,阻碍产业的融合发展。此外,各部门之间还要做到监管协同,由于产业融合使得市场主体经营行为复杂化,需要各个部门强化对融合过程所涉及的游客服务、产品销售、各种活动的宣传与推广等多个环节的监管,共同约束市场主体行为,形成规范、文明的经营环境[2]。

---

[1] OUTDOORSTAR 户外猩球. 近些年爆火的体育旅游到底是什么? 如何发展体育旅游产业? [EB/OL].(2021-06-01)[2023-11-17]. https://zhuanlan.zhihu.com/p/377044603.
[2] 朱佳滨. 旅游产业与大型体育赛事融合路径优化研究[J]. 社会科学家,2022(2):7-14,161.

5.3.4.2　法律融合

产业融合过程中，法律体系的构建，是融合产业持续成长的基础。针对"体旅文商农"产业的融合，需要对相关法规进行整合与协调，以确保各个法规之间的一致性和协同性；制定跨领域的法律框架，促进不同产业间的合作交流，确保产业在合作中能够公平竞争和共同发展；随着数字化和信息化的发展，需要制定健全的隐私与数据保护法规；建立适应产业融合的金融法律体系，如在融资、投资、并购等方面的法规，以促进产业的资金流动和发展。在融合产业的高速发展中予以支撑力量；此外，在知识产权保护、环境与可持续发展、消费者权益保护和国际法律合作等方面，也需要构建完善的法律体系。综合以上产业融合中面临的问题，建立一个有利于产业融合发展的法律环境，能为我国"体旅文商农"产业的开拓创新打造坚实的基础，促进各产业间的有序合作和共同繁荣[1]。

多元产业融合会给市场秩序带来不稳定因素。例如，加剧不同行业间的竞争，加大产业间的技术与信息不对称，职能部门的监管难度增加等，影响着相关法律制度完善与更新的进程；对"体旅文商农"融合产业与相关部门开展合作的合同规范；在举办体育旅游赛事或民俗节庆过程中，对当地生态及环境保护"红线"的界定等。除了对产品生产与制造业和体育旅游产业结合时的合同问题，在产业融合中，对文化创意类、乡村文化类产品知识产权的保护尤为重要，需要建立健全的知识产权法律体系，包括专利、商标、著作权等，以保护创新成果和技术秘密，鼓励企业进行更多的研发和创新。除此之外，有些具有浓厚地域性特色的地方产业资源容易被冒用，如存在部分景区未经允许就擅自使用附近产业融合所开发的产品，这在一定程度上侵犯了附近景区产业融合的成果，可能给其带来一定的经济和社会效益的损失，同时消费者的权益也可能受损，因此需要建立健全的消费者权益保护法规，防范不当竞争行为，确保消费者和供应商在融合产业中能够享受到公平和安全的服务。这都是在"体旅文商农"产业融合发展过程中出现的新的法律纠纷，亟须有效管理和监管减缓不稳定因素的影响，促进市场的健康有序发展。

---

[1] 杨明勤，陈逸飞. 融合型"旅游+"产业的法制保障困境与制度因应 [J]. 社会科学家，2019（11）：91-96.

6

我国"体旅文商农"产业融合发展的机制创新

本章先从打破技术壁垒、促进产业协同发展，实现多产业融合发展、业务创新，拓宽市场、促进乡村振兴三个方面探讨了我国"体旅文商农"产业融合发展机制创新的必要性，从规制对象、规制方式和规制方向三个方面系统分析了我国"体旅文商农"产业融合发展的规制维度；从技术创新、需求促进、政策激励三个方面探索了我国"体旅文商农"产业融合发展的作用机制；从理念、组织、要素、赛事驱动、场景营城五个方面提出我国"体旅文商农"产业融合发展的创新机制。

6.1 我国"体旅文商农" 产业融合发展机制创新的必要性

6.1.1 我国"体旅文商农" 机制创新是打破技术壁垒、促进产业协同发展的动力来源

全球已进入信息化时代，深刻影响着全球经济发展。"体旅文商农"机制创新在打破技术壁垒，推动产业融合方面有着关键作用。技术的变革为体育、旅游和文化产业注入了新的活力，促使其更好地适应现代社会的需求，如通过虚拟现实技术为观众提供更丰富、更沉浸的数字化体育体验；移动应用、导航技术和社交媒体的广泛使用为游客提供更为个性化和便捷的旅游体验；虚拟导览和在线展览，使文化资源更加广泛地传播；利用大数据分析、了解客户需求、开展市场预测，能为用户提供个性化的服务，体现了信息技术的更新和进步推动着产业更好地适应现代社会的需求。众多技术的日趋成熟和完善、各种新技术被广泛应用，

还进一步推动破除产业间的技术壁垒，如交通技术的进步突破了地域的限制，乡村旅游产品的开发能够引入发达地区的文化成果，少数民族地区民俗体育赛事品牌的打造吸引了四方游客、促进了当地经济发展；视听技术的进步，为旅游产品中体育、文化元素的注入提供了便利。此外，技术融合能反映出产业融合的本质特征，构建新型产业融合机制，是推动产业融合的必然需求，也是促进不同领域的技术和经验交流开展借鉴，最终形成密切合作的重要手段；与此同时，产业融合将会形成更加完整和多元的产业链，创新构建有效的产业融合机制，能促进产业链的延伸和完善，通过实行规范化、科学化目标管理，创造宽松的政策和制度环境，有利于产业间资源的优化配置和协同可持续发展，为"体旅文商农"融合发展带来强劲的动力。

6.1.2 我国"体旅文商农"机制创新是实现多产业融合发展、业务创新的必然选择

传统上，体育、旅游、文化、商业和农业等产业常常被单独看待，各自独立发展。然而，这些行业之间存在着紧密联系和相互依存的关系。通过"体旅文商农"机制创新，可以促进不同产业之间的协同发展，实现资源共享、优势互补，进一步推动整个经济体系的高质量发展。产业融合是产业集成的一种有效形式，有助于体育产业在边缘地带形成新的业态、激发出新的产品，从而推动"体旅文商农"产业迸发出多重效应。"体旅文商农"产业的机制创新是实现其互利共赢的必然选择，也是产业融合发展的最佳路径。具体来说，"体旅文商农"在机制创新的过程中，能够优化生产要素的配置，延长产品的生命周期，解决体育产业产品单一、缺乏复合型人才、制度建设不完善的问题，缓解旅游目的季节性差距、文化产品同质化严重、旅游与地方文化脱节、乡村旅游特色不突出等问题，促进产业发展提质升级，拓展"体旅文商农"产业的内涵与外延。同时，文旅产业作为体育产业、农村产业发展的重要载体，能够促进人们对相关知识的认识和理解，促进一众新型户外运动、休闲健身体育项目的开发与普及；在乡村振兴战略背景下，以机制创新推动产业融合，进而推动"体旅农"田园综合体的完善与发展，二者共同推动产业与升级；促进地方文化的发掘与传承，既实现体育产业的可持续发展和建设美丽乡村的现实目标，又实现文旅产业的保值、增值，为产业的发展提供强大的后劲，从而在极大程度上拓宽了"体旅文商农"产业的发展空间。此外，创新"体旅文商农"机制有助于提升城市和地区的综合竞

争力,通过将体育、旅游、文化、商业和农业等领域进行有机融合,可以打造独特的城市形象和品牌,吸引更多的投资和人才,提升城市的吸引力和竞争力。

6.1.3 我国"体旅文商农"机制创新是拓宽市场、促进乡村振兴的重要保障

推进"体旅文商农"产业机制创新和产业协调发展,是全面贯彻落实新发展理念、加快转变经济发展方式、推动构建新发展格局、促进城乡协调发展的重要保障。同时,体育、旅游、文化、商业和农业都具有强大的连带和渗透作用,其中体育、旅游、文化和农业同为绿色环保型的产业,有助于减少对自然资源的过度消耗,以可持续的方式保护环境,还能减少对生态系统的负面影响,维持生态平衡。此外,绿色环保的属性也提高了企业和社会的环保意识,推动了环境友好型的创新和技术发展,使得具有相同属性的产业形成互补关系,推进产业的协同发展。然而,农业在"体旅文商农"机制中的地位往往被忽视,而农村地区是我国发展的重要组成部分,"体旅文商农"机制创新可以将农业与其他产业结合起来,通过农业旅游、农产品加工和销售等方式,推动农村地区的发展,实现乡村振兴战略的目标。国家提出加快体旅融合、"互联网+"、"乡村振兴"、"全域旅游"等战略,这些战略与体育、文化和旅游产业的特性相互契合,相互促进。通过充分利用互联网和先进技术,鼓励全民参与创业、推动乡村振兴、发展全域旅游,从而推动产业结构升级,促进经济增长和社会进步。"体旅文商农"机制创新,激发了产业活力的同时也为产业创新提供了新方向,不但不会破坏原有产业的发展,而且通过发挥体育旅游、文化旅游、乡村旅游等多种新型产业发展模式的引领作用,可以为原有产业带来强大的生命力,在更大程度上促进既有产业的发展,拓展原有市场。在机制创新的过程中,体育、旅游、文化、商业和农业各自发挥功能,不但能创造巨大的财富,还能增加就业岗位,吸引城乡人力资源的双向流通,促进原有消费场景转型升级。

6.2 我国"体旅文商农"产业融合发展的规制维度

规制是指按照规则进行管制、制约[1]。国内对规制的研究通常是将政府作

---

[1] 植草益. 微观规制经济学 [M]. 朱绍文,等译. 北京:中国发展出版社,1992.

为唯一的规制主体进行研究,随着新的规制实践不断发展,规制主体的职能应涵盖法律法规的制定和执行、市场监管和公平竞争保障、产业引导和激励、市场资源配置、风险管控等方面。其中,规制的核心是规制主体明确产业的经营规则和行为准则,并负责执行和监督,确保市场秩序的健康和有序发展。因此,规制的核心是规制执行部门,而其中政府规制结构是最主要和最重要的规制主体。产业融合作为产业持续发展和经济增长的动力,与社会性规制相比,经济性规制在产业融合过程中发挥着更为重要的作用。经济性规制是指政府或相关机构通过制定一系列的经济手段和政策,对市场经济中的特定行业、企业或经济活动进行引导、监管和调控,以达到维护市场秩序、促进经济健康发展的目的。这种规制主要涉及经济领域的各种方面,包括但不限于价格、财务、竞争、市场准入等方面的调整和管理[1]。

在对"体旅文商农"作用机制的探讨中可知,机制和规制之间存在密切的关系,规制可以影响作用机制并调整其运行和结果,同时作用机制的认识也为规制的制定和实施提供了依据和指导,因此两者相互作用,共同推动"体旅文商农"产业融合的发展和完善。对"体旅文商农"产业融合发展的规制研究主要从规制对象、规制方式、规制方向三个方面开展。

6.2.1 规制对象:供给与需求

由于政府进行经济规制的理论依据是市场失效,从本质上来说,"体旅文商农"规制的对象是市场,包含供给和需求两方面,其中企业是供给方,需要生产融合型产品提供给消费者,以满足其对于体育休闲、户外娱乐、文化体验等方面的复合型消费需求,产业的规制目的就是保护竞争和保护消费者[2],因此政府还通过对市场的规制来实现对供给方和需求方合法权益的保护。

6.2.1.1 市场供给

市场供给是指在一定时间内,生产者愿意并能够提供的一种特定商品或服务的数量。市场供给的关键因素包括生产成本、技术水平、生产者预期和市场价格等[3]。"体旅文商农"产业化发展还在起步阶段,由于市场主体结构复杂,产

[1] 于刃刚. 产业融合论 [M]. 北京:人民教育出版社,2006:33-34.

[2] Krämer J, Wohlfarth M. Market power, regulatory convergence, and the role of data in digital markets [J]. Telecommunications Policy, 2018, 42(2):154-71.

[3] 曼昆. 经济学原理 [M]. 梁小民,梁砾,译. 北京:北京大学出版社,2015.

业规模大小不一，加之各产业间信息的不对称或过度规制现象的存在，使得定价机制、产品质量机制、市场管理机制等方面会存在相应问题，从而导致市场供给在产品价格、质量、服务水平等方面出现短板。

在产品定价方面，以黑龙江冰雪体育旅游为例，其以冰雪体育旅游为主线，以北大壶滑雪场、万科松花湖滑雪场为龙头，将滑雪健身、民俗体验、文化娱乐、乡村旅游等活动融入冰雪体育中，产业规模经济成效显著。冰雪体育旅游产品的差异化是决定其产品供给者定价的主要影响因素[1]，但冰雪体育旅游的定价机制中，由于消费者对冰雪体育旅游行业认识较少，未能通过产品介绍全面了解相应产品特征，其相应产品的价格定价模糊，并且会给消费者带来旅行过程中含有"隐性消费"的误解，难以满足消费者的心理预期。在"体旅文商农"产业融合发展过程中，通过吸引多元化的投资主体、有效的政策引导，进一步丰富产业的产品供给，推动供给侧改革，充分形成市场竞争机制，才能吸引潜在的消费者。

6.2.1.2 市场需求

市场需求是指一定的顾客在一定的地区、一定的时间、一定的市场营销环境和一定的市场营销计划下对某种商品或服务愿意而且能够购买的数量[2]。市场需求体现的是消费者需求的总和，消费是最终需求，是经济增长的持久动力。近年来，由于我国经济转型和国际关系变化，消费对于我国经济发展的基础性作用愈加凸显。"体旅文商农"产业融合发展最终的产出结果是具有多重产业特征的服务型产品，消费者更注重通过亲身体验来实现消费，因此对"体旅文商农"融合产业而言，生产与消费在时间上具有同步性。

2023年我国体育消费规模约1.5万亿元，预计2025年将增长至2.8万亿元。对于城市而言体育消费也不可或缺，2020年深圳人均社会消费品零售额为4.93万元，而人均体育消费达3175元，对城市消费发展具有明显的支撑作用[3]。体育文化消费指包括体育新闻、体育电影、体育综艺等衍生传媒节目和以电竞为主的数字商品两类，对于Z世代消费者来说，衍生文化产品的吸引力正在逐渐赶超传统

[1] 张瑞林，李凌，车雯. 冰雪体育旅游消费决策影响因素的质性研究 [J]. 体育学刊，2017，24 (6)：54-60.
[2] 曼昆. 经济学原理 [M]. 梁小民，梁砾，译. 北京：北京大学出版社，2015.
[3] 清华五道口体育金融研究中心. 中国城市体育消费报告 [R/OL]. (2022-03-19) [2023-01-15]. https://baijiahao.baidu.com/s?id=1727692520042810418&wfr=spider&for=pc.

赛事。以腾讯体育打造的超级企鹅足球名人赛为例，2018年该商业足球赛吸引了2万多名球迷、粉丝到场观赛，在线观看人数高达1500万，堪比热门传统赛事。

"体旅文商农"产业融合消费决策的影响因素非常重要，对于消费者来说只有充分形成市场竞争机制，才能形成有效的产品供给，"体旅文商农"的产业化发展是在市场对其资源进行有效配置的过程中，推动体育旅游、文化体验、民俗节庆和乡村资源的开发和利用，顺应市场消费升级的趋势，加快完善促进消费体制机制并进一步改善消费环境。

6.2.2　规制方式：直接与间接

按照规制方式的不同，规制手段可以分为直接规制和间接规制，政府既可以通过对资源配置和市场发展态势进行直接干预，也可以利用间接手段诱导产业促进融合发展。合理的规制方式有利于优化"体旅文商农"产业资源配置，提升企业内部生产效率，促进融合型产品经济效益和社会效益的协调统一。

6.2.2.1　直接规制

政府的直接规制是指政府通过法律、法规、政策等手段，直接对市场经济中的特定行业、企业或经济活动进行明确的管理和控制。这种规制方式涉及政府对经济主体的直接指导和监督，以实现特定的经济、社会或环境目标，如政府可以通过许可证制、审批制、制定规划、投资经营等方式直接干预产业融合过程中的资源分配和运行进程[1]。

在"体旅文商农"产业融合过程中，各产业的协调发展与合作有助于降低产业边界消除的成本，促进旅游资源、体育场馆和配套设施之间的通用性[2]，同时在新产品生产和新业态形成的过程中建立并逐步完善符合"体旅文商农"的市场监管体系，以此发挥所涉及的单项产业专业监管与一般监管的资源配置作用。结合之前我国出台多项政策推动体育旅游产业的发展，促进体育产业高质量发展，通过充分挖掘和发挥各地区丰富的体育旅游资源优势，打造了一批体育旅游精品景区、线路、赛事等，以促进"体旅文商农"产业融合发展，推动"十四

[1] 张忠军. 经济法学 [M]. 北京：中国城市出版社，2004.
[2] 黄益军，吕振奎. 文旅教体融合：内在机理、运行机制与实现路径 [J]. 图书与情报，2019 (4)：44-52.

五"时期体育产业的高质量发展，提高体育公共服务水平和体育消费品质[1]。例如，苏州金鸡湖端午龙舟赛事入选"2022 中国体育旅游十佳精品项目"，该赛事秉持传承创新融合理念，依托金鸡湖水资源优势，促进传统文化与水上运动的多元融合，通过策划文化和自然遗产日市集，融合舞龙、舞狮等民间传统元素，不断增强体育、旅游、文化的交流与商业融合发展，成为"体旅文商"产业深度融合的典范。此外，"体旅文商农"产业发展需要加强与金融机构的协调合作，加大对产业融合重点项目的支持，并积极引导社会资本以投资、参股、并购等方式参与项目的开发与建设[2]。

因此，通过政府及各行政部门之间的合作，进一步发挥好政府引导、规范、服务"体旅文商农"产业发展职能，将推动"体旅文商农"产业融合高质量发展纳入体育及相关产业发展规划，充分利用地区体育设施、旅游资源、文化底蕴和乡村特色，积极培育嵌合体育旅游内容的产业载体，丰富融合产品供给，优化融合产业发展环境，从而激发"体旅文商农"市场活力。

6.2.2.2 间接规制

间接规制是指通过一些非直接干预市场的手段，影响市场经济中的行为和结果。这种规制方式通过改变市场参与者的激励、信息环境或市场结构，间接引导经济活动[3]，通常是通过调整利率和货币供应、调整税收和支出、制定法律法规、控制货品供应量和信贷政策、要求信息披露等方式间接诱导产业融合。

在信息服务方面，构建"体旅文商农"各产业信息收集与流转渠道，注重体育市场的信息提供，引导市场主体积极与体育、旅游等相关部门沟通，加强相关部门对市场信息的知晓程度，进而破解双向信息不对称的弊病。同时，以各级政府、行政机关的政务服务平台为信息流转枢纽，推动信息收集和反馈常态化机制的形成，从而为实现大数据监管提供保障[4][5]。例如，中国旅游研究院和

[1] 北京市体育局. 2021 中国体育旅游精品项目——十佳赛事（北京）[EB/OL].（2021-12-07）[2023-11-05]. https://www.sport.gov.cn/n14471/n14472/n14509/c23795752/content.html.

[2] 国家旅游局. 到 2020 年推出 100 项体育旅游精品赛事 [EB/OL].（2016-12-22）[2023-11-06]. https://www.thepaper.cn/newsDetail_forward_1585646.

[3] 张占江. 行政性垄断的反垄断法规制架构重构 [J]. 华东政法大学学报，2015，18（4）：40-48.

[4] 北京大学课题组，黄璜. 平台驱动的数字政府：能力、转型与现代化 [J]. 电子政务，2020（7）：2-30.

[5] 曾理，王跃，吴婷，等. 基于数字技术的上海市体育市场事中事后全息型监管体系 [J]. 体育科研，2021，42（4）：60-67.

马蜂窝旅游联合发布《中国体育旅游消费大数据报告（2021）》，该报告结合中国旅游研究院大数据调查平台，解析了我国体育旅游消费和目的地状况，并提出要夯实体育旅游市场基础，培育体育旅游新消费、创新体育旅游产品和服务的供给方式，提高体育旅游业的现代化水平，完善体育旅游产业链体系和产业现代化程度、注重大众户外体育休闲旅游与事件体育旅游协同推进等多条发展对策，为体育和旅游产业的融合发展提供信息参考。

在税收减免方面，数据显示 2021 年全国累计新增减税降费约 1.1 万亿元，减轻市场主体负担的同时能为国民经济持续稳定恢复提供有力支持，2022 年减税降费一系列措施进一步激发我国市场主体活力，增强实体经济韧性，预计退税、减税约 2.5 万亿元[1]。各地为了助力体育企业纾困解难，全国各地出台了多项税费减免政策。例如，上海市体育局发布《关于支持体育企业抗击疫情加快恢复发展的实施细则》（沪体规〔2022〕63 号）提出，减免承租公共体育场馆租金；2022 年《文化和旅游部办公厅关于抓好促进旅游业恢复发展纾困扶持政策贯彻落实工作的通知》（办产业发〔2022〕55 号）提到，做好普惠性减税降费政策在旅游业领域的落地服务。一系列的政策提出如减免租金、给予困难企业资金补贴、发放物资补贴，以及完善普惠性减税降费政策等办法，极大舒缓旅游企业的经济压力。

6.2.3　规制方向：激励与约束

在"体旅文商农"产业融合中，政府规制方向由激励性规制和约束性规制构成，政府通过给予体育、旅游等其他竞争压力和提高企业合作效率等正向诱因，推动体育旅游市场发挥主体积极性，带动文化创意、乡村振兴的发展，促进业态融合创新；同时也可以建立自我约束机制，从行业规范和法规、营业许可和相关管理规定的制定，合理宣传和广告管理，对同质化产品、落后技术、消费者的非理性消费等进行反向约束，实现体育旅游产业的发展和社会利益的平衡，确保其合法、安全、可持续地发展[2][3]。

[1] 王观，葛超. 减税降费力度大 市场主体活力足［N］. 人民日报，2022-04-13（1）.

[2] 鲁志琴，陈林祥，沈玲丽. 我国"体旅文商农"产业融合发展的内在逻辑、作用机制与优化路径［J］. 中国体育科技，2022，58（6）：81-87.

[3] 黄益军，吕振奎. 文旅教体融合：内在机理、运行机制与实现路径［J］. 图书与情报，2019（4）：44-52.

6.2.3.1 正向激励

规制机构与被规制的企业之间存在信息的不对称性，两者行为目标也存在一定差异，因此造成了规制机构的监管滞后、监管成本增加，企业违规行为难以监测造成不正当竞争，市场缺乏足够的透明度、损害市场的公平等问题[1]。一些自然垄断行业（如电信产品、铁路服务和航空服务等）与"体旅文商农"产业链上下游有着密切关联，对于这类行业的激励性规制就是通过设定正面诱因或惩罚机制来激励被规制方（通常是企业或组织）采取特定的行为或达到特定的目标。这种规制方式的目的是通过正向或负向的激励手段，促使被规制方自愿地遵守规定，达到规制的目标[2]。

"体旅文商农"涉及产业的供应者较为复杂，既有体育、旅游行业的公司或企业，还有专门为体育旅游产业提供服务的相关部门，并且由于我国"体旅文商农"产业发展整体呈现出规模经济不明显、政府管制较松等态势，需要对形式较为单一的乡村旅游、研学旅游等潜在的竞争行业的优势加以吸收，以产业间的合理竞争促进高效发展。政府通过提供财政资金支持用于体育旅游服务品牌的推广和市场营销活动，支持"体旅文商农"相关行业和企业开展品牌建设工作；推出税收优惠政策，减轻体育旅游服务行业企业的税收负担；提供研发资金和技术支持，鼓励企业在体育旅游服务领域进行创新。与此同时，进一步搭建体育旅游服务行业的合作与交流平台，共同推动品牌建设。政府在加大对融合产品、区域特色品牌知识产权的保护力度，制定和完善相关法律法规，为积极支持"体旅文商农"产业创造激励机制，推动行业的可持续发展创造良好的市场环境[3]。此外，激励性规制能够推动企业在技术创新方面给予更多投入，顺应智慧化、数字化的产业发展趋势，智慧化的产业不仅能提供旅游网络平台，更能作为产业的实体内容，通过借助互联网、物联网和全球定位系统（GPS）在网络空间中感知体育休闲、文化体验、商业购物、民俗风情的乐趣，从而在虚拟空间中形成体验式

---

[1] 曲振涛. 规制经济学 [M]. 上海：复旦大学出版社，2006.

[2] 植草益. 微观规制经济学 [M]. 朱绍文，胡欣欣，等译. 北京：中国发展出版社，1992：145，163.

[3] 文化和旅游部. 文化和旅游部关于加强旅游服务质量监管提升旅游服务质量的指导意见 [EB/OL]. (2021−07−30) [2023−11−12]. https://www.gov.cn/zhengce/zhengceku/2021−05/22/content_5610396. htm.

的"体旅文商农"业态模式[1]。

6.2.3.2 反向约束

反向约束通常指的是企业在其运营和决策过程中所面临的来自市场、消费者、竞争对手，以及其他外部因素的制约和影响。这种约束是相对于政府或法规等外部强制性规定而言的，更强调市场机制和外部环境对企业行为的影响。约束机制可以细分为外部约束与内部约束，外部约束即市场约束，主要体现在供给、需求、法律和行政方面的约束，其中需求约束是最主要的。内部约束则指企业内部存在的各种限制、约束或约束性因素，这些因素可能影响企业的运营、发展和决策过程，包括组织结构与企业文化、管理体系与决策机制、业务流程与规章制度、技术与设备、人才组织管理能力等。对"体旅文商农"产业而言，所涉及的体育、旅游、文化等企业生产活动的正常开展就需要在市场上获得足够的生产资料（如产品原料、生产设备、土地、场馆设施、旅游景区等），聘用具有专业技能的体育人才、旅游人才和销售人才，以及具有一定市场经验的管理人员，通过认真研判市场发展态势与产业发展规模，作出正确合理的经营决策，进而规制相关企业的行为。

对于"体旅文商农"产业所涉及企业而言，主要从创新融合产品、淘汰落后技术、限制群众的非理性消费进行自我约束。首先，在创新融合产品方面，体育旅游精品项目的发布，反映出体育旅游侧重在提供独特化、特色化的产品，注重特定的体育活动与文化体验、地理环境的交融。同时，体育旅游精品项目通常体现出高质量的服务，如将体育和当地文化融合，为游客提供更为丰富和深刻的文化体验，通过一系列环保措施，支持当地发展，进而在旅游活动中实现经济、社会和环境的平衡（表6-1），推动城市与农村"体旅文商农"业态的协调发展。目前融合型产品已经涵盖水上运动、户外运动等体育项目及景区，体育旅游综合体、文化体验线路、研学体验路线、郑州国际少林武术节等。其次，在淘汰落后技术方面，通过推动产业技术的更迭与创新，引导企业采用更先进、高效的技术，如促进企业线上、线下融合，推动企业数字化发展和现代化信息技术在产业服务中的应用；制定与"体旅文商农"融合产业相关的技术和质量标准，促

---

[1] 李保玉. 波特"五力模型"视角下云南体育旅游产业的竞争态势分析 [J]. 曲靖师范学院学报，2020，39（2）：56-62.

使企业使用的新技术符合标准要求；提供技术培训，使从业人员掌握先进技术，具备适应新技术的能力，进而提升旅游服务效能，增强旅游服务体验[1]。在数字技术的推动下，体育不断向旅游、娱乐、文化体验等场景拓展，体育旅游的跨场景数字化应用已成为产业高质量发展的重要方向，数字技术与"体旅文商农"的深度融合，进一步推动消费市场潜在优势加速实现[2]。最后，在限制群众非理性消费方面，随着我国体育旅游消费走向大众化，户外运动、休闲健身等已成为现代社交新手段，随之而来的"炫耀性"消费对产业具有一定的带动作用，具有较大的经济价值，但会导致对社会和谐和价值的负面影响和某些产业的消亡，因此，通过提高参与消费的门槛，规范相关活动消费前的培训，融入更多当地特色与文化元素，增强消费者对合理消费认知，杜绝消费者"走马观花"、体验与消费"两张皮"的现象发生。

表 6-1　2020—2023 年连续入选体育旅游精品项目

序号	地区	体育旅游精品项目
1	上海	碧海金沙
2	上海	东方绿舟
3	海南	海口观澜湖旅游度假区
4	湖北	神农架野人五项户外体验线路
5	安徽	徽杭古道
6	上海	上海劳力士大师赛
7	河南	郑州国际少林武术节
8	甘肃	中国·张掖祁连山国际超百公里山地户外运动挑战赛
9	青海	环青海湖国际公路自行车赛

6.3　我国"体旅文商农"产业融合发展的作用机制

"体旅文商农"产业融合发展是指为促使不同产业之间进行融合，建立满足

---

[1] 伍策，元月. 中国积极推动体育旅游发展 体育旅游业态不断丰富 [EB/OL]. (2021-02-26) [2023-12-03]. http://travel.china.com.cn/txt/2021/02/26/content_77252792.html.

[2] 朱露露，王翰. 数字体育大有可为（体坛走笔）[N]. 人民日报海外版，2022-11-16 (9).

市场需求并推动产业发展的作用机制。这一机制通常涉及多方面的要素，其主要目标是促使不同领域的产业协同合作，共同创造更有市场竞争力的产品或服务。

6.3.1 企业技术创新机制

技术融合是产业融合的基础，能为"体旅文商农"产业融合发展提供多方面的支持和推动。在企业技术创新的过程中，政府主要通过鼓励技术促进消费转型升级、提升产品和服务质量、淘汰过时落后技术等手段推动"体旅文商农"产业融合（图6-1）。

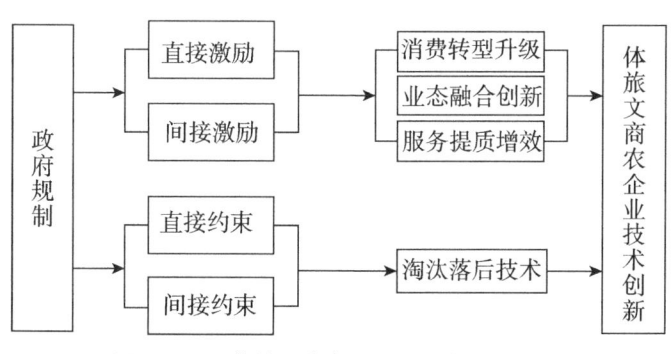

图 6-1　"体旅文商农"企业技术创新机制

6.3.1.1 鼓励技术赋能产业

政府可以通过强化政策直接扶持、鼓励企业参与技术创新，推动新型技术的应用和推广，从而赋予产业发展最根本的活力来源。随着经济的持续增长和人民收入水平的提高，大众消费需求呈明显升级趋势，我国也出台了相应政策，为产业的发展提供了更多创新和服务的机会，2018年3月《国务院办公厅关于促进全域旅游发展的指导意见》（国办发〔2018〕15号）提到充分利用科技工程、科普场馆、科研设施等发展科技旅游；2020年《关于促进消费扩容提质加快形成强大国内市场的实施意见》（发改就业〔2020〕293号）明确部署，完善"互联网+"消费生态体系，鼓励建设"智慧商店""智慧街区""智慧商圈"，促进线上与线下互动、商旅文件协同。2021年国家发改委、体育总局等部门相继出台一系列完善健身设施建设，充分利用高新技术推动体育产业发展的方案与政策，都提到对新技术在体育领域创新运用的支持与鼓励[1]。这些变化深刻地影响着"体旅文商农"产业未来发生的走向。随着产业智慧化程度的提高,体育旅游也逐渐释放出体育服务和体育消费的新模式、新动能。张家口市推出"乐冰雪"App,将不同的冰雪运动项目和产品服务融为一体,兼具门票购买、雪场娱乐、冰雪文化学习园地等商业、旅游、文化产业功能属性,完全做到一站式购买和体验服务,实现旅游服务的提质增效,在切实降低群众参与冰雪运动的消费成本的同时,还能拉动相关产业的经济增长[2]。

6.3.1.2 研制新型技术标准

在研制新型技术标准方面,国家体育总局印发的《"十四五"体育发展规划》(体发〔2021〕2号)提出,探索建立更加高效的体育标准化建设工作机制。这一政策指示加快了高等院校、知名企业等发挥技术创新的主体作用力度的进程,各主体应通过建设高水平体育产业学院、国家体育产业创新试验区和国家级体育产业协同创新中心,大力实现"体旅文商农"产业内密切相关的科研机构、知识产权服务机构的联动与要素创新;在企业和高校、科研院所与标准研制机构之间建立合作机制,成立联合的研究团队,相关的研究人员提供领域内最新研究成果、专家参与标准的制定过程、以先进的实验室设备用于技术验证等方面,以新型技术的更新淘汰落后技术优化生产方式从而间接促进"体旅文商农"技术创新,有助于提高标准的科学性,确保标准符合行业和技术发展的实际需求。从市场调研与趋势分析、技术前瞻与策略规划、跨界合作与创新等方面,把握我国"体旅文商农"发展的趋势,进而实现技术创新和应用的有机结合,推动行业的持续健康发展,并充分发挥融合技术带来的竞争优势。

此外,政府部门、企业及各大高校、科研院所的公共数据中心能为制定新型技术提供数据支撑。例如,在上海成立的体育旅游与文化大数据研究中心,通过大数据技术的运用,促进了体育旅游与文化产业的技术创新;提高了相关领域决策和管理的科学性,通过大数据分析为决策提供更多有力支持;通过研究成果的社会服务,为政府、企业和社会提供了相关领域的专业咨询和解决方案。成都通

〔1〕李远方. 政策助力 体育消费显露巨大发展潜力 [EB/OL]. (2021-12-03) [2023-03-29]. https://mP. weixin. qq. com/s/j-MKc_dAiTP-2IXAGPjTXg.

〔2〕王辉. 科技赋能 体育产业高质量发展 [EB/OL]. (2021-12-16) [2023-03-29]. https://www. sport. gov. cn/n20001280/n200667t80/n20067635/c23829170/content. html.

过"智慧绿道"项目，依托绿道体系布局培育乡村旅游、体育健身、文化展示等特色产业，植入文旅体设施 2525 个，其中，文化设施 641 个，旅游设施 580 个，体育设施 1223 个、科技展示应用设施 81 个，涵盖"体旅文商农"所涉及的五大产业[1]。

6.3.2 市场需求促进机制

从市场需求来看，通过对市场趋势和消费者行为的深入分析，指导产业融合方向，确保投入的项目更符合市场的实际需求。"体旅文商农"产业融合中建立市场需求促进机制，旨在顺应当前消费者的需求高级化、产品复合化、场景数字化的倾向，表现为制定政策激励、制度创新和加强市场监督三方面，同时避免群众的非理性消费，进而提高整体经济效益，并推动相关产业的健康发展，促进市场消费升级（图6-2）。消费需求高级化指的是随着消费能力和客观条件的改善，消费者会寻求更高层次的消费并且更加注重心理上的满足；消费产品复合化是指融合产业为了打造核心吸引物、提升产品竞争力，在业态形成和产品设计的过程中，充分吸收"体旅文商农"产业优势，使其兼有产业内涵与满足消费体验的复合特性；消费场景数字化是指在数字技术、互联网平台等数字经济的持续作用下，"体旅文商农"产业内部要素随之更新迭代，以扩大市场经济为导向，促进数字技术与"体旅文商农"新型消费场景深度融合，从而催生出数字化消费新场景。

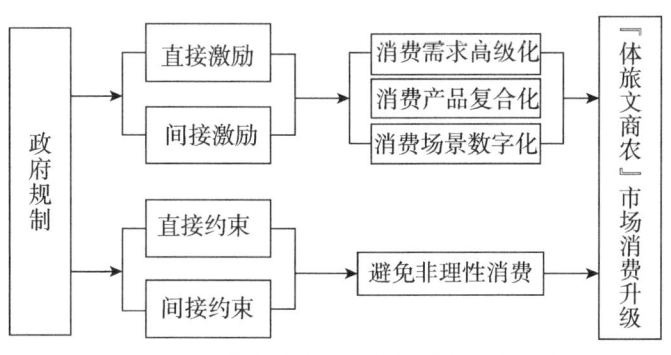

图6-2　"体旅文商农"市场需求促进机制

---

[1] 成都发展改革. 以"绿道+"模式推进 天府绿道生态价值创造性转化 [EB/OL]. (2020 - 05 - 29) [2023 - 11 - 23]. https://zhuanlan. zhihu. com/p/144476054.

6.3.2.1 制定激励政策直接刺激"体旅文商农"消费升级

政府通过制定激励政策直接刺激"体旅文商农"所涉及的各个产业及其对应企业要通过创新理念、改进技术水平和提升服务质量，促进消费需求升级，从个性化、多样化、细分化消费市场出发，拉动群众的消费需求。

随着乡村旅游业态逐渐多样化，中国乡村旅游进入了新时代，通过对中国乡村旅游的重要因素进行分析，发现自然环境、民俗特色和地方美食占比分别为65.5%、56.7%和56.6%[1]，这背后也反映出在人们消费需求的改变下，乡村旅游不断升级，逐渐呈现出产品复合化、内容创意化和发展精致化的趋势。在乡村振兴的背景下，2016年国家首次提出"田园综合体"的概念，通过建设现代农业产业园、大力发展乡村旅游休闲产业、培育宜居特色村镇等手段，实现农村产业与体育、旅游、文化、商业的融合发展，让农民充分参与并从中受益。相关文件要求通过推动线上与线下有机融合、推动服务业的深度融合、加强线上渠道的数字化营销，加快新型消费基础设施、提升消费基础设施的数字化水平，服务保障能力建设、满足消费者多样化需求，支持新兴消费业态、优化城市规划[2]，同时培育各类消费新业态，鼓励发展智慧旅游、更新应用场景、优化各类便民设施在城乡商业网点中的布局，与"体旅文商农"中所涉及的城市与乡村协调发展、促进乡村体育、乡村旅游等方面的发展又起着重要的政策支持与保障作用。此外，国务院、商务部等联合出台完善促进消费机制的相关文件，通过精准划分细分市场、鼓励企业创新，利用互联网技术搭建和完善农村电子商务平台，使农产品能通过在线渠道销售；利用大数据分析技术收集并分析农产品的产销数据、市场需求等信息，为农民提供科学决策支持；构建智能物流系统，优化农产品的运输、仓储和配送等，将助推消费新模式快速形成，推动农村消费升级，提高产业经济效应，其涉及领域与"体旅文商农"产业紧密相关。

6.3.2.2 创新制度设计间接刺激"体旅文商农"消费升级

创新属于系统工程，制度创新只有与其他方面的创新协同作用，才能带动产

[1] 艾媒咨询.2023—2024年中国乡村旅游发展现状及旅游用户分析报告［EB/OL］.（2023-05-12）［2023-07-18］.https://www.163.com/dy/article/I4HKNFT20511A1Q1.html.

[2] 王蕴.补齐新型消费发展短板 增强经济发展新动能［EB/OL］.（2020-10-21）［2023-03-29］.https://www.cecn/xwzx/gnsz/gdxn/202010/21/t20201021_35913960.shtml.

业持续发展。政府通过更新产业融合模式、设计新型融合产业生态系统、引导文化消费、提供个性化定制服务等方式，探索"体旅文商农"融合产业制度的设计，并从激发市场消费需求升级方面，推动产业向更高水平发展，在推进"体旅文商农"产业重点领域和关键技术环节改革方面，从产业发展的全链条、企业发展的全生命周期来创新制度，加强"体旅文商农"各产业内部制度创新充分联动，进而放大制度创新的综合效应，推动形成更高层次的消费格局。

从 2017 年以来，全国各地纷纷通过发掘地方特色和资源优势，开展品牌建设和市场推广，从提高社会福利水平、强化居民健康保障、提供更多教育培训的机会、加强社会文化建设、优化住房保障体系和新型农村合作医疗等社会福利保障制度的优化创新来推动群众消费升级。全国各地政府也印发相关文件指出推动旅游休闲消费、文体消费、康养消费、特色农产品消费等特色消费市场的进一步体质扩容，打破消费制度障碍进一步创新文化娱乐体育供给制度和优化促进居民消费的配套保障制度。例如，山东为大力促进体育消费，优化体育营商环境，建立起多部门的体育活动服务机制和例会机制，协调各类体育资源，推动户外健身休闲基地建设，促进经营主体多元化发展，同时打造一批能带动乡村旅游发展的品牌体育赛事。海南省以创新政策制度为核心，充分发挥自身生态环境、经济特区、少数民族文化等资源优势，协调体育、旅游、进口商贸等产业的发展，推动开放化、生态化、国际化、特色化的旅游市场发展。

6.3.2.3 加强市场监督遏制扰乱消费市场秩序的不良行为

国务院印发的《"十四五"市场监管现代化规划》（国发〔2021〕30 号）提出，创新和完善市场监管，推进市场监管现代化，是建立统一开放竞争有序的现代市场体系的客观需要，是完善社会主义市场经济体制的内在要求。为了维护良好的市场秩序，保护消费者的合法权益，促进经济的健康发展，政府要从建设完善的法律法规体系、加强执法力度、建设信息化监管系统和定期开展市场检查等方面，有效加强市场监督，为产业融合所涉及的各要素协同发展带来促进作用。

首先，通过监管效能的提升，实现对垄断竞争行为的遏制，保护消费者权益、提高消费者信心，并且能有助于反垄断行为和不正当竞争，维护市场的公平竞争环境，促进市场行为更加透明，减少信息不对称，同时健全公平审查制度，对"体旅文商农"重点行业的市场竞争状况，以及其收费、交易等行为进行科学的监管。其次，进一步明确市场主体责任，消费者、投资者和其他市场参与者能更清晰地了解企业的经营行为和社会责任，并有助于企业建立更完善的内部管理体系，提高企业管理水平和运营效率，同时还能建立起消费者对企业的信任。最后，完善线上市场监管，能够为电子商务创新提供更加有序的环境，减少跨境交易风险，更好地应对新型市场的挑战；此外，通过对不正当竞争行为进行明确定义，明确违法标准，建立高效投诉举报渠道和行政处理机制，利用先进的技术手段提高识别和监测效果，及时查处相关违法行为，从而促进数字经济的健康有序发展[1]。

6.3.3 产业政策激励机制

政策激励是指政府通过制定和实施一系列政策，以鼓励或促进"体旅文商农"相关企业和组织机构进行引导和鼓励，打破各个产业之间的壁垒，促进资源共享和互通[2]。激励政策可能包括财政支持、税收优惠等措施，吸引更多投资进入"体旅文商农"融合发展的领域，推动相关产业的健康发展。此外，政策激励能有助于推动跨行业间的创新合作，促使产业间形成良性互动，共同推动整个产业链的协同发展。产业政策激励机制促进"体旅文商农"产业融合发展主要表现在业态融合创新、资产通用性增强和产业环境优化三个方面（图6-3）。

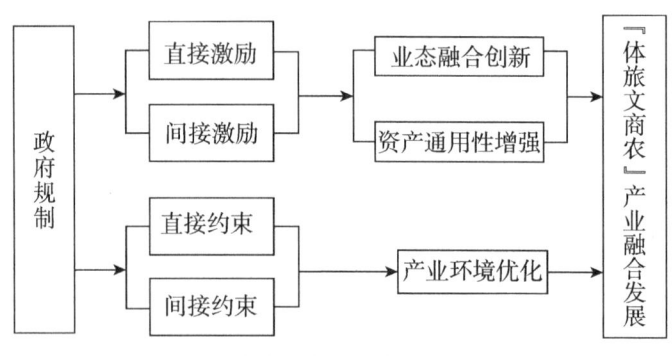

图6-3　"体旅文商农"产业政策激励机制

［1］章政．加强市场秩序综合治理营造公平竞争市场环境［EB/OL］．（2022-02-16）［2023-12-03］．http://finance.people.com.cn/n1/2022/0216/c1004-32353463.html.

［2］鲁志琴，陈林祥，沈玲丽．我国"体旅文商农"产业融合发展的内在逻辑、作用机制与优化路径［J］．中国体育科技，2022，58（6）：81-87.

6.3.3.1 促进业态融合创新

在"体旅文商农"市场化进程中,政府各部门协同调控与市场治理可以通过制定相关政策和规划,引导不同领域产业相互融合,同时保障公平竞争、规范市场秩序,将有助于"体旅文商农"从传统的边界分明逐渐演变为多尺度融合的创新业态。因此,制定产业激励政策、促进业态转型升级是政府常用的做法[1]。国家从产业发展、财政支持、科技创新、国际合作、法律体系建设等方面相继出台了一系列鼓励性质的规划和意见,为"体旅文商农"产业融合提供更加有力的支持[2];而在"十四五"时期,产业融合发展则要抓住"联城带乡"的鲜明特质,促进"体旅文商农"融合发展,全面推进乡村振兴和城乡协调发展。例如,陕西宝鸡市文化和旅游局在《推进文旅商体融合发展行动方案》明确提出,促进体育与文化、旅游、康养、科技、教育、农业、金融等产业融合发展。该政策为以拓展体育业态融合链条的举措来创新产业发展模式,助力城市社会经济高质量提供活力。此外,在各项政策措施中,减免税收、设立专项融资机构、简化土地审批程序等优惠政策,不仅能降低企业负担、支持产业融合发展中的融资需求、提供相对便利和优惠的土地政策,为产业融合发展创造有利的条件和提供相应的保障,还能进一步推动相关产业的蓬勃发展[3]。

6.3.3.2 增强资产通用性

国家通过增强资产通用性,促进特定的产业资源在不同领域或行业中更广泛地应用和共享,也是推动"体旅文商农"产业融合的方式之一。如教育、文化、体育和商贸等领域的资源可以更充分地参与到旅游产业中,为游客提供更丰富多样的体验,同时也推动了相关产业的发展和创新。这种资源的综合利用既可以提升旅游业的吸引力,也有助于各个领域产业水平的提升,实现多产业的协同发展[4];《全民健身计划(2016—2020年)》(国发〔2016〕37号)提出,确保

[1]周春波. 文化与旅游产业融合动力机制与协同效应 [J]. 社会科学家, 2018 (2): 99-103.

[2]黄益军,吕振奎. 文旅教体融合:内在机理、运行机制与实现路径 [J]. 图书与情报, 2019 (4): 44-52.

[3]黄益军,吕振奎. 文旅教体融合:内在机理、运行机制与实现路径 [J]. 图书与情报, 2019 (4): 44-52.

[4]宝鸡市文化和旅游局. 推进文旅商体融合发展行动方案 [EB/OL]. (2022-11-23) [2023-12-12]. http://whhlyj.baoji.gov.cn/art/2022/11/23/art_13221_157114.html.

公共体育场地设施和符合开放条件的企事业单位、学校体育场地设施向社会开放。同时，也促进了体育产业与社会其他领域的融合，实现了资源的多方共赢。开展体育运动、教学活动和文化传播的场所与人文资产不仅应在各自领域发挥作用，更应该充分挖掘其能促进"体旅文商"利用的资产通用性，在立足各自职能的基础上，通过资源整合、要素聚合、项目结合，推动"体旅文商"实现业态、产品、市场和服务的融合，全面促进"体旅文商"融合由产品裂变向产业融合聚变转型升级。此外，要把产业融合发展作为实现乡村振兴的有效途径，进一步实现"体旅文商农"资源互推与信息共享，如通过强调可持续农业、生态农业等合理的农业发展，引领农业实现生态效益和经济效益的双赢；通过强调创新和价值创造，推动乡村商业模式创新、提升乡村产业服务水平，进而增强乡村产业的核心竞争力；通过乡村文化、少数民族文化的注入，丰富产业的内涵，延伸产业融合中的文化内涵；通过打造特色小镇、产业功能区、沉浸式或体验型的多元场景，发挥旅游聚人引流的优势。另外，打造各类体育品牌活动、体育赛事，吸引更多游客参与其中，有助于满足大众对健康生活的新需求。

6.3.3.3 优化产业发展环境

"体旅文商农"产业的可持续发展将受到所在地区和国家各种内外部条件和因素的影响，需要从健全政策支持、推动技术创新与应用、加快市场拓展与品牌、人才培养与引进等方面优化产业发展环境。从政策方面来看，全国各省"十四五"体育和旅游产业发展规划中都提到要充分发挥体旅、文旅及多产业的融合发展，通过推动体育赛事、民俗节庆、体育培训等项目与旅游目的地建设有机结合，打造一批具有体育特色的旅游产品和精品项目，丰富游客的旅游体验，促进多产业消费的增长。贵州榕江县以传统民俗节日"吃新节"为契机，结合当地"逢节必比赛、比赛必篮球"的传统，打造全国火爆的乡村体育赛事"村 BA"，将当地的旅游资源和民俗文化资源对接整合，当地政府到位不越位，群众添彩不添乱，促使当地旅游业、服务业等迅猛发展，充分体现了当地产业内部群众和企业的聚力，外部政策支持的良好局面。从技术创新与应用方面来看，"体旅文商农"产业的数字化转型和信息手段的应用，不仅为大众提供了更为便捷舒适的旅游体验和服务，还极大地激发了全民健身的健康观念，满足了人民群众的多元需求；各种云平台、智能设施的建设与完善推进了设施的多方融合，推动了智慧型、复合型体育信息人才的培养，为产业深度融合提供了智力支持[1]。从市场拓展与品牌建设方面来看，各产业间通过搭建产业对接平台、举办跨界合作峰会等方式促使各产业间资源、技术、市场信息的流通与共享，以联合推广、举办综合性展会等形式树立品牌，提高产业知名度和市场竞争力，使整个产业体系形成良性循环，并积极反馈于产业发展所依存的外部环境。

6.4 我国"体旅文商农" 产业融合发展的创新机制

产业融合的本质在于创新，"体旅文商农"融合创新包括两个方面的内容：一是对"体旅文商农"所涉及产业本身的创新，即体育、旅游、文化、商业和农业自身内涵的不断丰富、扩展和创新；二是"体旅文商农"产业内涵的外化创新。产业本身的创新是指随着社会的发展和技术的变革，随之带来变化与发展；"体旅文商农"产业内涵的外化创新通常是指其产品形式、业态的创新，这两方面相互作用、相互补充，共同促进"体旅文商农"的发展[2]。

"体旅文商农"产业融合发展的创新机制指的是促进不同产业合作与协同创新的一系列机制和手段，如体育、旅游、文化、商业和农业的新型合作模式，以促进不同产业间更深层次的协同合作；产业融合涉及的新型商业模式和服务方式，以适应融合发展的需求；还可能包括创新性的政策支持和管理机制，以应对多元化、复杂性的发展格局。总体而言，这些创新机制旨在打破传统产业间的壁垒，推动资源共享与共同创新，以实现更高水平的产业协同发展，"体旅文商农"产业融合发展的创新机制包含从系统化、规模化到要素化不同层面的发展[3]。因此，我国"体旅文商农"产业融合发展的创新机制主要包括五个方面：融合理念创新机制、组织管理创新机制、融合要素创新机制、赛事驱动创新机制和场景营城创新机制[4]。

[1] 沙金，王娟. 科技创新引领智慧体育 加快全民健身与全民健康深度融合 [N]. 中国体育报，2021-02-22 (7).
[2] 宋振春，纪晓君，吕璐颖，等. 文化旅游创新体系的结构与性质研究 [J]. 旅游学刊，2012，27 (2)：80-87.
[3] 杨春宇. 文化旅游产业创新系统理论研究——多理论视角下的研究进程、评述及展望 [J]. 技术经济与管理研究，2018 (2)：105-108.
[4] 张河清. 岭南文化与旅游产业融合发展研究 [M]. 广州：中山大学出版社，2020.

6.4.1 融合理念创新

从“体旅文商农”产业融合的内容架构来看，涉及了体育、旅游、文化、商业和农业五个方面，构成了一个复杂而庞大的系统工程[1]，这种综合性的结构使得产业在发展过程中需要考虑多个因素的协同作用，需要融合主体通过审视以往既定的思维模式与产业发展路径，以新视角、新路径和新的思维模式，打破原有产业间的理念壁垒，形成新发展理念，同时也需要不断地创新和调整以适应市场和社会的变化，进而指导“体旅文商农”产业融合发展的全过程，为社会经济发展提供丰富而多元的动力。根据前述“体旅文商农”产业融合面临的障碍、融合的模式与路径来看，融合理念创新应当占据首位。融合理念的创新和本质是“体旅文商农”融合发展有别于“体旅”“文旅”“文体旅”“体教”等产业融合创新形式的根本特性。

第一，体育是融合发展的基石和源头。“体旅文商农”产业融合创新虽然遵循着由技术到业务再到市场层面的创新，但其出发点和最终的落脚点都是体育产业的创新。体育产业的内容品质和产品黏度较高，带动人流的能力较强，能给不同的消费人群身心一体的历练，但存在着消费场景连接不畅、商业模式的构成要素不齐全、产品兑现渠道单一的问题[2]。近年来，体育旅游的不断发展已经在极大程度上提高了体育产业的市场竞争力与吸引力，其为体育产业的发展带来了新的活力。体育元素的加入为“体旅文商农”产业融合发展赋予了独特的产业特质，融合产品的开发也是以体育为基础的文化、旅游与服务要素的结合，基础要素的变化自然会导致体育产品的整体改变，因此，没有体育产业的创新与发展，就没有“体旅文商农”产品的出现。尽管技术和组织机构的创新也可以催生出产品，但如果缺乏体育元素的支撑，那融合产业的创新将成为无本之木。

第二，文化是融合发展的内涵。随着社会发展，大众的精神文化诉求逐渐体现出个性化与多元化发展态势，这对文化产品生产提出了更高要求。“体旅文商农”产业融合的困境之一就在于我国各个区域产业深度融合发展存在一定

[1] 鲁志琴，陈林祥，沈玲丽. 我国“体旅文商农”产业融合发展的内在逻辑、作用机制与优化路径 [J]. 中国体育科技，2022，58（6）：81-87.
[2] 叶小瑜.“体旅文商农”产业融合发展的时代价值与推进策略 [J]. 体育文化导刊，2020（4）：79-84.

的不平衡现象,因此,应充分解放传统思想,明确"体旅文商农"产业融合理念,促进区域各产业一体化发展。一方面,要充分发挥地域文化优势特征。与相邻区域共同构建"产业发展命运共同体",进而借助区域"体旅文商农"的特殊资源优势,以此来弥补各产业发展不均衡所带来的问题。另一方面,深度拓展文化内涵。对于"体旅文商农"产业发展相对薄弱的区域而言,可积极与不同高校、文化研究机构建立合作关系,发挥文化自身创意力强、善于场景营造和产品艺术化提升的优势,从而弥补各个产业发展存在形式单一、内容单薄的不足[1]。

第三,旅游是融合发展的载体。旅游在推广和营销的渠道上有着较大优势,与相关产业的融合能力较强,但长期以来,旅游存在着产品结构单一、贸易逆差大、回头客少、季节波动较大等劣势。我国产业融合普遍存在整合度不足的问题,限制了"体旅文商农"深度融合发展,因此,"体旅文商农"产业融合旨在加强资源效应和发挥载体优势,通过构建产业融合的关键载体,推进产业深度融合发展。2022年发布的《文化和旅游部 自然资源部 住房和城乡建设部关于开展国家文化产业和旅游产业融合发展示范区建设工作的通知》(文旅产业发〔2022〕123号)中提到,促进业态融合创新发展,推动现有融合业态转型升级,提质增效,着力培育融合发展的新型文化和旅游业态。将旅游作为载体有利于提升产业发展质量,通过旅游产业的宣传带动作用,将有助于"体旅文商农"产业融合在制造、信息、建筑等领域产生溢出效应,是使相关产业领域融合范围进一步扩大,并能有效推动产业融合在乡村振兴、城市更新中发挥更大作用,进一步丰富城乡经济发展内容。

第四,商业繁荣是融合发展的动力。"十四五"规划要求"营造现代时尚的消费场景,提升城市生活品质。"城市商业体系需要包含丰富多样的商业形态和服务内容,以满足不同人群的消费需求;构建规划合理、设施完善、舒适便捷的商业场所,对于营造现代时尚的消费场景、提升城市生活品质具有重要意义[2]。商业最大的优势在于其具有必要的配套因素和丰富的变现渠道,能够极大提升消费者的舒适度和幸福感,但由于受消费场景变动和新零售的冲击,传统商业转型

[1] 生态体育. 体育文化旅游产业融合发展困境与破解机制 [EB/OL]. (2021-08-19) [2023-12-15]. https://www.sohu.com/a/484279814_505583.
[2] 贺勇,田泓,刘新吾. 加快推动城市商圈升级改造 [N]. 人民日报,2021-08-25 (19).

发展压力较大[1]。为进一步提高传统商业应对市场变化、激发商业创新的能力，需要积极拓展可持续发展、创意经济等方面的理念，通过倡导绿色、环保、生态等理念，引导商家更好地服务社会、带动当地农业经济的发展；通过数字化和智能化手段，提高商业运营效率，优化用户体验；引入新模式，创造全新的商业生态，丰富业态结构，促进各地区商业的差异化发展，最终形成业态互补的发展格局，促进城乡间的协同发展。同时，还应统筹协调城乡商业与旅游、交通等其他业态的发展。例如，商务部流通发展司发布的《城市商圈建设指南（征求意见稿）》提出，加强商圈与周边旅游景点、文化场所、商务楼宇资源互动，促进商圈与市内交通、公共服务资源有效衔接。

第五，农村产业发展是融合发展的目标。目前全国农村产业融合发展势头良好，初具产业规模，农业全产业链建设新格局即将形成，已成为农民就业增收和乡村经济发展的重要支撑，但总体上还处于初级阶段，仍存在融合层次程度较低、融合品质水平不高、融合支撑要素不强、融合主体带动较弱等问题。随着绿色化、集聚化、数字化、品牌化、创新化、一体化趋势日趋明显，2022年中央一号文件更加明确了乡村产业融合发展的三个重点方向为农产品加工、乡村休闲旅游和农村电商。因此，"体旅文商农"产业融合从纵向和横向两个融合维度为推动农村产业发展提供了全面而深入的方向。在横向维度上，农业与旅游、康养、生态等产业深度融合可以创造更多产业交叉点，形成复合型产业链，不仅能丰富农村产业的内涵，也提供了新的创收途径；这种横向融合还有助于提升乡村经济的价值，通过与休闲、旅游等产业的深度融合，农村地区可以打破传统的农业经济模式，实现多元化经济发展，游客的增加不仅带动了农产品的销售，还促使了相关服务业的兴起，从而提升了乡村经济的整体水平。在纵向维度上，需要关注农村产业链的发展全过程，通过打造农业的全产业链，推动产业多方延伸、上下拓展，这种全程垂直融合，可以实现农产品的附加值提升，促使农业产业更加可持续和充满活力，进而推动农特产品增值、产业增效[2]。

6.4.2 组织管理创新

"体旅文商农"产业的组织管理创新是产业融合的体制、方法、路径等方面

---

[1] 叶小瑜."体旅文商农"产业融合发展的时代价值与推进策略 [J]. 体育文化导刊, 2020 (4)：79-84.
[2] 新华网，北京巅峰智业创新研究院. 中国乡村振兴产业融合发展报告 [EB/OL]. （2022-06-21）[2023-11-17]. https://www.urbanlight.cn/newsdetail/2b44d88a-c188-417d-a7e3-09f3f6628fa6.

创新的基本保证。组织管理创新的主要目标是形成一套适应市场环境、服务融合产业的管理逻辑,包括管理手段创新、管理职能创新等,这些管理机制的创新相互结合,要提升"体旅文商农"产业融合创新能力,应将推进组织管理创新作为重点。

一是管理平台的创新。"体旅文商农"所涉及的五大产业通过优势互鉴与短板互补,在融合的内容上已经初步形成交织互补的格局,各产业渠道基本上是联通公用的。由此,平台场景融合具有平台复合多用、多场景交互映衬的特点。从目前产业融合的障碍来看,要加快建设数字化、智慧化的产业集群,促进数字经济和实体经济深度融合,是管理平台创新的重点。2022年,文化和旅游部公布了30个文化和旅游数字化创新实践案例,内容包括5G、人工智能、大数据、云计算等数字技术在文化旅游领域的创新应用[1]。在此背景下,对于体育产业而言,运用智能交互系统提供消费者运动指导、通过穿戴智能设备丰富消费者的运动方式,是破解体育产业与线上其他产业联合共用平台难点的方法之一。"智慧体育"是体育信息化的一种新发展形式,是对数字体育的进一步拓展与提升,通过信息技术的综合运用,与旅游、文化、商业信息化平台协同运作,构建形成符合"体旅文商农"产业的服务体系和服务模式,能在服务行业管理、推进产业融合发展等方面产生带动作用。此外,在乡村体育赛事、乡村旅游活动推广的过程中积极引进新技术和新设备,推动复合型智慧乡村平台打造,使得多产业平台场景由城市过渡至乡村,并解决线下多业态融合的消费新场景的障碍,使得"体旅文商农"的跨产业联动进一步引领市场消费。

二是管理手段的创新。对于政府各部门而言,应广泛采用信息化手段进行管理,实行"网上政务",通过强化线上公告的发布、网上公开征集消费者意见与建议,进一步推动"体旅文商农"信息共享,为建立与完善相关部门和企业的服务体系提供保障[2]。对于企业而言,数字化管理不仅体现在相关平台的打造,还应充分考虑在"体旅文商农"融合发展的背景下,合理规划企业转型路径,从实现管理的目标、业务边界等方面综合考量采取合适的管理手段,在顺应供需关系从生产主导转向消费主导、市场环境从相对稳定转向不确定性显著增强的发展趋势,通过数字化和信息化的手段,开展数据收集与精细化运营,及时洞

[1]赵腾泽. 践行数字化创新 赋能旅游业发展 [N]. 中国旅游报,2022-11-15 (1).
[2]李爽. 旅游公共服务供给机制研究 [D]. 厦门:厦门大学,2009.

察市场及客户需求，能够及时进行数字化产品研发、工艺设计、生产制造等，持续提升"体旅文商"研发生产一体，实现对企业投资方、渠道商、供应商和消费者的资源聚合。同时，农业信息化管理也顺应城乡消费场景的转换，通过网络基础设施的建设与完善，在农村发展过程中积极引入信息化管理手段，强化村社居民的信息化意识，促进城乡数据信息资源的有效流通，打通城乡信息化发展的堵点，进而提升"体旅文商农"产业发展的柔性和韧性。

三是管理职能的创新。"体旅文商农"产业所涉及的管理部门包括不同产业各层级的组织，所履行的职能各不相同，在"多规合一"的背景下，各部门更需要围绕产业核心进行分层设计和任务凝练，推动产业管理的创新聚合，使用新的、更有效的手段和方法在计划、组织、控制和协调等方面，促使各部门适应"体旅文商农"产业发展需求。首先，管理职能创新就要求打破固有组织结构，各层级部门需要结合外部市场环境和产业内部条件的变化对组织管理的目标加以变革，对各部门的责、权、利关系加以重新构置，推动相关部门的功能得到完善和发展，实现各部门资源的重新配置。因此，属于同一级的管理组织应根据自身的服务职责范围，明确自身在产业管理体系中的位置，从而提供适时和有针对性的行政指导，做到政府在产业融合市场供给方面既不缺位也不越位。其次，面对各类标准和规章制度还存在一定差异的情况，要注意由此引发连锁效应，如各管理部门存在互相推诿情况、相关部门与个体权责模糊、各部门存在关系不明确等，避免由管理职能行使不充分、不适度对"体旅文商农"融合产业发展的协调性带来反作用。

6.4.3　融合要素创新

基于对"体旅文商农"产业融合创新体系实践案例的收集和对产业融合创新性质的认识，可以将"体旅文商农"产业融合的关键要素总结为创新主体、技术、市场、政策、人才五个方面，其基本框架由两大部分组成，即参与融合创新的主体，以及各主体之间相互影响、相互作用的网络体系（图6-4）。"体旅文商农"产业融合所涉及的要素，是随着创新主体的不同而发生变化的。首先，在市场需求升级和产业创新的背景下，为了给消费者提供新型的体验和服务，市场环境、技术能力、政策法规等多个要素推动着体育、旅游、文化和商业融合发展，进而初步形成了"体旅文商"的融合形态。其次，乡村振兴战略的实施，使得农业部门、政府与公共管理部门、村社集体和农民等成了主要的创新主体，在"体旅文商"融合基础上，通过改善基础设施、运用信息手段、更新业态模式、提高服务能力和加强人才供给，最终构建了"体旅文商农"产业创新融合的体系。

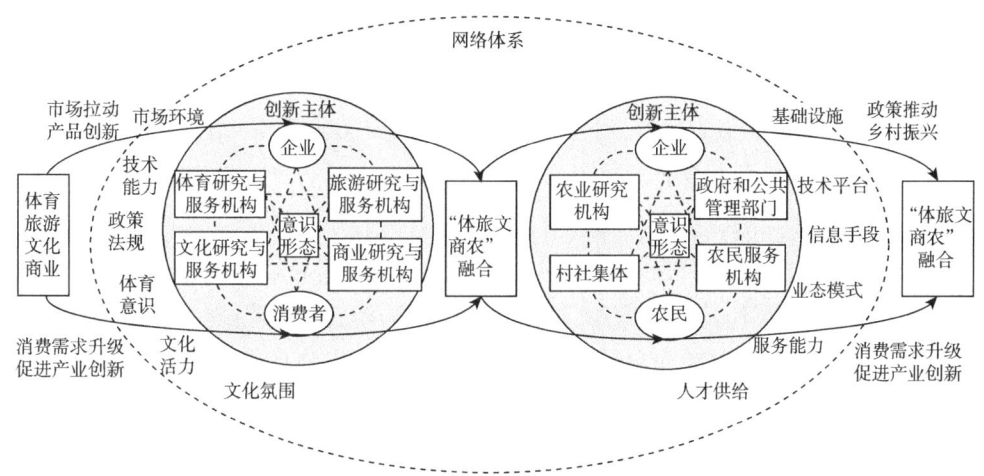

图 6-4　我国"体旅文商农"产业创新融合体系结构

创新主体是指具有社会实体机构、直接承担创新功能和实践创新行为的实体要素，包括政府与公共管理部门、各产业研究与服务机构、相关企业单位、村社集体、消费者等，以及各个主体从产业发展理论、企业发展角度、个人价值观等意识形态方面的内容。创新的网络体系是指"体旅文商农"产业主体在融合创新活动中，由于受到各种主客观因素的相互交织而形成的有机整体，是创新主体开展创新实践和面对外部条件的网络复合体。网络体系的结构包含有形要素和无形要素，如能促进信息、知识、技术、人才有效流动的基础设施、技术平台、仪器设备及其他具有服务功能的实体系统，属于有形要素；而市场环境、体育意识、政策法规、服务能力等不具有直接创新功能的非实体要素，则属于无形要素。创新主体正是在多种要素的相互作用与影响下，形成了具有不同功能和体系的网络，从而推动"体旅文商农"产业融合发展。

技术是推动产业融合的重要动力，技术创新在产业融合过程中发挥着关键作用。随着各种信息技术的快速发展和应用，使各产业得以实现信息共享、互联互通，进而促进生产效率的提高，开发出新的产品或服务，从而带动整个产业的发展。在"体旅文商农"产业融合中，体育产业目前是以引入新技术、新设备，提升体育设施的建设和管理水平,提高体育活动的展示和观赏效果为主要发展趋势,技术进步推动旅游、文化、商业和农业等领域创新,并将其作用于体育产业,通过引入新型体育旅游项目、文化产品、"体育+"或"体育旅游+"的商业模式,以及休闲业赋予体育产业持久的生命力,进而促进产业之间的融合。

市场是产业融合的重要平台。市场能够反映消费者的需求和行业的趋势,从而引导企业进行创新。在"体旅文商农"产业融合中,市场的需求变化可以引导这些产业进行融合,开发出符合当前消费者需求的产品或服务;在"互联网+"和平台化发展的背景下,各企业可以通过互联网平台来整合产业链资源、提高运行效率,拓宽业务范围,提高市场竞争力。

政策可以为产业融合提供必要的支持和引导。政府可以通过出台激励政策,如税收优惠、财政补贴等,鼓励"体旅文商农"产业的跨界合作与融合发展,或对于跨产业合作项目给予财政奖励或者减免税收,以降低企业合作成本,激发各产业间的合作积极性。为了优化产业发展环境,制定相关的市场准入政策和行业标准,规范产业融合发展的市场秩序,保障市场的公平竞争,防止不正当竞争行为的发生,促进产业的健康发展。此外,在政策支持下,各产业通过借鉴和吸取国外先进的融合发展经验和模式,与其他国家和地区开展交流合作,促进我国"体旅文商农"产业与国际接轨,提升其国际竞争力和影响力,促进经济的可持续发展。

人才是实现产业融合的关键因素。具备跨行业知识和技能的人才能够推动不同产业之间的交流和合作,实现产业的融合。在"体旅文商农"产业融合中,需要具备体育、旅游、文化、商业和农业等领域的专业知识和技能的人才,他们可以通过创新和合作,实现这些产业的融合发展。此外,通过加强体育人才培训和选拔机制,培养出更多优秀的体育人才,提高整个体育产业的专业化水平。除了以上因素外,还有其他的因素也在影响"体旅文商农"产业融合的发展,如市场需求、行业发展趋势、企业管理水平等,在制定发展策略和实施过程中,综合考虑这些因素,可以更好地推动产业融合的持续发展,取得更好的经济效益和社会效益。

6.4.4 赛事驱动创新

体育赛事具有很强的黏合性,能将赛事"流量"转化为消费"留量",在扩内需、带就业、促增长等发挥着关键作用。从国际经验上看,国际消费中心城市是当今全球消费市场升级的高级形态，也是对接全球消费市场、吸引全球消费者的枢纽和平台。其中，体育赛事作为核心，在国际消费中心城市建设中扮演着关键角色。对标国际消费中心城市纽约、伦敦、巴黎、东京，体育业态都占据较大比例，具有三大特征：第一，经常举办或承办具有国际影响力的顶级赛事和拥有全球影响力的品牌体育赛事，如奥运会、世界杯、马拉松全球六大满贯、网球四大满贯等；第二，职业体育高度发达，大多数是国际顶级职业联赛的举办城市，且往往拥有全球知名的职业体育俱乐部；第三，拥有深厚的体育文化传统、健全的体育设施和浓郁的体育氛围。在国际消费中心城市，体育赛事都是不可或缺的国际符号，它最具穿透力、融合赋能作用最强、能有效聚合消费，且能量值最高。

对标国内，通过举办重大体育赛事快速提升城市影响力、美誉度，推动产业融合和促消费的实践也层出不穷。杭州第 19 届亚运会赛会期间，杭州接待游客总量达 4345.9 万人次，日均 271.6 万人次，带动杭州住宿、餐饮、零售消费489.6 亿元，比赛事前期增长 15.6%[1]。聚焦打造一流国际体育赛事之都，上海将赛事发展与提升城市能级、核心竞争力和城市软实力紧密衔接，引进国际一流商业赛事，培育自主 IP 赛事，赛事消费拉动效应显著。2023 年上海举办 118项体育赛事共带动消费 37.13 亿元，其中核心消费 7.99 亿元、相关消费 29.14亿元，拉动相关产业效应达 128.64 亿元[2]。2023 年成都抓住大运会契机，以"办赛、营城、兴业、惠民"理念，按照"赛事引流、消费提质"思路，举办了"熊猫杯"国际青年足球锦标赛、国际汽车拉力赛等 60 余项体育赛事，以赛事促进消费提档升级。2023 年，成都体育消费总规模达到 685.8 亿元，居民人均体育消费支出 3204.3 元[3]。

从上述分析可以发现，赛事驱动创新是指将体育赛事与城市、乡村的发展相结合，通过举办体育赛事来提升城市形象、促进城乡发展和推动社会经济增长。在此创新机制中，通过体育赛事推动"体旅文商农"产业协调发展和行业格局升级，可以实现"体旅文商农"与科技、康养等新兴领域的深度交叉，创造出更多具有差异化竞争优势的产品和服务。赛事驱动创新机制的作用体现在塑造城

[1]梁璇. 体育赛事撬动消费潜能 [EB/OL]. (2023-10-10) [2024-05-27] http://bgimg. ce. cn/cysc/new-main/yc/jsxw/202401/09/t20240109_38858608. shtml.

[2]上海市体育局. 2023 年上海市体育赛事影响力评估报告 [R]. 2023.

[3]成都市体育局. 2023 年成都市居民体育消费调查报告 [R]. 2023.

市形象、推动乡村经济增长和推动产业聚合赋能三个方面。通过机制创新将体育赛事与"旅文商农"发展相结合，可以实现多赢的效果，促进"体旅文商农"融合产业的可持续发展。

首先，通过举办各类重大体育赛事来提升城市的知名度和形象，以吸引更多的目光和关注。通过赛事的举办，城市可以展示其管理水平、场馆设施、服务能力等方面的优势，树立良好的城市品牌形象。上海是我国赛事名城的代表，通过积极争取承办世界级、亚洲级等高水平体育赛事，如上海劳力士大师赛、上海马拉松等赛事吸引国内外众多顶级运动员和观众，提高了上海的知名度和城市形象。亚运会作为一个国际性的体育盛会，使杭州得以向世界展示其独特的城市魅力和发展成就，吸引了更多国内外游客和投资者前来。此外，在杭州亚运会40个大项中，9个非奥大项是亚运会区别于奥运会的重要标识之一，诠释着亚洲体育多元之美[1]。

其次，乡村体育赛事以其独特的魅力，为乡村经济发展、体育赛事的推广、文化交流带来了诸多好处。以贵州"村BA"为代表的乡村篮球赛事，为乡村经济发展注入了新的动力。赛事的举办吸引了众多游客，为当地创造了大量的旅游收入，场地建设、设备购置、赛事组织等活动的开展不仅带动了相关产业的发展，如餐饮业、农产品、文创产品的销售，还吸引了外部投资，为乡村的产业升级提供了契机，农业也因为乡村赛事的发展而受益，特色农产品成为旅游纪念品，带动了农产品的销售和农业的发展，同时催生了一系列的商业活动，如广告、赞助、场馆建设等，进一步促进了当地经济的发展。

再次，为了赛事的举办，需要加快建设适应赛事需求的场馆和基础设施，推动城市基础设施建设的升级和完善。例如，迪士尼体育馆和上海东方体育中心等新建的体育场馆，为观众提供了舒适的观赛环境和先进的场馆设施，为举办更多的体育赛事提供了保障。这些场馆和基础设施在赛事结束后可以为城市提供场地和设施，丰富城市的休闲娱乐活动，提高城市居民的生活质量。为了迎接大运会，成都翻新及新建49个场馆，成都通过"场馆惠民、体育惠民、文化惠民、环境惠民"，推动着大运会走进寻常市民的生活。2022年，全市大运会场馆对外开放时长为7.63万个小时，免费或低收费开放509.48万人次，累计举办各类赛事

[1] 邹焕庆，袁震宇，方问禹，等. 精彩纷呈的亚洲盛会——杭州第19届亚运会全景纪实 [EB/OL]. (2023-10-10) [2023-11-27]. https://news.cctv.com/2023/10/10/ARTImTekhfDImvSu6Fpvu0Bb231010.shtml.

727项[1]，为居民提供了观赛和参与的机会，通过近距离观看国内外顶级运动员的精彩表演，感受运动的魅力，同时也增加了市民的体育参与度和体育文化体验。

最后，竞赛对现代体育有着深远影响，不仅是推动现代体育高速发展的核心引擎，更是实现体育核心功能和多元价值的关键机制[2]。竞赛激发了运动员、团队和国家的竞争激情，推动了运动技能和竞技水平的不断提高，弘扬了团队合作、公平竞争等体育精神，塑造了体育的多元价值观。竞赛能够吸引大量的社会资源，为体育项目和运动员的发展提供了支持和保障。更重要的是，通过充分发挥赛事驱动机制在产业聚合与资源联通共用中发挥的赋能作用，实现"体旅文商农"产业在产品内容上的创新和产业间的交织互补，大力发展助力乡村振兴和促进旅游业发展的户外运动赛事对于"体旅文商农"产业的融合创新颇有益处，通过鼓励体育特色小镇、休闲度假类景区开展多种户外运动类赛事，随之而来的游客流量将带动餐饮、住宿等相关产业的提升与创新，而户外运动赛事所需的专业装备、技术支持和赛事管理，将促进当地产业提升技术水平，引入更多创新和先进技术。此外，赛事举办地的自然风光与文化特色能够得到进一步展示，促使地方政府和企业关注生态环保和文化传承，进而推动乡村振兴战略的全面实施，促进"体旅文商农"产业的融合发展与联动发展，提高当地经济的整体竞争力[3]。

6.4.5 场景营城创新

场景营城创新是指通过"体旅文商农"产业融合，利用现代信息技术将原有的体育场所（场馆）、旅游目的地、文化和商业中心等赋予具有主题性、体验性和社交性等特征，拓宽原有产业消费者的消费渠道，促进文化创新、多业态集成及融入周边城乡发展。2014年《关于加快发展体育产业 促进体育消费的若干意见》（国发〔2014〕46号）在"促进融合发展"的主要任务中提出："以体育设施为载体，推动体育与住宅、休闲、商业综合开发。"该文件的出台旨在通过

[1] 胡锐凯，陈浩. 成都大型体育场馆利用新探索 这座大运场馆被提前"征用"[EB/OL].（2023-03-21）[2023-11-29]. https://new.qq.com/rain/a/20230321A02OSK00.

[2] 鲍明晓，赵轶龙，高颖. 新冠疫情背景下拓展和优化我国体育竞赛体系的对策研究[J]. 体育科学，2022，42（11）：11-18.

[3] 鲍明晓，赵轶龙，高颖. 新冠疫情背景下拓展和优化我国体育竞赛体系的对策研究[J]. 体育科学，2022，42（11）：11-18.

打造新的消费场景，满足人民群众的多元消费需求，提高体育场馆运营效果，从而为公共体育场馆功能改造指明了方向[1]。

首先，在信息化和后疫情的时代背景下，基于 5G、大数据、物联网、云计算、人工智能等新技术推动全领域、全场景、全流程的数字体育变革，促进了大众在体育设施、活动内容方面和新消费场景的需求。由此，以城市体育服务综合体和以乡村体育特色小镇为代表的新型体育运动场景的打造，极大地推动了"体旅文商农"产业融合在内容短板互补、资源联通共享、多平台复合共建等方面的优势体现，从而促进了多种产业消费场景的交融互衬，同时增强了多产业融合发展的韧性。以天府奥体公园、杭州未来科技城等新兴产业形态与消费场景为例，都是体育产业和科技创新试验融合发展的重要载体，为新区探索"体旅文商"产业融合发展逻辑提供了新视角和路径[2]。

其次，通过营造新兴消费场景，带动多个产业的发展，从而推动城市经济的增长。以场景营造为核心塑造高品质"体旅文商"消费空间，通过引进体育产业项目、培育体育企业、推动体育科技创新等方式，大力营造健康富有趣味的运动场景，加快推进"体旅文商农"新业态植入，强化"沉浸式"新体验，让人们充分感受场景营造的魅力。通过对标上海，成都以建设国际消费中心城市核心区为抓手，发挥大运会综合效应，依托春熙路商圈文化影响力和 IFS、远洋太古里等时尚商业地标，持续做强国际文旅功能，大力发展首店经济，进一步提升产业发展的规模和质量[3]。

最后，场景营造为"体旅文商农"的发展提供着大量新空间，催生着无数新业态。在城市中，老旧街区、老旧工业园区等更新改造为新型消费场景，能提升区域的整体形象，使其更符合现代城市发展、全民健身的需求；改造完成后的文化社区、体育社区和商业综合体，将吸引更多人流与商业投资，有助于刺激消费；通过将老旧工业园区改造为各类消费体验中心，有助于挖掘区域的历史文化底蕴、提升当地的文化软实力，为游客和居民提供了更为丰富的消费选择，为城市注入新的活力、增加城市吸引力。例如，北京老城区的南锣鼓巷依托四条胡

[1]陈元欣，陈磊，刘恒，等. 公共体育场馆功能改造之理论逻辑与现实困境——以洪山体育中心为例[J]. 上海体育学院学报，2020，44（5）：37-46.

[2]党群工作部. 创新驱动看成都东部新区文旅体融合如何"破圈"[EB/OL].（2023-07-24）[2023-12-06]. https://dbxq. chengdu. gov. cn/dbxq/c140636/2023/07/25/content_3092a6bc9fc6b330f112. shtml.

[3]杨金祝. 成都市锦江区区长缪晓波：深度推进文商旅体融合发展，串联"一廊五线九景一地"[EB/OL].（2023-09-05）[2023-12-10]. https://news. iFeng. com/c/8sq44bDBP1L.

同,改造成"老胡同的现带生活";著名的首钢工业区则注入文化、体育、科技等新元素,成为大规模工业区有机更新的典范。通过盘活老建筑、老胡同、老字号、老故事等文化资源,打造体验式、沉浸式文商旅新业态。在乡村,通过盘活大量闲置的"古村古镇",以当地的乡风文化、自然资源为核心内容,植入体验型产品和业态,以"体旅文商农"多产业融合的路径去打造体现地方文化特色和生活方式的消费场景[1]。

[1] 王洁平. 新文旅 新场景 新消费——走进文旅融合的"场景化时代" [EB/OL]. (2023-09-21) [2023-11-25]. https://new.qq.com/rain/a/20230921A03A6V00.

7

江苏"体旅文商农"产业融合发展的实证案例

江苏省作为全国经济强省、长三角经济带的典型地区，较早启动了"体旅文商农"产业融合发展的实践。本章从地理位置、产业资源、消费需求三个方面分析了江苏"体旅文商农"产业融合发展的现实基础；从实践举措、实践模式和机制创新三个维度解析了江苏省"体旅文商农"产业融合发展的实践案例，总结出了江苏省"体旅文商农"产业融合的有益经验，为我国"体旅文商农"融合发展模式和机制创新提供区域实证案例。

7.1 江苏"体旅文商农" 产业融合发展的现实基础

7.1.1 优越的地理位置助力"体旅文商农"产业融合发展

江苏位于我国东部沿海，与上海、浙江、安徽接壤，"三省一市"组成长江三角洲经济区，区位优势显著。2021 年，各省市体育局联合发布《长三角地区体育产业一体化发展规划（2021—2025 年）》（沪体规〔2021〕200 号），强调推进产业融合。一体化机制对于推动长三角区域体育融合产业资源共享、利益互惠、资产价值实现等有着积极的作用，江苏"体旅文商农"产业融合发展在长三角一体化背景下将实现长足发展。2020 年底，江苏"三纵四横"铁路网络系统基本形成，与全国 36 个主要城市实现半日通达，网络系统的不断完善将助力"轨道上的江苏"实现"123 交通圈"[1]。铁路网络系统辅以高速公路网络、机场配备构筑了综合立体、辐射广泛的网络体系，为省内外体育融合产业交流合作

---

[1] 耿文博，田盛源．1 小时都市圈通勤 2 小时畅行江苏［N］．江苏经济报，2022-03-11（2）.

构建了桥梁，为参与"体旅文商农"产业相关活动的人们自驾出行、公共交通出行提供了便利条件，从根本上减轻了地域空间对人们开展活动的束缚，与外界的密切联系为江苏"体旅文商农"融合产业发展奠定了重要基础。

7.1.2　丰富的产业资源奠定"体旅文商农"产业融合基础

产业资源是指产业运作所拥有的各种资源要素，包括有形资源和无形资源。对于江苏"体旅文商农"融合产业而言，有形资源主要是指可供开展相关活动的体育配套功能设施、景区、自然资源等，无形资源主要是指赛事或节会举办权、文化影视 IP、新兴技术、文化底蕴、文体服务等[1]。江苏省体育场地资源涉及冰雪、球类、运动健身等多个类别，全省人均体育场地面积已超过 4 平方米[2]，充沛的场地资源为开发体育场馆游、体育赛事游、体育旅游产品提供了基础条件。江苏境内历史名城众多，现代文化派系林立，乡村特色非遗产业彰显了传统文化的魅力，深厚的文化底蕴可进一步丰富"体旅文商农"产业融合发展内涵。江苏河、湖、丘陵居多，秀丽风景被打造为众多 5A 或 4A 级景区，不仅塑造了众多体育旅游产品，更是举办众多大型知名赛事的不二之选，在 5G、大数据、物联网等技术加持下，实现赛事及相关活动的体验感和趣味性的提升。产业资源经过配置利用，被打造为内容丰富、形式多样的消费产品和场景，是促进江苏"体旅文商农"产业发展、消费品质升级的坚实基础。

7.1.3　现代消费需求催生"体旅文商农"产业融合业态

随着国家经济进入高质量发展阶段，江苏继续走在队伍前列。江苏省人民政府公布 2022 年江苏 GDP 总量位居全国第二，人均支配收入凭借 49862 元位居全国第四[3]，且仍呈现逐年上升的趋势，居民生活质量和水平得到明显提升。高质量发展的最终目标是满足人民群众对美好生活的追求[4]，相较于传统的健康观念或旅游观念，新时代的人们更为推崇兼具身体、心理、社会等多方面的完全

[1] 尹宏，王苹. 文化、体育、旅游产业融合：理论、经验和路径 [J]. 党政研究，2019 (2)：120-128.

[2] 江苏省体育局. 2022 年江苏省体育场地统计调查数据 [EB/OL]. (2023-07-12) [2023-09-11]. http://jsstyj.jiangsu.gov.cn/art/2023/7/12/art_88193_10949671.html.

[3] 扬子晚报. 让民生难点变民生亮点，江苏交出温暖厚实的民生答卷 [EB/OL]. (2023-07-27) [2023-10-15]. https://www.yaytse.com/cntent/1714347.html.

[4] 吴宏洛. 中国特色慈善事业的历史演进与发展路径 [J]. 东南学术，2016 (1)：70-79.

健康,"体旅文商农"融合产业不仅与完全健康观念相契合,且定制化、多元化、品质化的产品更能满足人们的高级化需求,江苏省城乡居民人均体育消费2017—2021年已实现29.5%的涨幅[1],人们体育相关需求的增加可见一斑。受新冠疫情和休闲健身文化影响,人们更善于经营自己的健康,简单的物质供给、单一的体育产品已无法满足当下需求,体育与旅游、文化、商业、农业等关联性产业开展深度融合势在必行,只为满足人们自我实现的深层次精神需求。江苏目前顺应市场需求,按照"宜融尽融、能进则进"原则,实施体旅融合、文体旅融合、"体旅文商农"融合、"夜经济"等多项行动,不断挖掘"体旅文商农"联合作用和消费潜力,促进消费升级的同时带动体育融合产业提质发展。

7.2 江苏"体旅文商农" 产业融合发展的实践解析

7.2.1 江苏"体旅文商农"产业融合发展的实践举措

7.2.1.1 以政策规划指引融合发展新方向

在体育产业融合发展过程中,政府主要表现为产业政策的引导与产业利益协调机制的推进[2]。各区域政府通过制定一系列的政策文件,引导体育产业与旅游、文化、商业、农业等相关产业协同发展,实现资源的合理再分配,建立科学健康的产业机制,带动区域经济可持续性发展。江苏省体育局联合省发展改革委制定《江苏省"十四五"体育产业发展规划》(苏体经〔2021〕105号),提出拓展体育融合发展产业链,实施《江苏省深化体旅融合发展行动计划》。江苏省体育局发布的《江苏体育发展"十四五"规划》(苏体办〔2021〕98号)着重强调,构建"体育+""+体育"的融合发展格局,充分利用县级体育部门整合后的机构优势和资源优势,探索建立县级体育工作融合发展新模式,从而扎实部署、稳步推进江苏"体旅文商农"产业有效融合,形成多业态融合的体育产业新格局。《关于推动文化产业赋能乡村振兴的实施意见》(文旅产业发〔2022〕33号)中则提出文旅融合赋能,乡村人文资源和自然资源得到有效保护和利用,

---

[1]江苏省体育局. 2021年江苏省城乡居民体育消费调查数据 [EB/OL]. (2023-04-07) [2023-09-14]. https://www.sport.gov.cn/n14471/n14481/n14518/c25429910/content.html.
[2]李燕燕. 我国体育产业融合成长研究 [D]. 武汉:武汉体育学院, 2014.

乡村一、二、三产业有机融合。江苏省政府部门已从不同层面颁布多项政策规划条例,从部门联合、资源利用、重点培育、协调机制等维度为江苏省"体旅文商农"产业融合发展提供方向指引和线路规划,持续提振江苏"体旅文商农"产业市场主体信心,增强发展动能。

7.2.1.2 以融合载体构建创新发展新场景

场景理论认为,场景对于消费行为具有独特的刺激和引导作用[1]。消费场景作为激发消费的新动能和新载体,体育融合产业高度重视消费场景的营造工作,江苏各地响应国家号召大力推进体育消费新政策,从供需两侧发力,不断扩充优质体育融合产品供给,建设一批业态创新、成效显著的体育融合消费场景,包括户外营地、潮流项目、冰雪运动、商业中心、体育休闲等多个种类,为体育与旅游、文化、商业、农业融合发展提供了空间载体。南京市体育局于2021年设立体育消费节,联动数百家企业,发布首批20家体育消费新场景,2022年、2023年分别发布80家和40家体育消费新场景[2],涵盖众多运动项目,用"政府搭台、企业唱戏、全民参与"方式,融合农业、旅游、商业等板块,联合开设多场主题新颖的体育活动吸引客流,沉浸式、体验式、互动式的活动体验助力体育消费动能持续释放[3]。其他地区同样以"体旅文商农"产业融合为抓手,把握产业结合点,密切关注消费者需求,使体育与其他产业嫁接、渗透、交叉推出巧妙融合体育元素的文旅题材剧本杀、体验传统文化的乡村休闲体育赛事、传播体育文化精神的旅游精品路线、焕发新生力量的旧厂房改造园区等多种消费场景[4],别出心裁的潮流玩法为消费者提供了更多个性化选择。

7.2.1.3 以组织融合推动"体旅文商农"产业融合

体育产业的组织机构融合主要表现为相关部门、企业之间的合作与联盟,通

[1] 丹尼尔·亚伦·西尔,特里·尼科尔斯·克拉克. 场景:空间品质如何塑造社会生活 [M]. 祁述裕,吴军,译. 北京:社会科学文献出版社,2019:2.

[2] 交汇点. 运动新体验、消费新场景 2023 南京体育消费节解锁新玩法 [EB/OL]. (2023-04-27) [2023-09-17]. https://m.jfdaily.com/sgh/detail?id=1015373.

[3] 南京市体育局. 2023 年南京体育消费节正式启动 [EB/OL]. (2023-04-28) [2023-09-20]. http://jssstyj.jiangsu.gov.cn/art/2023/4/28/art_79949_10880107.html.

[4] 光明网. 推进文体旅深度融合 打造更多新场景新业态 [EB/OL]. (2023-08-24) [2023-09-22]. https://baijiahao.baidu.com/s?id=1775075067543432941&wfr=spider&for=pc.

过签订战略合作协议，以促进体育产业融合发展为目标，达成友好合作关系，实现组织机构的融合[1]。江苏省体育局和江苏省文化和旅游厅于2021年体育产业大会上签署深化体旅融合发展战略合作协议，并联合发布《江苏省深化体旅融合发展行动计划》（苏体经〔2021〕42号）及一批重点工作任务清单。根据协议与行动计划，双方将共同建立定期会商机制，着重突出体育旅游高质量发展重要性。江苏省体育产业集团有限公司作为江苏省政府推动体育产业发展的重要平台，顺应产业发展规律，履行"资源有效整合、信息汇聚共享、业务协同发展"原则，成立协同发展和创新中心，以资本为纽带，与各级体育部门、体育协会、相关企业展开多方位密切合作，深入推进体育产业跨界融合，彰显省级体育产业运营平台的带动作用[2]。此外，作为江苏省体育局直属企业的华体集团有限公司也以发展体育产业为目标，积极助力各省市体育局打造地方品牌，释放体育消费潜力，扩大市场规模。

7.2.1.4 以资金和人才保障"体旅文商农"产业融合

资金和人才是"体旅文商农"产业融合发展的重要保障。江苏省政府为激发体育融合产业发展活力，发挥政府宏观调控作用，为相关企业设置专项资金，对拟扶持的建设中项目给予一定程度的资助，对社会和经济效益较好的已完成项目给予相关奖励性补助，以此调动产业运营发展积极性。例如，江苏省体育局发布的《关于组织申报2023年度省级体育产业发展专项资金项目的通知》（苏体经〔2022〕22号）中明确指出重点支持方向：体育赛事活动类、体育融合创新类、体育旅游休闲类等，以此鼓励企业不断创新升级，提升产业竞争力，推动体育融合产业发展。《关于进一步恢复和扩大体育休闲服务消费的措施》（苏体经〔2023〕74号）中则明确2023年安排省级资金3000万元，对各地承办、举办高端体育赛事和特色品牌赛事进行奖补，推动体育竞赛与文旅景区、城市景观商业中心及展销活动等相结合。江苏省积极鼓励多方投入，加强校企合作，开展各类职业教育和培训，多渠道培养复合型体育产业人才，如南京体育学院依据"南体方案"开展多元融合培养复合应用型体育人才，扬州大学则建立体育产业学院，

［1］张广俊，李燕领，邱鹏. 体育产业融合的动因、路径、效应与策略研究［J］. 武汉体育学院学报，2017，51（8）：50-56.
［2］新华日报. 苏体产业集团：奋力书写加快建设体育强国的"苏体答卷"［EB/OL］.（2022-11-29）［2023-09-22］. https://sports.sohu.com/a/611237358_121455647.

以产教融合模式一站式培养体育产业相关人才，为体育融合产业发展源源不断地输送人才。

7.2.2 江苏"体旅文商农"产业融合发展的实践模式

7.2.2.1 "渗透型融合模式"的江苏实践

❖ 案例一 "体育+"特色综合游：无锡融创文旅城

1. 案例模式概述

无锡融创文旅城（以下简称文旅城）坐落于太湖之滨，是一个集乐园、水世界、雪世界、海世界、剧场、酒店、商业中心多个项目于一体的大型综合性文化旅游项目。文旅城着重将体育旅游、休闲度假、文艺演出相融合，响应国家"冰雪运动进校园"号召，积极宣传推广校园冰雪运动知识、扩大冰雪运动普及力度，以不同形式彰显体育与旅游、文化、商业等产业的创新融合发展模式。作为无锡文化旅游新名片、城市发展新地标，文旅城瞄准"短途品质游，个性化与消费升级，体验场景及全业态融合"[1]发展大方向，凭借"体旅文商"多产业渗透融合发挥出强大的产业辐射力和吸纳力，大大提升了区域体育融合产业活力。

2. 实践路径

（1）根植吴越文化沃土，创新"体旅文商"消费场景

在无锡文旅城的布局规划中，极其注重将江南文化古韵融入建筑设计和项目策划，悠久的历史与时尚的现代交相辉映，赋予传统文化全新的展现方式，打造独树一帜的"体旅文商"消费新场景。①以文塑旅，以旅塑文。在建造之初，融创乐园便计划将吴文化和江南元素融入建设过程中，后根据江南人家的文化习惯、生活方式、建筑特色，构建出"运河人家"特色文化街区，全方位展现极具江南风情的小桥、流水、人家，便于在休闲旅游的同时领略江南的文化内涵。②以文化设计联结消费场景。象征美好幸福生活的市花杜鹃花被应用到文旅城主

[1] RQ 商业观察室."文商旅融合"的议题怎么破？无锡融创文旅城带来了四点新思考 [EB/OL]. (2021-10-23) [2023-09-25]. https://baijiahao.baidu.com/s?id=1714412951891156897&wfr=spider&for=pc.

体建筑的设计中,通过花芯将分别代表水、雪、海三个体育运动娱乐世界和商业街的四片花瓣有机连接起来,打造一个集体育运动、休闲娱乐、购物、餐饮、文化研学功能于一体的活动场所。

(2) 坚持科技赋能,全方位提升体育旅游体验

为提升消费者的体验感和参与感,无锡文旅城运用现代科技,旨在增强活动的趣味性及参与活动的便利性。①科技加持营造活动氛围。文旅城针对相应的时间节点,将园区调整为应季的主题风格场景,同时利用声、光、水、音等多项科技手段打造符合场景主题的表演项目,如"太湖龙影"创意水秀、"夜游追光"、"梦里水乡"等,精彩的表演与舞美效果相结合,为游客提供别具江南特色的沉浸式体育旅游氛围。②智能会员平台串联"用户—产品—服务"体验闭环。为进一步确保游客游玩的便利性和舒适性,文旅城开发融创文旅俱乐部小程序,游玩路线、产品套餐、美食推荐、园区活动等各种信息皆可一站式查询,从洞察用户真实产品或情感诉求、提供个性化的产品选择到空气化的服务触点形成了完美的体验闭环,是游客的"掌上指南"。

3. 主要成效

(1) 焕活城市"体旅文商"产业融合空间新体验

文旅城区别于传统的游乐园区、商业盒子、街区商业,以全新的产业组合方式妙手布局新业态,不断促进文旅产品与体育、商业的交互融通,构建多场景、全领域、开放性的全新体旅文商资源生态平台。园区通过举办体育赛事、文娱演出等活动,推出层出不穷的新玩法,为消费者带来极具趣味性的体育旅游体验和文化盛宴,在发展中不断提升抗风险能力,增强园区的资源整合能力。

(2) 激活"体旅文商"高质量发展新引擎

文旅城在"体旅文商"产业融合上不断发力,凭借已达国家顶级赛事要求的软硬件条件和配套服务,积极承办国家级赛事,体现了园区极强的专业性。相较于单一的培训业态,文旅城雪世界持续探索产教融合模式,构建产、学、研一体化的培养体系,夯实冰雪行业人才根基,发挥培训行业的联动作用,带动旅游、商业同步发展,推动整体实现高质量可持续发展。

◈ 案例二 体育文化体验游：苏州市运河体育公园

1. 案例模式概述

苏州市运河体育公园坐落在历史悠久的京杭大运河畔，景色宜人，视野宽阔。大运河承载了几千年的历史与繁华，成为苏州永远的文化符号。苏州市运河体育公园依托大运河边的优美风景，把健身之乐融入运河生态，把体育展览植入运河公园，呈现出独具体育特色的公园景观，让运河之美更具运动和文化活力。从2019年改造完成开放后，坚持打造"休闲、健身、体育、智慧"的体育公园[1]。公园内设有不同类型运动项目的场地，不仅可以举办赛事活动，更是群众休闲娱乐的重要场所。除此之外，苏州体育博物馆坐落于江苏省苏州运河公园，提升了运河公园的文化体验。以赛事活动吸引流量，以文化展览丰富体验，以运动休闲助力消费，以此实现体育与文旅产业的渗透融合。

2. 实践路径

（1）大力开展文博展览活动，营造浓郁文化体验氛围

苏州市运河体育公园作为一个多功能综合性公园，不仅为居民提供了一个运动休闲、旅游观赛的好去处，更是借助苏州体育博物馆展示了丰富多彩的体育文化遗产。苏州体育博物馆是集体育人文展览、体育精神弘扬、体育教育培训、体育游戏互动等多功能于一体的综合性博物馆。博物馆以"记录历史、传承文化、弘扬体育精神"为宗旨，展示丰富的体育文化遗产，开展体育科学文化知识、体育精神科普教育，提供个性化、智能化的运动体验。自开馆以来，苏州体育博物馆开展过多次专题展览活动，包括"热情连接世界"迎北京2022冬奥专题展、亚运文化藏品展等，展览期间还开展一系列相关配套活动，如古代体育项目体验、体育文创市集、冠军面对面、中华体育精神宣讲、藏品捐赠仪式、书画艺术笔会交流、体育非遗展演、青少年研学等，营造全民参与的良好亚运氛围[2]。

（2）推进实施研学旅行，深挖文体项目产业价值

运河公园集体育、休闲、文化展览于一体，拥有丰富的文化教育资源和充足

[1]苏州市体育局. 苏州市运河体育公园获评江苏省示范体育公园［EB/OL］. （2023-04-14）［2023-09-27］. http://tiyuju.suzhou.gov.cn/szsports/jcxx/202304/816ddcb70e284b579e24b5e53fddbcf8.shtml.

[2]江苏省体育局. 2023苏州市体育博物馆亚运文化藏品展开展［EB/OL］. （2023-09-25）［2023-09-28］. http://jsstyj.jiangsu.gov.cn/art/2023/9/25/art_79949_11025091.html.

的户外活动场地，为开展学校研学提供了优越条件。运河体育公园与学校、教育机构合作，开展体育文化研学项目，体育公园及体育博物馆多次接待苏州相城实验小学等多所学校组织的研学活动，通过组织各种户外活动，讲解各项运动项目，了解众多奥运冠军及其背后的故事，积极宣扬爱国主义精神、集体主义精神和中华体育精神。此外，苏州市体育彩票管理中心与苏州市运河公园管理处联合成立的"彩云之研"青年学习社，组织开展了苏州体育博物馆的参观学习活动，通过了解体育前辈的事迹，体会并传承他们的拼搏精神。通过各项研学活动的开展，深入挖掘了文化、体育项目的价值，以体育文化体验游的模式，带动"文体旅"产业的相互渗透。

（3）科技赋能体验项目，打造文体旅游新动能

通过将科技元素融入体验项目，苏州市运河体育公园提供更丰富、个性化和互动性强的体验，吸引更多游客前来参观和体验，这不仅增加了公园的知名度和吸引力，还为苏州文体旅游产业带来新的发展动力，推动其实现多业态的渗透融合。公园的户外活动场地均采用全球领先环保高科技——水性 EAU 技术（ECO-friendly Acrylics Unity），它安全环保、透水透气、耐磨防滑、物理性能卓越。解决了城市公园安全性与审美性兼顾的难题，为市民带来更强的体验感，吸引了更多的人流和消费。全园覆盖大功率无线 WiFi、触摸电子屏实现"智能导航"、全数字监控平台，一键呼叫安保中心，多项科技设备加持，更具现代化和时尚感。体育博物馆中除了一般性展馆外，还设有"体博数字体验区"和"运动项目 VR（虚拟现实）体验区"。科技元素的融入，极大提升了人们参与运动和参观展览的趣味性、互动性，为文商体旅融合增添了新动能。

3. 主要成效

（1）展示运河体育文化，实现传承与创新发展

文化是大运河体育文化旅游产业发展的核心要素，只有通过展现大运河体育文化风貌、唤醒大运河体育文化记忆，才能从根本上提升大运河体育文化旅游产业的核心竞争力。苏州市运河体育公园举办如体育赛事、文化展览、演出等各类文博体育活动，以展示运河体育文化的丰富内涵。运河公园举办、承办了全国轮滑大比武、全国广场舞大赛、长三角体育节江苏省轮滑预选赛、江苏省冰雪嘉华体育赛事，展示了运河地区的体育项目和运动技艺。另外，通过编创富有江苏

体育特色的"非遗"健身方法、研发"非遗"健身器材、设计"非遗"创意用品等形式将"非遗体育文化"植入江苏各城市居民生活，如江南船拳的现代化创编和学校化传承、石锁运动的智能化开发和课程化建设便为江苏非遗体育文化传承和创新提供了经验[1]。数字化技术的使用唤醒了大运河体育文化记忆，如体育博物馆的"数字体验区"、虚拟景区再现历史体育场景。

（2）丰富消费者体验，旅游吸引力提升

苏州市运河体育公园提供了丰富多样的体育和文化体验项目，丰富了游客的旅游体验，提升了其参与感和获得感。一是坚持因地制宜，立足于大运河体育文化品牌，实行差异化发展，充分挖掘江苏运河区域的秧歌、舞蹈、游艺、杂技、武术、镖局、游戏、节庆、民俗等传统体育资源，基于地市历史文脉特点，打造富有故事性、文化性、民俗性、节庆性的体育文化历史博物馆展区。基于地域特点的传统文化展示与呈现，极大丰富了游客的旅游体验。二是坚持赛事驱动，依托具有广泛影响力的江苏大运河精品景观体育赛事体系，以马拉松、轮滑、广场舞为主体赛事，打造了属于运河体育公园自己的赛事体系，通过赛事的品牌效应提升了大运河旅游的社会吸引力和影响力。运河体育公园集文化体验、景观赛事、运动休闲于一体的体育文化旅游产品，推进了大运河地区体育、文化、旅游产业深度融合。

7.2.2.2 "交叉融合模式"的江苏实践

◇ 案例一 户外运动：南京市浦口区永宁街道大埝社区

1. 案例模式概述

南京市浦口区永宁街道大埝社区位于景色优美的老山北麓，周围景区环绕，水体、山体资源丰富，因空气清新堪称"天然氧吧"。大埝社区因 2014 年南京青奥会山地自行车公开赛路线设置需要开始建设与开发，5.7 千米的自行车赛道在境内穿过[2]，普通小路化身户外运动时尚赛道。社区以户外运动为产业核心，

[1] 曹毓民，李勇. 促进大运河体育文化旅游融合发展 [EB/OL]. (2021-04-09) [2023-09-29]. http://m. qunzh. com/qzxlk/qz/2021/202107/202104/t20210409_95158. html.
[2] 中国江苏网. 永宁街道大埝社区举办"参与垃圾分类，共创美好大埝"主题宣传活动 [EB/OL]. (2023-06-27) [2023-10-01]. https://baijiahao. baidu. com/s?id = 1769873355453305469&wfr = spider&for = pc.

后延伸为户外运动与康养旅游、乡村旅游交叉融合发展模式，整合优越的绿色自然资源，逐渐打造出一个集健身、游玩、住宿、科普于一体的体育综合体，推动"体旅文商农"融合业态不断发展。

2. 实践路径

（1）不断延伸户外运动产业链条

社区因青奥山地自行车赛获得知名度，社区负责人则牢牢把握此发展契机，迎合当下年轻人户外运动消费偏好，以自行车赛为引子结合当地资源情况开设自行车绿道、野外攀岩、外宿露营等项目[1]，迎合时代潮流的户外产品吸引了众多户外运动爱好者、普通群众前来追随兴趣爱好、锻炼身体、愉悦身心。

（2）以乡村发展为先，打造旅游配套设施

在大力发展乡村户外旅游的同时，黎家营民宿村以秀丽山水为底色，以当地乡村文化为主题，联合村民对自有房屋及相关资源进行改造利用，参与民宿合作经营，打造兼具娱乐、休憩、疗养效果的民宿集聚村落，满足游客的多种需求，为村民提供众多就业机会，助力大埝社区不断取得乡村产业振兴新成效，带领村民走上致富之路。

（3）契合"水墨大埝"概念，营造生态山水田园的悠闲体旅氛围

社区自行车文化体验馆以黑白色调营造出山水意境，展馆中主要展现自行车运动的发展历程及通过现代科学技术进行自行车运动体验，游客可在轻松的体验中感受自行车运动的魅力，了解社区发展的生态内核。此外，社区保留原有的老宅、庭院，以"一户一景、一房一景、移步换景"为设计理念进行改造，游客可在运动之余观赏原始古朴的乡村美景，在诗意世界里放松身心、感受自然。

3. 主要成效

（1）充分彰显乡村体旅风情和生态野趣

受地理位置影响，社区拥有山水风光的原始风貌，农家小院气息浓厚，游客

---

[1] 上观. 水韵江苏·美好乡村 | 水墨风景结合运动休闲，大埝社区这样打造乡村体育综合体 [EB/OL]. (20230-09-04) [2023-10-02]. https://sghexport.shobserver.com/html/baijiahao/2023/09/04/1116213.html.

可体验瓜果采摘的乐趣,在共享厨房中领略"主客共享"理念[1]。借助丰富的农产品资源,社区精心打造农家产品旅游品牌,通过"线上+线下"模式向外界输送原生态安全食品。在这一特定场所中,游客可短暂忘却烦恼、释放压力,在运动中近距离接触淳朴的民风民情,在旅游中亲近自然、感受自然,在产业发展中不断向外界呈现乡村独有的魅力[2]。

（2）助力建设农村产业现代化融合体系

大埝社区从早期的农家乐模式发展为现代乡村体育旅游一体化模式,实现多产业的资源整合。社区通过主动承办相关自行车赛事,拓展知名度,利用桃树资源举办采摘节、丰收节等趣味活动。后疫情时代则依托温泉和森林资源大力发展健身康养产业体系,同时引入科技智能体系,对游玩全程打造智能监管平台,多平台宣传推广社区活动,为游客提供一站式便利服务。"体旅文商农"多产业融合发展帮助乡村逐步实现产业结构的现代化,以更为高效的模式实现产业的更高收益。

（3）扩大乡村经济收入,助力实现乡村振兴

大埝社区负责人表示,社区每年举办自行车等体育赛事近30场,接待人次达百万余,体育赛事的举办间接拉动旅游、农业、住宿、交通等相关产业发展,其年营业收入可达700多万元。广阔的市场在国家政策的支持下转化为实际收益,有效推动乡村振兴实践进程。

◈ 案例二　体育赛事旅游:宿迁生态四项公开赛

1. 案例模式概述

生态四项公开赛于2013年创办于江苏宿迁,指在优良的生态环境中,连续完成游泳、皮划艇、自行车、越野跑四项高强度运动,是我国首次融入生态文明建设元素的大型体育赛事活动,更是我国户外运动从西部山区延伸至东部平原的

[1]廉同辉.乡村振兴战略下南京市大埝社区乡村旅游高质量发展探索[EB/OL].(2023-04-03)[2023-10-03].http://cgzx.nufe.edu.cn/info/1011/1308.htm.

[2]中国江苏网.全国旅游重点村大埝社区:农旅融合绘就"诗意乡村"[EB/OL].(2021-09-23)[2023-10-03].https://baijiahao.baidu.com/s?id=1711656262471397145&wfr=spider&for=pc.

开创性典型赛事[1]。作为骆马湖畔诞生的中国原生体育运动,生态四项不断串联整合优质山水资源,打造一条以生态四项为核心的体育旅游线路,人们皆可在运动中亲近自然、融入自然,从而推动体育与旅游、文化等产业全面发展,实现单一赛事到产业体系的完美跨越。

2. 实践路径

(1) 顺应政策法规需求,打造体育品牌赛事

2016 年,国家体育总局、国家旅游局等联合发布《山地户外运动产业发展规划》(体经字〔2016〕691 号),规划中提出有机结合山地户外运动精品赛事活动和大众赛事活动,积极推动全国赛事活动和地方赛事活动的有效衔接,培育特色活动,培育品牌赛事。《关于大力发展体育旅游的指导意见》(旅发〔2016〕172 号)、《宿迁市全民健身实施计划(2021—2025 年)》(宿政办发〔2022〕56号)、《户外运动产业发展规划(2022—2025 年)》等从不同维度入手,对体育赛事的品牌培育、质量提升、与生态环境的协调相处做出相关规划,助力赛事建设。生态四项公开赛自成立以来以生态为招牌,将体育、健康、旅游和运动休闲等元素融为一体,并通过举办明星体验赛、生态四项论坛和生态四项城市联盟,加速构建赛事品牌。

(2) 设置层次化竞赛分组,满足大众差异需求

生态四项赛事陆续设置了 5.8 千米体验赛、29 千米接力赛、58 千米个人挑战赛/团体接力赛、228 千米国际公开赛五个类别,并依据年龄再划分组别,在个人赛中,分为男子、女子 18~35 岁组,36~50 岁组,51~60 岁组。对专业运动员和普通参赛者而言,皆可相对公平地满足自身竞技或娱乐需求,便于吸引更多人参与到运动中去,领悟生态环境与运动结合的魅力。

(3) 改善区域生态环境,塑造体育旅游氛围

宿迁长期以来恪守"生态立市"战略,与生态四项赛"体育与生态相互促进、协同发展"目标相契合[2],为打造高质量生态环境,全市开展"两减六治

---

[1]中国体育报. 宿迁将举办第八届中国生态四项公开赛 [EB/OL]. (2020-09-18) [2023-10-04]. https://www.sport.gov.cn/n20001280/n20067662/n20067613/c22661293/content.html.

[2]中国江苏网. 第八届中国生态四项公开赛在宿迁开赛 [EB/OL]. (2020-09-19) [2023-10-05]. https://baijiahao.baidu.com/s?id=1678261454667045438&wfr=spider&for=pc.

三提升"专项治理行动[1]，政府部门引导全民参与，以高度负责、高度共识的态度强势推进污染防治工作扎实开展。其中，骆马湖水质已从Ⅳ类提升到Ⅲ类标准。优质的生态环境与专业的体育竞技融合形成优质的赛事体验，不断提升的赛事知名度、美誉度广泛吸引更多的参赛运动员和群众，体育赛事旅游及相关产业的深度融合迎来新的发展契机。

3. 主要成效

（1）发挥体育赛事积极功效，不断完善体育设施建设

截至 2021 年，生态四项公开赛已成功举办八届，每一次赛事的成功举办不仅体现了全民健身项目的深刻落实，更是掀起了全民健身热潮，带动体育旅游及商业、文化等产业经济增长。为配合社会发展需求，宿迁生态体育产业、生态四项公园、青少年体育培训基地等一系列配套设施逐渐落地[2]，全新的设施载体承载更多的健身热情，间接助力体育赛事的高质量开展。

（2）引领体育赛事生态潮流

广泛传播绿色发展理念。宿迁植被繁茂、物种丰富、空气清新，公开赛将得天独厚的生态资源融入赛事举办全程，全程践行生态理念，参赛人员可在比赛中领略宿迁的自然风光，一定程度上增添了赛事的趣味性。赛事的成功举办促进了当地休闲旅游产业、商业等建设，减少了消耗资源、污染环境的第二产业布局，利用体育、健康产业推动经济发展成为当地生态之举。从赛事内涵至产业布局，均可充分彰显绿色生态发展理念。

（3）驱动赛事旅游发展，提升城市形象

生态四项赛的举办地，蜿蜒的大运河穿流而过，三台山和骆马湖与影随行，被山水点缀的宿迁是这项赛事的理想举办地。依托骆马湖得天独厚的自然景观，将赛事与旅游相结合，2019 年第七届中国生态四项公开赛（宿迁·骆马湖三台山），赛事进一步完善升级，开发了贯穿一湖（骆马湖）两河（京杭大运河、古黄河）的生态体育旅游精品赛事线路，吸引了更多的游客和观众前往参与和观赏

[1] 中国江苏网. 宿迁推进生态环境高质量 建设美丽宜居新家园 [EB/OL]. (2018-07-02) [2023-10-05]. https://baijiahao.baidu.com/s?id=1604855375214026812&wfr=spider&for=pc.
[2] 中国体育报. 第六届生态四项公开赛九月将在宿迁开赛 [EB/OL]. (2018-09-05) [2023-10-07]. https://baijiahao.baidu.com/s?id=1610756885424281164&wfr=spider&for=pc.

比赛。经过多年的发展，该项赛事已经成为宿迁体育发展和生态文明建设的一张名片，由此，也吸引了更多活动和赛事在宿迁落地。

7.2.2.3 "重组融合模式"的江苏实践

◈ 案例一 体育服务综合体：聚宝山公园

1. 案例模式概述

南京聚宝山公园是江苏省十佳体育公园、第四批体育服务综合体、第一批体旅融合发展示范基地，公园以"生态绿色"为底色[1]，不断发展运动健身、休闲娱乐等功能，聚焦"体育+旅游"特色主题，构建创新场景、打造多重玩法，联结文化、商业，填补体育旅游产业功能空缺，搭建体旅文商融合发展新模式。整体而言，公园立足"三个圈层"，分别为极限竞速对抗、活力运动趣味和时尚文艺潮流，可满足竞技至休闲多层次需求，旨在打造中国体育旅游新地标。此外，公园配套设施服务占地约7万平方米，配备4千米登山健身步道、10千米环山道路，为举办自行车、轮滑等赛事和活动提供有利条件。

2. 实践路径

（1）开设多项特色休闲项目，构建体育消费新场景

公园开设的"金陵矩阵"项目集绳网攀爬、户外拓展、运动挑战于一体，是南京首个轻极限项目，项目凭借其创新性入围"南京体育消费新场景"，139种难度各异的体验元素可满足不同年龄层次的游客需求。此外，公园立足其生态资源和聚集优势，开设了包括但不限于皮划艇、赛车、篮球馆、足球馆、真人CS等多项时尚运动，丰富游客项目选择，一系列大型赛事的定期开展不仅带动了人流，更是增强了运动爱好者与公园之间的黏性，以此带动体育融合产业发展。

（2）捕捉现代消费需求风口，叠加潮流产业形态

随着消费心理和消费需求的变化，相较传统的观光旅游，人们更加追求"玩

---

[1] 江南时报．聚宝山公园激活文旅体"融合因子"［EB/OL］．（2022-09-14）［2023-10-08］．https：//baijiahao.baidu.com/s?id=1743911837862496778&wfr=spider&for=pc.

出花样","周末游""微度假""新国潮"一时之间成为时髦代名词,公园设置帐篷营地和汉服生活馆,策划多场传统文化活动,展现公园环境美和文化美,文化的参与使公园产品体验更为丰富饱满,更有利于唤醒我国传统文化。聚宝山文化活动以传统节日庆典、民俗表演、传统体育项目竞赛等内容为主,让游客深入感受传统文化的魅力和智慧,同时促进了文旅消费与体育消费的交融,进一步丰富了消费形态,助推文体旅相关产业的发展融合。

（3）点燃"夜经济",增添城市烟火气

为打造沉浸式消费场景,聚宝山公园大力完善园区亮化设施,以丰富多彩的活动给予市民、游客更多参与公共生活空间的机会,增加互动体验环节,增强公园核心竞争力、刺激衍生消费。聚宝山公园在夜间举办体育活动,既为观众提供了一种不同寻常的娱乐体验,也为城市带来了夜间经济的活跃,不仅促进了体育健康意识的普及,也为城市居民提供了丰富多样的夜间休闲活动,增添了城市的活力和烟火气,推动了夜间经济的发展。

3. 主要成效

（1）助力"双减"政策深入实施

公园的金陵矩阵项目是体育旅游有机融合的体现,为配合"双减"政策需求,积极联动园区资源,策划一系列寓教于乐的研学活动,让学生在轻松欢快的活动氛围中收获心得与感悟[1]。一是拓宽教育资源,研学活动为学生提供了多元化的教育资源和学习机会,有助于提高教育质量,推动"双减"政策的实施。二是培养综合素质,注重实践操作和团队合作,培养了他们的创新思维和实践动手能力,有助于学生全面发展,符合"双减"政策提倡的素质教育理念。三是引导生涯规划,帮助学生更好地了解各种职业和专业领域,引导他们进行生涯规划,在实践中探索自己的兴趣和职业路径,为"双减"政策的实施提供了个体化的教育支持。

（2）提升城市体育旅游服务能级

聚宝山公园坚持体育旅游服务创新发展,紧跟社会趋势和时代潮流,以多重

[1]扬子晚报. 轻极限无动力乐园引领公园新经济 跨界融合赋能南京体旅消费新风尚 [EB/OL].（2021-11-20）[2023-10-09]. https://baijiahao. baidu. com/s?id=1716911344904693064&wfr=spider&for=pc.

业态叠加虚拟仿真技术不断完善产业功能互补，为各年龄段游客、市民打造体育休闲、娱乐竞技的城市服务空间，提升游客、市民健康力、社会亲和力，为城市体旅文商融合发展输送持久动力。聚宝山公园打造专门的露营区、自行车道、定向赛道等设施场地，为游客提供了便利条件，不仅满足了游客的运动需求，还提供了安全、舒适的环境。公园推出丰富多样的体育旅游产品和服务，组织各类体育赛事和活动，通过全方位的旅游服务，为游客提供便利和舒适的体育旅游体验。城市体育旅游服务的创新和提升，持续推动了体旅文商的融合发展。

（3）助力南京绿色城市生态建设

聚宝山公园是南京大型城市森林郊野公园，也是南京建设"绿色东部"的重点项目之一[1]。公园占地约2100亩，植被覆盖率达到90%，动植物资源丰富，自然生态是公园的本质特征，与露营、自行车、定向公开赛等体育活动理念相契合，着力从环境和活动两方面打造绿色生态样板。环境方面，公园推广生态景观设计理念，注重保护和利用自然资源，通过多种方式增加绿地覆盖面积，改善空气质量，提供更多的氧气和负离子。活动方面，以体育活动促进人与自然的互动和环境意识的培养，引导市民与自然环境建立更加密切的联系，激发市民对绿色城市生态建设的关注和参与。

❖ 案例二　运动休闲特色小镇：苏州太湖体育运动休闲小镇

1. 案例模式概述

太湖体育运动休闲小镇位于苏州太湖国家旅游度假区，镶嵌于太湖山水之间，有着得天独厚的生态与区位优势，小镇因地制宜、不断创新，将"体育+旅游""体育+文化"作为主要发展方向，形成了以足球运动为主要体育门类、以太湖山水为主要旅游吸引物、以酒店集群为主要旅游载体、以舟山核雕为主要文化产业的发展模式[2]。为适应面向人群需求，商业、农业与小镇"文体旅"融合产业形成交叉互补之势，从多维度完善产品功能配套，合力共建竞技、娱乐、培训、健身多功能兼备的融合型特色小镇，良好的发展态势使小镇分别在2021

---

[1] 坦途. 南京聚宝山公园在哪 怎么去［EB/OL］.（2021-10-18）［2023-10-09］. http://nj.bendibao.com/tour/20211018/ly117881.shtm.

[2] 新华日报. 苏州太湖体育运动休闲小镇入选国家体育旅游示范基地 体育旅游融合发展活力迸发［EB/OL］.（2022-12-09）［2023-10-10］. http://xh.xhby.net/pc/con/202212/09/content_ 1142537.html.

年与 2022 年获评"中国特色小镇 50 强""国家体育旅游示范基地"。

2. 实践路径

（1）构建优质产业生态体系，塑造小镇核心竞争力

体育是小镇开发的主力产业，不同的运动项目设有相应的运动场地，目前项目囊括足球、棒球、高尔夫、皮划艇、户外运动、水上运动等，此外八公里"滨湖红"环太湖健身步道、"太湖蓝"马拉松赛道也是小镇的亮点所在，完善的体育设施可常态化满足专业竞赛需求、培训教学需求、大众健身需求，吸引众多国内外赛事进驻。同时，小镇配套建设了星级酒店集群，完善了健全的安全管理制度，做到责有所归，切实保障运动员和游客人身安全，从硬件设施到软件管理均从小镇面向人群角度出发，多产业交叉融合铸就太湖产业融合大 IP。

（2）强化体育赛事引领作用，提升小镇品牌知名度

小镇优质的产业生态体系吸引各类赛事活动纷至沓来，如 2022 年苏州"环太湖 1 号公路"马拉松赛、第一届中国青少年足球联赛、首届中国高尔夫球巡回赛等国家级赛事和地方特色赛事，并为一些体育竞赛组织提供训练保障服务。小镇以体育赛事为杠杆，撬动体育、旅游、商业等产业融合消费，融于赛事的太湖文化元素随着赛事开展得到宣传和推广，产业间相互协作、优势互补，助力小镇实现根本性产业转型，小镇则凭借创新性融合发展获得广泛关注。

（3）推进政府部门指导事项，实现政企双向奔赴

小镇从申报创建开始，得到省、市、区、体育局各级领导的密切关注和大力支持，小镇充分利用自身优势全力建设体育相关事业。江苏省发展基金会也曾对小镇开展专题调研，切实加强基金会与企业、项目间的沟通与合作。在实际发展过程中，小镇不但注重市场化运营效果，更是以详尽的产业配套功能凸显政府优质服务，积极打造区域体育产业融合发展新标杆。

3. 主要成效

（1）推动足球运动的普及与振兴

太湖足球运动中心是小镇的重点板块，足球中心已建成并投入使用 18 片不同标准的足球场地建设工作，可满足足球赛事、集训等各项活动需求。作为全国为数不多，同时拥有男、女足国字号青训中心的机构之一，足球中心肩负起足球

运动人才培养的重任，组建男女青训队伍 15 支，向各级运动梯队输送足球人才。此外，足球中心与中小学联合开展足球训练营活动，传播足球文化、磨炼足球技能。

（2）建立产业发展与生态建设良性机制

小镇系统整合区域体育产业、旅游资源与生态资源，以"两山理论"为指导，在生态保护红线内开展体育项目建设工作，产业与生态在一定程度上达到和谐共生，有助于实现产业生态化的良好局面。小镇因地处太湖之滨，生态旅游资源丰富，且一直在不断保护和提升片区生态环境，通过与体育、旅游、文化等产业的重组、联动，实现生态资源的应用和转化，促进生态资源保值增值，生态产业化与产业生态化可实现协同并进。

7.2.3 江苏"体旅文商农"产业融合发展的机制创新

7.2.3.1 赛事驱动机制

体育赛事是驱动城市消费发展的核心引擎，是实现体育核心功能和多元价值的关键机制，是吸引和集聚社会资源的重要端口和平台。举办彰显城市文化、具有国际影响力的体育赛事已成为带动城市文化发展、旅游消费、商业开发的重要手段。江苏省具有体育文化资源丰富、竞技体育实力强、全民健身氛围浓郁及数字体育技术支撑有保障等优势，依托强大的经济实力和较为完善的基础设施，借助本省的深厚历史文化底蕴和丰富文化资源举办了一系列体育赛事，挖掘出"体旅文商农"新兴消费领域的增长点。通过对省内赛事资源整合、体系完善和品牌塑造，实现江苏省"体旅文商农"产业深度融合、业态联动和活力激发。

（1）资源整合，促进"体旅文商农"深度融合

通过赛事活动将体育、旅游、文化和农业等多个领域的资源进行整合，形成产业链条和价值链条的衔接。这种机制能够实现资源的共享和优势互补，促进不同产业的深度融合。以 2023 年南京马拉松为例，作为最受欢迎的体育赛事之一，南京马拉松已成为南京聚力打造体育赛事名城、展示城市魅力的一张名片[1]。这项赛事不仅吸引了大量国内外跑者和体育爱好者，也成为吸引游客的重要旅游

---

[1] 南京市体育局. 2023 南京马拉松鸣枪开跑［EB/OL］.（2023-11-13）［2023-11-20］. https://sports. nanjing. gov. cn/gzdt/202311/t20231113_4096129. html.

活动，赛事期间，南京的旅游景点、酒店、餐饮等相关产业都得到较大推动和发展。经调整后的南京马拉松赛道途经多处重要景点，赓续更多金陵文脉，将南京更多地标串联成线。赛事还融入了南京的文化元素，如举办沿线的传统民俗表演和文化展示，提供了丰富的文化体验。

（2）协同发展，推动不同产业互动融合

江苏省通过赛事活动激发了体育、旅游、文化和农业等产业之间的协同效应。一方面，赛事活动可以吸引游客和观众，促进旅游业和餐饮业的发展；另一方面，赛事活动也可以结合文化表演和手工艺品展销，推动文化创意产业和农产品加工业的发展。以 2023 年苏迪曼杯世界羽毛球混合团体锦标赛为例，赛事带动了酒店、商场、旅游等消费业态，比赛场馆周边酒店及商业在赛事期间的客流量较 2019 年同期增长 106%，销售额增长 36%[1]。苏州市还举办了苏迪曼杯嘉年华，展区吸引了 20 多个知名品牌参展，苏州特色丝绸、老字号、购物村、酒店等品牌均有亮相，促进了"体旅文商农"产业的互动与融合。

（3）品牌塑造与赛事培育，激发"体旅文商农"融合发展活力

江苏省人民政府办公厅在《省政府办公厅关于印发江苏省贯彻体育强国建设纲要实施方案的通知》（苏政办发〔2020〕49 号）中明确提出，打造"赛事江苏"体育品牌，培育超过 10 项国际体育精品赛事，打造 10 项具备自主知识产权的体育竞赛表演品牌。支持各地组织市场化程度高的职业体育赛事，并创建了如"一带一路""大运河""环太湖"等一系列品牌赛事活动。同时，扩大马拉松、自行车等广泛参与且具有强大旅游拉动力的赛事旅游项目，不断提升体育赛事活动综合效益，以此为体育、旅游、文化、商业和农业深度融合注入新的活力。以"大运河"品牌赛事为例，苏州坚持"凸显特色，打造品牌"的模式，将大运河沿线独特的城市历史文化景观与体育旅游相结合、江南水韵文化与体育产品相串联，凸显体育旅游资源特色[2]。在苏州举办过的知名运河文化体育赛事有苏州世乒赛、苏迪曼杯世界羽毛球混合团体锦标赛、国际田联竞走挑战赛等。此外，建设"一区一品牌"的群众体育赛事，弘扬传统体育文化，以"运河元素"贯穿，打造具有国内外广泛影响力的大运河精品景观体育赛事体系。苏州紧紧围绕

---

[1]王辉.体育产业规模不断扩大 为经济发展增添动能［N］.中国体育报，2023-08-11（2）.
[2]顾莉亚.大运河文化带建设赋能名城建设［N］.中国社会科学报，2023-03-22（11）.

"运河文化"的主题，突出生态、休闲、体验，通过大项目的带动作用、品牌效应，实现体育、旅游、商务、文化产业链条的融合发展。

7.2.3.2 场景营城机制

作为城市公共生活"孵化器"的消费场景，能够吸引多样群体聚集和社会交往，对城市发展产生多重作用，即拉动潜在消费、激发创新创意、培育社会资本[1]。在满足人民对美好生活需要、加快建设国际消费中心城市过程中，以消费场景创新作为突破口，推出 100 个新型消费场景，囊括潮流项目、健身场馆、商业中心、户外营地、体育休闲、冰雪运动等多种类型，推动体育、旅游、文化、商业、农业等多业态的交互与融合，为南京消费市场注入蓬勃活力，从而更好地满足市民个性化、场景化的多元消费需求。①潮流项目，以溧水万驰国际赛车场为例，万驰国际赛车场地处南京市溧水开发区，总面积 2000 余亩，是江苏省首个经 FIA 认可的国际专业赛车跑道，也是中国第八个专业赛车场，距市区约 30 分钟路程[2]。经过整体设计，该地将专业赛车场地与汽车文化主题公园融合，发挥行业资源优势，打造集赛事、旅游、品牌活动、休闲体验为一体的现代化综合体。②健身场馆，以乐刻运动为例，该公司于 2015 年在杭州成立，起初作为一个健身产业的互联网平台，以响应运动健康需求为愿景。南京乐刻运动紫峰大厦精品馆以用户需求为核心，构建数字化平台，联通场景、用户、教练、服务，形成健身服务新零售体系，实现各行业与健身产业深度融合。③商业中心，以迪卡侬雨花店为例，迪卡侬希望通过自身超高性价比的优质产品、全场景式的消费体验和专业便捷的体育服务，把运动带给每一个人，门店辟出专门场地，作为顾客互动体验区域，如轮滑体验区、体适能教室、乒乓球互动区、健身器械试用区、户外篮球场等，消费者可以随时随地切换不同运动装备，在各个体验场地内运动。④户外营地，以金牛湖奥帆露营基地（以下简称奥帆营地）为例，奥帆营地成立于 2021 年 4 月，位于南京市六合区金牛湖西侧临湖区域，营地和周边野生动物园、金牛湖风景区、旅游资源联动，开展帐篷露营、水上运动、乡村特色市集、体育赛事等业务，以水上运动体验、培训、赛事为特色，结合周边旅游及六合特色文旅资源，打造南京及都市圈亲子家庭休闲度假、单位团建产品。

---

[1] 吴军，叶裕民. 消费场景：一种城市发展的新动能 [J]. 城市发展研究，2020，27（11）：24-30.
[2] 南京市体育局. 溧水万驰国际赛车场 [EB/OL]. (2023-08-02) [2023-11-24]. https://sports.nan-jing. gov. cn/ztzl/njtyxfxcj/clxm/202308/t20230802_3977653. html.

8

成都"体旅文商农"产业融合发展的实证案例

成都作为中国西部最重要的中心城市之一,践行"谋赛、营城、兴业、惠民"的理念,拥有场景营城和产业营城的良好基础。成都在西部地区较早开展了"体旅文商农"产业融合发展实践。本章首先从产业融合是培育城市经济高质量发展的新引擎、是驱动居民消费需求升级的新要求、是高水平建设"三城三都"的新路径分析成都"体旅文商农"产业融合发展的时代背景;其次从实践举措、实践模式、机制创新三个维度解析成都"体旅文商农"产业融合发展的实践案例,为探索我国"体旅文商农"融合发展的模式构建与机制创新提供西部地区的实证案例。

8.1 成都"体旅文商农" 产业融合发展的时代背景

8.1.1 新业态新模式是培育城市经济高质量发展的新引擎

在新时代经济高质量发展的背景下,成都的新业态、新模式呈逆势增长状态,成为孕育区域经济高质量发展的重要引擎。2022 年,成都市政府发布《培育文旅消费新业态推动文旅产业创新发展实施方案》(成办发〔2022〕5 号)明确强调,发展生态畅游、特色宿集、研学旅游、休闲运动、美食品鉴等新业态,高质量打造极具"成都范儿"的体验式文旅消费新业态、新产品、新场景。成都作为国家首批体育消费试点城市,随着利好政策的大力推动,体旅文商农融合发展的新业态、新模式、新消费不断涌现,拉动城市经济发展的作用显著增强。2022年,成都实现地区生产总值(GDP)20817.5 亿元,比上年增长 2.8%,其中体育产业总规模突破 1000 亿元、旅游总收入 1814 亿元、文创产业增加值 2261 亿元，商业会展总收入 711 亿元[1]。可见，培育和壮大多产业融合发展的新业态、新模式，是激发成都城市消费需求、助推成都区域经济高质量发展的重要途径。

8.1.2 产业深度融合发展是驱动居民消费需求升级的新要求

就产业经济学理论视角而言，通过产业深度融合所提供的产品和服务具有多元化的功能，能有效满足消费者不同的需求[2]，对拉动居民消费升级具有重要作用。近年来，一方面，在消费提质升级的发展趋势下，打造产业融合发展的消费新场景势头强劲。将"消费新场景"作为产业深度融合发展的基础载体，能有效实现空间、资源、人流、资金、政策等要素协同发展，从而形成城市公园、工厂文创、户外营地、全民健身、美丽乡村、旅游景区、商业中心、训练基地等多种类型的消费新场景，成功带动体育运动、文化创意、生态旅游、户外休闲娱乐、民宿康养等产业融合和创新发展。另一方面，成都在不断贯彻落实乡村振兴战略和新型城镇化的进程中，关于产业深度融合的体制机制、基础条件、产品创新能力、资源配置等都得到一定的改善，"体育+旅游、文化、商业、农业"等相关产业的融合发展得到深化。在此基础上，成都成功培育了一批体育旅游、体育会展、健身绿道、主题运动公园、户外休闲旅游等复合型业态和新兴产业。

8.1.3 "体旅文商农"产业融合发展是高水平建设"三城三都"的新路径

"体旅文商农"跨业融合发展作为成都"十四五"时期经济社会发展的重要抓手，在建设高水平"三城三都"（即世界文创名城、旅游名城、赛事名城和国际美食之都、音乐之都、会展之都）过程中发挥了重要作用。2023 年成都政府工作报告数据显示，五年来，成都都市圈经济总量 2.62 万亿元，占全省 46.2%[3]。随着成都居民美好生活需求日益多元化和世界赛事名城建设日益深入化，成都市居民对体育消费需求显著扩大。据政府公开调查数据显示，2021 年成都市体育消费总规模达到 532.4 亿元，从消费类型上看，体育旅游消费异军突起，人均消费支

[1] 孙亚军，曾诗阳. 把握文化名城建设新契机 [N]. 经济日报，2023-08-01（4）.
[2] 于刃刚，李玉红，麻卫华，等. 产业融合论 [M]. 北京：人民出版社，2006：11.
[3] 新浪财经网. 2023 年成都市政府工作报告 [EB/OL].（2023-02-28）[2024-10-10]. https://finance. sina.com.cn/wm/2023-02-28/doc-imyifeiz8080676.shtml.

出 415.7 元，比重达 16.5%[1]。可见，在成都全面建设践行新发展理念的公园城市示范区，加快建设具有全球影响力和美誉度的现代化"三城三都"的迫切目标下，积极探索体旅文商农产业融合发展模式，营造跨产业融合发展的消费新场景，成为助力高质量产业供给侧结构性改革、培育社会经济发展新动力的必要途径，也是提升居民幸福度和推动城市健康发展的重要保障。

8.2　成都"体旅文商农" 产业融合发展的实践解析

8.2.1　成都"体旅文商农"产业融合发展的实践举措

8.2.1.1　以政策红利为导向，释放业态融合的发展潜力

政策红利密集释放 "促消费"是成都提振经济活力的关键举措。2021 年 12 月市体育局颁布《成都市"十四五"世界赛事名城建设规划》，提出顺应消费升级、促进体育赛事与餐饮、住宿、旅游、康养、文化娱乐、广告传媒、科技信息、会展博览、商业商务、农业等产业深度融合。2022 年 1 月，成都市发改委发布《成都市"十四五"农业农村现代化规划》，提到促进农商文旅体融合与产业功能布局相结合。2022 年市新经济发展委员会颁布的《成都市"十四五"新经济发展规划》明确提出，整合教育、医疗、旅游、文化等"体育+"资源的一种生态系统，是体育产业转型升级、实现"弯道超车"的一种实践路径。近年来，成都市各部门颁布的连续性政策为成都"体旅文商农"产业融合发展提供了发展指南（表8-1），为城乡融合发展注入强大动能。据成都市统计局公开数据显示，2022 年城镇居民人均可支配收入 54897 元，增长 4.3%。农村居民人均可支配收入 30931 元，增长 6.2%[2]。综上所述，利好政策的引导，为成都市产业融合发展的新业态、新经济提供了重要的支持力。

[1] 成都市体育局.2021 年成都市居民体育消费调查主要数据 [EB/OL].（2022-02-28）[2023-10-10]. http://cdsport.chengdu.gov.cn/cdstyj/c149438/2022-02/28/content_9b735f35d4324f78838825f3a4b2d945. shtml.

[2] 成都市统计局.2022 年成都市国民经济和社会发展统计公报 [EB/OL].（2023-03-25）[2023-10-10]. https://cdstats.chengdu.gov.cn/cdstjj/c154795/2023-03/25/content_c2016a5d71b24884835ddb8ea0bf be1a.shtml.

表 8-1　成都体旅文商农融合发展的相关政策

发布时间	政策名称	发文机构	相关内容
2020 年 8 月 20 日	《成都市促进旅游业加快恢复发展的政策措施》	成都市人民政府办公厅	鼓励包括各大景区、博物馆、旅行社、酒店民宿等在内的旅游、住宿、文创、娱乐、体育、餐饮、百货行业符合条件的商户参与
2021 年 9 月 8 日	《成都世界赛事名城建设纲要》	成都市人民政府办公厅	推动农商文旅融合发展，将体育消费场景与户外游憩、微度假、田园生态旅居、休闲餐饮等业态叠加
2022 年 1 月 4 日	《成都市"十四五"农业农村现代化规划》	成都市人民政府办公厅	着力打造集时尚消费、运动休闲、健康养生、文化展演、旅游观光、对外交往等功能复合的农商文旅体融合发展综合体
2022 年 1 月 28 日	《培育文旅消费新业态推动文旅产业创新发展实施方案》	成都市人民政府办公厅	支持打造一批以户外运动、体育培训、休闲度假、健身康养等为特色的运动休闲小镇和体旅融合的国家体育产业示范项目
2022 年 12 月 8 日	《成都市支持体育产业高质量发展二十条政策》	成都市人民政府办公厅	支持文体旅商农融合项目建设。鼓励市场主体利用公园城市自然山水资源，打造山地、冰雪、水上、汽摩、航空等体育消费新业态、新场景项目
2022 年 12 月 30 日	《成都市"十四五"体育产业建圈强链发展规划和二〇三五年远景目标展望》	成都市人民政府办公厅	全面推动"赛事+"发展，以体育赛事为合作平台，促进体育赛事与旅游、文化、科技、会展、餐饮等领域深度融合
2023 年 2 月 17 日	《高质量打造全省文旅经济发展核心区推动世界文化名城建设行动方案》	成都市人民政府办公厅	利用绿道、蓝网、川西林盘等多元空间深化农商文旅体融合发展

资料来源：根据成都市官方各部门公开资料整理。

8.2.1.2 以消费场景为载体,拓宽业态融合的消费空间

消费场景是推动"体旅文商农"产业融合发展的基本载体,其中体育场景作为运动消费情景下多业态内生耦合的商业模式[1],是焕发成都市体育消费活力的重要抓手,是成都体育赛事名城建设的关键支撑。在体育消费升级背景下,成都始终贯彻以"场景营城、产品赋能"作为革新体育产业新经济、激发体育消费新活力的两大举措。2020 年 8 月,成都入选首批国家体育消费试点城市。在此机遇下,成都以场地设施为依托,以赛事活动、健身休闲等体育服务为核心,以新技术、新模式、新业态为特色,着力打造众多体育消费新场景,把营造消费新场景作为促进体育消费提质扩容的重要手段。据统计,2022 年成都市体育消费总规模实现 578.6 亿元,人均体育消费支出达到 2720.6 元,较 2021 年同期增长 8.4%,占居民人均消费性支出比重的 9.4%[2]。为进一步弥补体育自身商业模式要素不全的缺陷,成都市在传统以体育要素为核心的消费新场景的基础上,大力融入旅游、文化、商业、农业等产业要素,积极推进各产业链之间的渗透、交叉和重组,创新性地形成了城市公园、工厂文创、户外营地、全民健身、美丽乡村、旅游景区、商业中心、训练基地 8 大类型、共计 110 个(表 8-2)体育消费新场景、新模式,促进成都区域空间、资源、人流、资金、政策等要素协同式发展。综上所述,成都致力于通过为市民提供更具多元化、时尚化、体验化的体育消费场景,推进城市体育消费的转型升级,扩建体旅文商农融合发展的平台。

表 8-2 运动成都·体育消费新场景 100+名单

类型	数量(个)	体育消费新场景名城
城市公园	16	麓客岛、江滩公园、金泉运动公园、东风渠绿道公园(汽车主题公园)、锦城湖 2 号湖(浪速赛艇俱乐部)、本直球馆(桂溪生态公园店)、成都露天音乐公园、鹿溪智谷国际网球公园、芳华桂城微马公园、鲁家滩运动公园、长流河公园、射洪坝街道滨江绿道公园、羊马嘉裕湿地公园、洛带古镇洛水湿地公园、鳌山公园、府河摄影公园

[1]鲍明晓.论场景时代的体育产业 [J].上海体育学院学报,2021,45(7):1-7.

[2]文化产业参考.成都,以活力拥抱世界,以体育改变城市![EB/OL].(2023-08-02)[2023-10-12].https://mp.weixin.qq.com/s/4HQHd3Eicsm48VumDwh9Ag.

类型	数量（个）	体育消费新场景名城
工厂文创	10	西村大院、劲浪体育金开运动中心、文轩体育文化中心、南山汽车文化产业园、BY1906 文创工厂、梵木创艺区文体旅融合项目、吾畏篮球学院、梵木 FLYING 文创公园（凡越少儿网球馆）、绿树电竞馆、华熙 LIVE·528 冰乐园
户外营地	14	宝山户外运动中心、新都区尖锋运动公园项目、豪芸通用航空机场、天台山飞行营地、四川豪威马术俱乐部、青城国际马术俱乐部、远拓新津白鹤滩国家湿地公园户外营地、探越谷·猴子岩攀岩拓展基地、莱特航空科技运动飞行营地、诺威骑士马术中心、安仁同翔飞行基地、金堂蓝光观岭高尔夫运动中心、都江堰青城山高尔夫俱乐部、熊猫森林户外装置乐园
美丽乡村	13	都江堰市虹口漂流中心、明月国际陶艺村、幸福崃道·自行车高速、天府国际慢城、龚家山山地体育公园、梦桐泉体育主题乡村酒店、成佳镇绿茶公园、无根山登山健身步道（竹艺村绿道）、三河足球村、我的田园·自然王国、新希望种子乐园、战旗妈妈农庄（户外拓展体验）乡村酒店、彭州市葛仙山镇湔江绿道
全民健身	23	香城体育中心、攀成钢·社区体育文化中心、麓坊运动中心、V12 体育创意基地、地心引力综合馆、张大公馆、大丰体育文创公园、成都金堂恒大运动中心、"WePark"社区智能足球公园、成都高新现代体育公园、成都金奥保龄球馆、FF 体育公园、海德体育中心、和嘉天健蛟龙羽毛球馆、博鳌乒乓球俱乐部、圣力凯运动中心、索林体育中心、大溪谷力豪健身中心、TPS 弓箭手营地射箭主题生活馆、灵动普拉提·瑜伽俱乐部、盖尔森国际击剑中心、彭州莱运国际台球中心、嗨马乐动运动馆
旅游景区	10	成都融创文化旅游城、西岭雪山、景域石象湖景区、安缇缦国际旅游度假区、天府花溪谷、三岔湖长岛天堂洲际酒店水乐园、港中旅运动休闲温泉度假村、三岔湖垂钓中心、大溪谷体育公园、竹溪湖皮划艇训练基地
商业中心	15	339 综合体、成都大悦城、凯德天府、富力广场综合体、迪卡侬、恒大广场综合体、IFS 综合体、仁和新城综合体、万象城综合体、悠方综合体、银泰 in99、环球中心、昊祥邻里聚金泉广场、新都七一国际广场体育服务综合体、旭海时代广场
训练基地	9	四川金强篮球体育训练基地、宝马骑行公园、成都市足球协会温江培训基地、仁德足球主题公园、成都谢菲联足球公园、四川川投国际网球中心、四川省山地自行车训练基地、德西体育学校、百溪堰足球场胜利伯艾斯青训基地

资料来源：根据成都市体育局公开资料整理。

8.2.1.3　以要素供给为支撑，完善产业融合的基础条件

强化要素供给是创新驱动产业融合更新的基石，是实现体旅文商农融合发展活力的重要势能。成都围绕体旅文商农发展的各产业链、各环节，着重激活"人才""资金""技术"的要素供给，不断优化体旅文商农的产业集聚和资源互通。主要表现在以下三个方面：一是强化人才要素。成都采用健全"企业提需求+政府给支持"联合引进高级人才和培育高素质民间优才有机结合的举措，构建健全的项目规划、运营管理、文创旅游设计、户外运动开发等分类分级的现代化人才支撑体系。为此，通过实施每年编制《成都人才开发指引》、"成都城市猎头行动计划""产业生态圈人才计划"等一系列举措筑牢人才支撑体系。据行业统计数据显示，截至2023年，成都人才总量达622.32万人[1]，并连续3年荣获"中国年度最佳引才城市"奖。二是强化资金要素。成都秉持政府引导、市场主导，广泛融入财政、金融和社会资本的力量，建立分配合理、协调促进的投融资机制和合理制定体旅文商农项目投资的风险管控机制，为体旅文商农多产业融合发展倾注活力。例如，成都市于2019年专门成立乡村振兴基金项目，构建"区域引导+国资联合+省市联动+成渝合作"立体化投资模式[2]，积极引进区域企业社会投资，大力注入体旅文商农助力乡村振兴的资金动力。三是强化科技创新要素。成都以主导产业、优势产业、前沿产业的产业链为依据，深化科技创新与产业融合，不断完善产业建圈强链的科技创新机制，构建起完整性、先进性、安全性的现代化产业融合发展体系[3]。以成都新消费产业生态圈为例，成都贯彻以农业为主导产业，以旅游业、会展业、文化业、体育产业为优势产业，推进人工智能、大数据、信息传媒等新经济为主的前沿产业，强化科技创新和产业的深度融合，实现产业集群发展，从而提升产业的职能化和数字化水平。据成都市大数据与人工智能产业链链长制工作专班指出，2023年成都市着力打造"数据+算

[1]黄雪松.加快建设全国创新人才高低 成都人才总量达622.32万人[N].成都日报，2023-07-23（3）.

[2]成都市财政局.关于公开2023年市级财政支出重点绩效评价报告的公告[EB/OL].（2023-12-29）[2024-03-01].https://cdcz.chengdu.gov.cn/cdsczj/c116712/2023-12/29/content_a8bf5500d102499da753ab4f1fa5b127.shtml.

[3]蔡之兵.如何推动科技创新与产业发展深度融合[N].成都日报，2023-07-12（6）.

力+算法+场景"于一体的大数据与人工智能全要素产业生态体系[1]，着力推动体旅文商农各产业要素融合发展。综上所述，人才、资金、技术等要素的可持续化供给为成都多产业的融合与创新发展不断赋能。

8.2.1.4 以机制保障为抓手，优化业态融合的协调能力

体旅文商农高质量的融合发展，有赖于健全的机制保障[2]。成都市为积极加快体旅文商农融合发展转型，统筹推进顶层设计与基层实践的有机结合，强化组织管理机制、基础设施机制、考核评估机制等方面的机制保障，不断深化体旅文商农产业建圈强链需要的机制保障。主要表现在以下三个方面：一是组织机制保障。成都大力整合高校、社会组织、旅游企业、农村集体经济组织等多主体的力量，构建了"政府+市场主体+集体经济组织+农民"的联建联营新型组织管理模式和产业联盟建设，为体旅文商农融合发展提供智力、资金等多要素的强劲支撑。例如，2020年9月，成都天府农商文旅体融合发展联盟成立，联盟共有78家成员单位，涉及网络新闻媒体、高校和教育培训机构、省市社会团体、景区、文创策划单位、乡村旅游经营主体等[3]。二是体育基础设施体系机制保障。成都为加快世界赛事名城建设，立足"绿道+赛事""公园+产业"，不断健全体育基础设施体系，构建起"市—区（市）县—街道（社区）"三级和"赛事、竞训、健身"三类公共体育基础设施体系，补齐赛事营城的设施短板。以成都市郫都区为例，《"十四五"时期全民健身设施补短板工程实施方案》（发改社会〔2021〕555号）目标为，2025年要实现全国人均体育场地面积2.6平方米以上，而郫都区2023年人均场地面积达到2.61平方米[4]，提前完成目标。三是开展考核评估机制保障。成都坚持强化部门联动、协同、共促的原则，聚焦产业融合发展的需求，细化考核指标，开展评估问效，梯度形成"目标导向—月季检测—

[1]锦观新闻.2023年成都大数据产业规模将力争突破千亿元[EB/OL].（2023-05-27）[2024-03-01]. https://www.sohu.com/a/679470574_35547.

[2]眭海霞，韩淼，尹宏.农商文体旅融合发展模式及动力机制研究[J].经济问题探索，2023（7）：54-62.

[3]四川在线.成都天府农商文旅体融合发展联盟正式成立[EB/OL].（2020-09-10）[2023-10-17]. https://sichuan.scol.com.cn/ggxw/202009/57897726.html.

[4]中新网四川.成都市郫都区：人均体育场地面积提前"撞线"赛事激发体育内生动力[EB/OL].（2023-07-11）[2024-03-01].https://www.sc.chinanews.com.cn/bwbd/2023-07-11/191231.html.

年度考核—优化提升[1]"闭环式机制保障。综上所述,健全组织、设施、评估等多方面的保障条件,为成都体旅文商农产业融合发展奠定了坚实的基础。

8.2.2　成都"体旅文商农"产业融合发展的实践模式

8.2.2.1　"渗透融合模式"的成都实践

◈ 案例一　体育文化体验旅游:成都东华门考古遗址公园

1. 案例模式简介

成都东华门考古遗址公园位于成都市青羊区,其前身是 1992 年建成的成都体育中心。该遗址发现于 2013 年对成都体育中心场馆进行改造升级的过程中。在政府引导下,确立了对成都体育中心进行场馆改造,融入天府文化元素的规划思路,致力于打造成古代遗址建筑和现代体育建筑相互结合的具有历史街区形态的公园城市示范区。整个遗址公园分成两部分,体育场馆内部遗址不对外开放,用于展开遗址考古研究,保护成都古文物遗址;体育场馆外部遗址于 2023 年 7月 20 日正式对外开放,供游客观光,让游客真切感受成都历史建筑文化。如今,成都东华门考古遗址公园不仅是延续古老成都城市历史文脉、推进世界文化名城建设的重要载体,还是丰富成都体育文化体验旅游产品,提升体育业、文化业、旅游业等产业能级的重要抓手。

2. 实践路径

(1) 坚持守正创新,创新体育文化旅游新场景

成都东华门考古遗址公园采用古今结合的体育文化旅游创新性场景,充分实现了遗址文化资源优势的保护传承和创新性发展,促进了遗址与旅游融合发展,具有重要的实践意义。①系统整合和合理开发文化遗产资源。实施"一馆双用",体育馆内场,拆除原来的足球场,用于开展考古工作,完整保存古遗址。体育馆外场,通过设计遗迹展示牌、数字语音简介、文创展示中心、古韵植被景

[1]成都市发展和改革委员会.8 个产业生态圈,28 条重点产业链!成都建圈强链迎来全新"路线图" [EB/OL].(2023-04-13)[2023-10-17].https://cddrc.chengdu.gov.cn/cdfgw/fzggdt/2023-04/13/content_5cdb2de2c3ab422faf3b39e00445837.shtml.

观布局等举措，打造成游客"可阅读、可感知、可欣赏、可参与、可消费"[1]的体育文化体验旅游产品。②运用现代科技手段，丰富场景价值内容。运用 3D 投影、触控交互等现代互联网信息技术，配置了数字技术场景模拟、互联网语音导读、东华门遗址与体育场馆结合的效果图等服务功能，强化游客的体育文化旅游场景互动体验感。

（2）强化政府主体责任，完善政策支持体系

成都市政府大力发挥主导作用，出台连续性政策支持古遗址探索文化新业态。政策保障为东华门考古遗址公园建设成规范化、标准化的体育文化体验旅游道路提供重要指南。同时，出台连续性政策保障古遗址新业态资源活化利用。例如，2021 年 7 月成都市政府出台《成都市中优"十四五"规划》，强调以"文化+"为产业发展的主攻方向和主要方式，推动天府文化创新发展，推动文商旅体融合发展；2022 年 12 月颁布《成都市大遗址保护条例》，提出促进大遗址保护与当地社会、经济、环境协调发展。

（3）注重人才队伍培养，增强人才保障措施

强大的人才队伍是东华门考古遗址公园开发古今结合创新发展思路的关键因素之一，对东华门遗址公园实现体育与文化、旅游相结合发挥重要实践推动价值作用。①政府助推人才培养。为进一步加强东华门遗址保护、实现古遗址价值最大化，成都市规划和自然资源局专门启动东华门遗址公园规划研究计划活动。②专家学者积极组建研究智库。自成都市政府制定东华门遗址开发的战略部署后，国内外知名科研院所、体育文化旅游专家、考古专业团队等积极响应，制定合作研究方针，组建了一支高质量的研究智库。③开展校企合作、校校合作。例如，清华大学和西南交通大学联合开展"成都东华门遗址公园规划设计研究"的主题课程，就如何活化东华门遗址公园文化价值展开头脑风暴式的交流和互动。

3. 主要成效

（1）注重古遗址保护，实现继承与弘扬天府文脉的文化效益

在成都市规划和自然资源局等政府部门的顶层设计下，将承载了成都千年历史

---

[1] 成都市文化广电旅游局. 成都出台《高质量打造全省文旅经济发展核心区推动世界文化名城建设行动方案》[EB/OL]. (2023-02-22) [2023-10-20]. https://cdwglj.chengdu.gov.cn/cdwglj/c133186/2023-02/22/content_7d155477059145528efad325fe45f235.shtml.

文化的东华门遗址公园纳入"天府文化公园"的重点建设项目之中,明确提出"打造历史街区形态的公园城市示范区"的规划目标,采用遗址保护与活化利用"两手抓,两手硬"的建设措施,为有效参与文化遗址保护提出科学的战略规划。

(2)开发体育文化旅游,赋能文旅产业经济社会发展的经济效益

东华门考古遗址公园作为新兴体育文化旅游产品,定期举办现场遗迹观摩、文化表演、体育文创集市、非遗展示、研学活动、马拉松途经线路等体育文化活动,着力带动了青羊区全域旅游发展和经济社会发展。据青羊区文体旅局公布的数据显示,2023年7月,东华门遗址公园外场遗址区正式对外开放。2023年中秋国庆假日期间青羊区接待游客累计超200万人次,其中东华门遗址公园在内的公共文博场馆共接待游客33.32万人次[1],有效拓宽青羊区的文旅市场,带动青羊区文旅经济的高质量发展。

❖ 案例二　体育民俗节庆旅游:成都黄龙溪端午龙舟文化大赛

1. 案例模式简介

端午节赛龙舟属于成都传统节庆活动,蕴含浓厚的巴蜀民俗文化。开展龙舟赛事是成都彰显天府文化,打造常态化体育活动,发展体育民俗节庆旅游的重要途径。2023年6月22日,在成都市双流区黄龙溪古镇举办了首届端午龙舟文化大赛。千年水码头黄龙溪时隔23年后,首次恢复端午赛龙舟的传统民俗体育活动,该赛事对成都提升文体旅市场活跃度、推进"天府之都"鲜明文化特色的世界文化名城建设进程具有重大意义。成都黄龙溪古镇端午节龙舟赛是新技术与传统体育文化产业渗透融合的城市品牌赛事,以民俗节庆文化和民族传统节庆体育项目为依托,以体育赛事为核心,以旅游业为形式,充分体现"体育+文化+旅游"等多产业渗透融合发展的模式特征。

2. 实践路径

(1)重视发挥政府主导作用

推动更好发挥政府作用是创新和完善体育民俗节庆旅游的重要内容。成都黄

---

[1]青羊区文体旅局.中秋国庆长假圆满收官!青羊接待游客累计总量超200万人次![EB/OL].(2023-10-08)[2023-10-22].http://www.cdqingyang.gov.cn/wgl/bmdt/2023-10/08/content_f78eb3a9f25a43efa8c66d6921706039.shtml.

龙溪端午龙舟文化大赛正是在政府的有效引导下，才能取得显著的成效，该赛事成功举办离不开政府的积极作为。①强化生态环境建设主导作用。成都市委、市政府创新构建省、市、县、镇（街道）四级联动机制，不断强化锦江水环境治理力度，为传统体育民俗项目的龙舟赛创造良好生态水质环境。②加强赛事统筹规划的主导作用。成都市体育局和成都市双流区人民政府充分落实政府部门主体职责，着力强化对端午龙舟赛事活动的指导和协调职能作用，如成都市双流区政府在制订赛事活动方案、提供活动资金、整治赛事生态环境等方面发挥重要统筹作用。

（2）引导社会多主体协作参与

社会力量的共同参与是整合社会资源、凝聚社会力量的必然选择。汇聚多元社会主体合力始终是成都长期以来践行的工作原则。成都黄龙溪端午龙舟文化大赛筹备过程中，积极构建了"企业+基层服务中心+运动协会+工会+新闻媒体"多元社会组织主体的通力合作模式，不断扩大赛事的影响力，弘扬天府文化，宣传成都文化赛事品牌。例如，成都市双流区总工会和成都市赛艇运动协会具体负责赛事活动的策划与组织实施，四川华盾保安服务有限公司保障赛事的安全，各方组织合力确保赛事的顺利开展。

3. 主要成效

（1）有效展示水生态治理成果的环境效益

端午龙舟文化大赛的举办让更多人见证了双流区推行的城乡污水处理设施一体化运营模式的成功。据行业监测显示，2023年，锦江黄龙溪断面水质持续稳定在Ⅲ类，双流区入选首批国家典型地区再生水利用配置试点城市，并被评为第六批国家生态文明建设示范区。

（2）切实强化文体旅市场消费活力的经济效益

成都端午龙舟文化大赛运用"传统民俗节庆+体育赛事+新媒体技术"的文体旅产业融合渗透的模式，在互联网、电视广播、微信公众号等新媒体、新技术产业渠道的宣传作用下，充分发挥民俗节庆体育赛事的"引流"作用，该龙舟赛成为成都极具体验性、文化性、观赏性、参与性的城市级赛事IP，加速提升了民俗体育旅游产业助推成都区域经济发展的经济效益。据黄龙溪古镇景区管理局公开数据显示，此次端午龙舟文化大赛举办期间，还展示了"火龙灯舞"和"府河号子"等非遗项目和曲艺、南狮等传统民俗活动,吸引游客量达到 20.9 万人次[1],比赛当日游客量甚至接近景区预警上限,较去年同期增长 6.7 万人次,增长 87%,实现旅游收入 1526.4 万元,较去年同期增长 664 万元,增长 77%[2]。

8.2.2.2 "交叉融合模式"的成都实践

❖ 案例一　体育赛事旅游:成都双遗马拉松

1. 案例模式简介

成都双遗马拉松指的是国内首个连接都江堰和青城山的世界文化遗产,以及都江堰赵公山在内的四川大熊猫栖息地的世界自然遗产的马拉松赛事[3]。首届举办于 2015 年,2021 年入选中国体育旅游精品项目。如今,该赛事已成为加快推进成都赛事名城建设的重要引擎。成都双遗马拉松以世界文化遗产和世界自然遗产为赛事主轴,以打造马拉松运动、都江堰文化和青城山休闲旅游相结合的精品赛事为赛事定位,以"政府引导、市场运作、社会参与"[4]为主要办赛路径,具有体育与文化、旅游多产业交叉融合的模式特征。

2. 实践路径

(1) 强化政策引领,提升赛事外部驱动

政策红利为双遗马拉松赛事的举办提供切实的行动指南,是提升赛事发展的重要外部动力来源。例如,2021 年 12 月,成都市体育局发布《成都市"十四五"世界赛事名城建设规划》,提出加强体育赛事与文化、旅游、康养、商业融合力度,积极打造具有天府文化特点的体育赛事融合发展区;2022 年 1 月成都市体育局又出台《成都市体育赛事体系规划(2021—2035 年)》,提出推动体育赛

[1] 成都市文化广电旅游局. 端午人气旺成都文旅市场跑出"加速度"[EB/OL].(2023-06-25)[2023-10-24]. https://cdwglj. chengdu. gov. cn/cdwglj/c133185/2023 - 06/25/content _ 23ed49c26f1443f0955bd2fb09dd7865. shtml.

[2] 成都市双流区人民政府. 端午节前两天黄龙溪古镇接待游客 14 万余人[EB/OL].(2023-06-25)[2023-10-24]. http://www. shuangliu. gov. cn/slqzfmhwz/c122487/2023/06/25/content_6e283c6cd46b4be696f0081b8d7140d8. shtml.

[3] 成都双遗马拉松. 成都双遗马拉松简介[EB/OL].(2015-04-18)[2023-10-25]. http://sports. cctv. com/2017/03/14/ARTIFceWm6B1SkOTYdlgGw8Sj170314. shtml.

[4] 成都市体育局. 成都市体育赛事体系规划(2021—2035 年)[EB/OL].(2022-01-20)[2023-10-25]. https://cdsport. chengdu. gov. cn/gkml/zcjd/1638382063310729218. shtml.

事与文化、旅游、科技、商贸、教育、康养、会展、传媒、金融等产业融合。可持续性政府文件的颁布，为成都双遗马拉松奠定了重要的政策基础。

（2）依靠市场化运作，激发赛事新活力

市场化运作有利于激发企业的自主经营，保障企业市场化的主体地位。成都双遗马拉松秉持市场化运作的原则，有效扩大了赛事影响力。①筑牢"世界双遗"的 IP 理念。成都双遗马拉松采取"企业赞助+报名+文创周边"[1]的多元化收入运营模式，极大促进了赛事的市场化运作。②以国有企业为龙头企业，构建多元有序的组织运营体系。成都双遗马拉松的举办重视发挥国有企业的龙头作用，依靠龙头企业的力量，强化市场化运营效益，保障马拉松赛事组织结构体系的稳定运行。以 2021 年的双遗马拉松赛事为例，由成都市人民政府、成都市体育局、都江堰市人民政府和万达体育成都双遗公司联合举办，充分发挥了万达体育成都双遗公司在赛事策划、招商运作、媒体沟通、活动管理等方面的运营执行力。

（3）完善制度标准体系，强化赛事安全保障

专业化、规范化、标准化是成都双遗马拉松赛事运作的基础条件，双遗马拉松赛事组织方从竞赛规程、组织机构、通信保障、场地设施、赛事检测、裁判员、志愿服务等多个方面实施强化标准体系建设。以通信保障为例，赛前通过全面排查和预检预测通信设备、开展应急演练等手段落实赛事的通信安全保障[2]。

（4）推动"体育赛事+"，实现赛事价值最大化

以举办重大赛事为契机，深入发挥体育赛事的牵引作用，推动体育与文化、旅游、农业等多业态融合的价值作用。①借助"双遗"优势布局生态化赛道。依托都江堰、青城山和四川大熊猫栖息地的自然文化遗产优势，以青城山、都江堰、鱼嘴等核心自然生态景观规划马拉松"最美赛道"的路线，让参与者、游客真切感受成都"双遗"的自然魅力和文化底蕴。②融入天府文化元素，丰富赛事旅游产品。成都双遗马拉松沿线创新性地设置了川剧变脸、特色美食集市、熊猫奖牌、天府文创展示中心等一系列活动，生动促进巴蜀文化、体育和旅游的有机结

［1］中国日报网. 市场运作双遗马拉松发展秘钥 超量 IP 大有可为［EB/OL］.（2020-01-10）［2023-10-26］. https://cn.chinadaily.com.cn/a/202001/10/WS5e1837e8a31099ab995f6984.html.

［2］张箭，杨晓林. 成都电信全力保障 2017 成都双遗马拉松赛通信畅通［J］. 通信与信息技术，2017（2）：27.

合,营造了文体旅创新融合的消费场景,为成都马拉松赛事旅游产业体系提供蕴含文化特色的旅游产品,全面实现双遗马拉松以赛促旅、以赛彰文的综合效益。

3. 主要成效

(1) 健全体育旅游产品体系,推动产业融合发展的经济效益

成都双遗马拉松有效促进体育、文化、旅游产业的融合发展,成为成都丰富区域旅游产品体系、优化旅游产业结构、拉动经济增长的重要途径。成都双遗马拉松赛事的举办,为都江堰旅游业的经济效益带来巨大的影响。都江堰2020年全年接待量高达2621万人次,实现旅游综合收入312亿元[1]。此外,2023年成都双遗马拉松参赛人数达到3万余人,报名费用收入达600万元。

(2) 体育赛事联结"双遗"资源,彰显独特城市文脉的文化效益

成都双遗马拉松以世界遗产为赛道,主打体育与文化、旅游相结合的赛事理念,使得参赛者能够充分参与、欣赏、体验成都悠久的历史文化。以2023年成都双遗马拉松为例,赛道由"双遗"升至"三遗",即世界文化遗产、世界自然遗产和世界灌溉工程遗产,促进成都地域文化的传播,彰显了成都城市文化魅力。

(3) 有效激发市民体育参与热情,持续助力全民健身的社会效益

马拉松赛事具有"便民、健民、惠民"的项目特点,日益成为贯彻全民健身条例、推动全民健身事业发展的重要力量[2]。成都双遗马拉松遵循"不抽签、不设成绩门槛"原则,无行业限制,着力提升成都市民参与全民健身热潮的积极性。据《2022年成都市全民健身活动状况抽样调查报告》数据显示,经常参加体育锻炼的成都市民人数占比达42.4%,其中仍以马拉松、健步跑等形式不同的跑步项目为主[3]。

[1]中国网.2021成都双遗马拉松开跑 展示都江堰发展动力 [EB/OL]. (2021-04-25) [2024-03-12]. http://travel.china.com.cn/txt/2021-04/25/content-77439309.html.

[2]国家体育总局.马拉松赛在中国驶入快车道推动全民健身 [EB/OL]. (2013-03-11) [2023-10-29]. https://www.sport.gov.cn/n20001280/n20745751/n20767239/c21903042/content.html.

[3]成都市体育局.《2022年成都市全民健身活动状况抽样调查报告》对外发布 [EB/OL]. (2023-02-24) [2023-10-29]. https://cdsport.chengdu.gov.cn/cdstyj/c135484/2023-02/24/content_5a9cd1b91cc34609ac7d0d10d9194b85.shtml.

◈ 案例二　户外运动健身旅游：彭州宝山户外运动中心

1. 案例模式简介

成都彭州宝山户外运动中心位于国家 4A 级旅游景区和四川省级旅游度假区宝山旅游景区之中，是以山地户外运动为中心的高山度假新村，成功开辟出一种乡村旅游业与户外运动业产业链交叉融合的山地户外运动健身旅游的模式。宝山户外运动中心遵循以旅游市场为主导，以山地户外运动项目为核心，依托区位优势和峡谷地势，构建景观资源与户外运动产品项目融合发展的消费场景，呈现出以山地户外休闲运动推动乡村旅游、生态康养，打造"体旅文商农"产业融合发展的模式特征。

2. 实践路径

（1）政企合力建设户外山地乡村旅游度假目的地

"政府引导、企业主导、市场化运作"的模式是社会主义市场经济体制的基本遵循，也是实现乡村旅游经济高质量发展的关键要义。在宝山村党委的规划引领和宝山集团运营管理的共同作用下，坚持市场为导向、资源为基础，依靠山谷、溪流、瀑布等自然景观资源优势，按照"山地运动+观光"的模式，大力发展以户外运动为核心的山地户外休闲度假目的地，赋予生态价值，迈上新台阶。

（2）打造"新""特"的山地户外运动项目体系

当前我国户外运动产业，增长势头迅猛。据联合国世界旅游组织公布的数据显示，中国户外运动产业正以年均 30%～40% 的速度快速增长[1]，国内正掀起一场户外运动产业的热潮。宝山户外运动中心开发商和村集体经济企业，抓住户外运动市场消费热点，精准聚焦项目新颖、消费火热、前瞻性强的户外运动项目，开发了卡丁车、全地形车越野、漂流、高空溜索、峡谷蹦极、丛林穿越、高空滑翔伞等"水陆空"户外运动项目立体化网络建设的山地户外运动项目体系。

（3）以山地运动为牵引强化产业协同作用

实现产业链的协同，是发展乡村集体经济的关键之一。成都彭州宝山户外运

---

[1] 国家体育总局."户外"天地宽 [EB/OL]. (2023-03-23) [2024-03-11]. https://www.sport.gov.cn/n20001280/n20067635/c25365700/content.html.

动中心制定了以户外运动项目元素为中心，在不同业态的交叉融合中积极探索户外休闲产业形态和消费场景，从而形成户外休闲运动的新业态，实现产业协作发展的思路。例如，户外运动与旅游业融合，包括用徒步、索道、蹦极等项目串联太阳湾风景区和回龙沟旅游景区；户外运动与现代农业融合，包括在田野、山地、林地开发绿道、越野赛道。

3. 主要成效

（1）盘活宝山乡村旅游业发展要素供给的经济效益

宝山户外运动中心具备丰富的户外运动项目，为游客赋予了更多旅游体验和感知，同时户外运动产业具有较强的产业黏性，能带动农业、交通运输业、餐饮娱乐业等相关产业的发展，直接带动宝山乡村旅游业经济的发展。据宝山旅游景区2023年10月发布的数据显示，景区新经济企业达600家，特色体育旅游消费场景50余处，其中2022年度宝山村接待游客1915.3万人次，旅游综合收入达80.3亿元[1]。

（2）绿色开发山地户外休闲项目的生态效益

绿色发展是新发展理念的重要组成部分，是解决生态资源保护和社会经济增长矛盾的重要方法和手段。宝山村秉持"绿水青山就是金山银山"的理念，通过实施"一花一叶"生态景观工程、建设环村绿道等对山地户外运动进行生态化布局和开发建设，形成"运动+林业"的发展模式。根据政府部分公开数据显示，截至2023年，宝山村森林覆盖率已达90%以上[2]。

（3）成功打造"绿色+健康"主题村容村貌的社会效益

乡村户外运动的社会价值主要是培养大众的健康观念和冒险精神[3]。宝山户外运动在开发与建设过程中，一方面着力配齐露营、骑行、滑索、滑翔机等具有一定冒险性的户外运动项目设施，另一方面积极完善乡村道路交通设施、网络信息技术、医疗卫生、网红户外涂鸦墙等基础设施，从而为乡村塑造起健康、冒

[1] 宝山旅游景区. 第二届中国（四川）国际熊猫消费节暨2023年第三届"巴山蜀水·运动川渝"体育旅游休闲消费季四川成都·彭州站启动［EB/OL］.（2023-10-16）［2023-11-01］. https://tyj. sc. gov. cn/sctyj/tycy/2023/10/16/1633d9d170154de1a4ea2f342854867e. html.

[2] 彭州市人民政府. 彭州探索建立多元生态价值转化新机制［EB/OL］.（2022-12-12）［2023-11-02］. http://www. pengzhou. gov. cn/pzs/c111401/2022-12/12/content_f825f05b8dc845449ef52183e4435b1d. shtml.

[3] 杨丽芳，何涛，韩勃. "双碳"背景下户外探险旅游赋能乡村振兴的实现路径研究［J］. 武汉体育学院学报，2022，56（11）：61-69.

险、青春的容貌。

8.2.2.3 "重组融合模式"的成都实践

◈ 案例一 "体旅农"田园综合体：三河村

1. 案例模式简介

被誉为"成都足球第一村"的三河村位于成都市新都区斑竹园街道。过去，三河村是一个产业落后、农产品滞销的小村落，如今在足球产业的助力下，成为特色鲜明的"网红村"。来往的游客络绎不绝，年均接待游客量达到 20 余万人次[1]，还获得四川省乡村振兴示范村、四川省生态宜居村、首批全国县域足球典型村等多个荣誉称号。成都三河村的发展历程始终秉持"政府引导、市场主导"的基本原则，以农业为基础，着力打造了融合足球赛事、户外健身、田园音乐、精品民宿等特色化、多元化的足球文化互动体验消费新场景的品牌 IP，最终形成以川西林盘为生态本底，以足球运动产业为特色，嵌入乡村音乐文创活动要素，实现足球、农业、音乐"三位一体"和生产、生活、生态"三生融合"的"体旅农"田园综合体的产业重组融合发展模式，为游客带来了"诗和远方"的消费体验，赋能三河村的乡村振兴。

2. 实践路径

（1）坚持政府整体规划引领，分步推进"体旅农"田园综合体

政府规划在顶层设计上起着引导的积极作用，为实现乡村振兴提供重要目标指向。在三河村领导班子的引导下，以"先生态、再生活、后生产"为发展步骤，以实现"体旅文商农"产业融合发展，促进生产、生活、生态协调发展为目标，打造"体育健身+乡村旅游+生态农业+音乐文创+互联网"的"体旅农"田园综合体。具体实践：第一步，先实施"整田、植业、治水"等一系列生态环境整治措施；第二步，待培育的农作物、植被等具备生存能力之后，对农民的生活空间进行整治，植入足球元素，打造制作足球场、精品民宿、庭院商务、家庭文创作坊等业态；第三步，加强与旅游企业、村集体、俱乐部、音乐学院、电

---

[1] 人民政协网. 三河村"成都足球第一村"华丽转身的"秘籍"[EB/OL]. （2020-09-14）[2023-11-05]. https://www. mobile. rmzxb. com. cn/c/tranm/index/url/www. rmzxb. com. cn/2020-09-14/2667419. shtml.

商等的合作，以足球运动产业为核心，以"农业+足球+音乐"为流量经济，带动三河村乡村旅游发展。

（2）采用"人才下乡返乡+校村合作"的人才培养模式

实现人才振兴本就是乡村振兴的题中要义，对加快推进乡村产业振兴、文化振兴、生态振兴、组织振兴具有重要意义。三河村在开发和建设过程中，高度重视高素质人才培养的问题，积极采用激励人才下乡返乡和开展校村合作的方法。①实施政策红利激励人才返乡。推行"乡村振兴贷"等人才返乡红利政策，吸引外来人才下乡和激励本土村民自主创业，开办具有足球音乐元素的餐饮民宿、传统文创手工艺制作中心、农产品体验区等产业。②强化校村合作、校地合作。例如，三河村与成都体育学院建立合作，建设足球教学训练基地；与四川音乐学院合作，打造乡村音乐文创产业生态圈；与西南石油大学合作，建设足球青年训练营等。

（3）推行多元主体参与的利益联结机制

随着乡村振兴战略的深入实施，建立健全多元主体参与的农村治理与发展机制，成为促进资源整合、提升产业融合发展效益的重要举措。三河村根据实际情况，大力推行"村两委+平台+项目+农户"[1]的利益联结机制。县政府和村委会积极鼓励招商引资，不断引进体旅农产业融合的创新性项目，施行入股联营模式。例如，引进"归墅瑜伽小院""昌英中音乐工作室"等音乐文创产业，合计13个项目，总投资1.4亿元[2]。此外，建设如"三河管家"等电子商务平台，村民成为股东，投入"田、地、房、人"四种资源建设足球场、精品民宿、音乐餐吧等，实行定价入股的方式获得分红。

3. 主要成效

（1）实施多种举措，不断壮大集体经济效益

三河村为破解本村集体经济发展困境，立足本村详细情况，多方合力，多面出发，成效显著。其主要采取政策扶持、社会投资合股联营，跨村合作、农民入股按股分红等举措，带动足球产业链延伸至音乐文创、农产品领域，并创新性地

[1] 杨蓉，郑燊，陈德玖. 集体经济发展强，乡村治理底气壮 [EB/OL]. (2023-04-04) [2023-11-07]. http://journal.crnews.net/ncjygl/2021n/d6q/jtcqzdgg/935975_ 20210818095613.html.
[2] 人民政协网. 三河村"成都足球第一村"华丽转身的"秘籍" [EB/OL]. (2020-09-14) [2023-11-05]. https://www.mobile.rmzxb.com.cn/c/tranm/index/url/www.rmzxb.com.cn/c/2020-09-14/2667419.shtml.

使用农产品来命名赞助足球赛事，发挥赛事影响来聚集游客量，有效提升各产业重组融合密切度，吃住游购玩相关配套产业也日渐完善。这些措施使得三河村"体旅农"产业经济效益的内生动力被激活，带动村集体经济创收不断实现新突破。据相关行业数据显示，截至2023年底，三河村集体经济收入从2013年的7500元增长至197.36万元[1]。

（2）治理人居环境，营造生态宜居的环境效益

三河村聚焦足球运动产业特色，大力推进生态环境专项整治行动，贯彻落实"河长制"责任制，有效整合林盘资源63个，引进音乐文创24个和精品民宿5家，以建设足球音乐为IP的运动休闲特色小镇，优化了以夏河溪为核心的文创林盘，活化了三河村的音乐林盘和运动休闲林盘。

（3）培育淳朴民风，展现乡村文明的社会效益

三河村以建设足球运动小镇为起点，充分展示了村民幸福美好生活的图景。①三河村足球运动小镇带动"体旅文商农"等产业的融合，使得乡村的配套基础设施得以优化升级，如公共道路、生活垃圾、废水污水排放、厕所卫生等问题得到全面优化，整治提升了村容村貌，促进了乡风文明。②村级干部实施领导管理、工作履职、保障激励、评估问效"四位一体"的监督体系[2]，积极开展工作督导、民意调查，及时为村民排忧解难，积极展现了三河村"传家规、立家训、扬家风""清廉守正、书韵传家"的文明乡风、良好家风、淳朴民风。③足球小镇推行志愿服务形式赋能"音乐文创+夜间经济"，让游客真切感受到足球村的温情，为三河村打造"体旅农"田园综合体奠定基础。

❖ 案例二 体育服务综合体：成都麓客岛

1. 案例模式简介

麓客岛水城景区（以下简称麓客岛）位于成都市天府新区天府大道，成立于2019年，其开发创建过程整体突出了"以体育为主，多业态联动"的思路和特点。麓客岛以优质生态资源为基底，以大众体育、竞技体育、体育产业、青训

---

[1] 新都社治. 新都这个村上榜成都市品质化现代社区示范场景十大优秀案例［EB/OL］.（2023-11-15）［2023-12-05］. https://mp.weixin.qq.com/s/fT8jeJQpQvZKrYaewhZDfw.

[2] 成都市监察委员会. 乡村振兴 监督护航 I 新都区三河村：擦亮基层监督的"探照灯"照亮乡村振兴的光明大道［EB/OL］.（2022-01-03）［2023-11-09］. https://ljcd.gov.cn/show-1117-84021-1.html.

体系为重点领域,以现代建筑艺术和人工湖泊生态景观为核心资源,深挖"体育+"的突出优势,着力促进体育业、旅游业、文创业、教育培训业等多产业重组融合发展,呈现了集运动、休闲、亲子、户外、餐饮多生活形态功能于一体的大型综合性户外运动休闲空间型的体育服务综合体的模式特征。

2. 实践路径

(1) 持续释放政策红利,引导核心产业集聚

《四川天府新区发展规划(2022—2027年)》《四川省成都天府新区总体规划(2010—2030)》《四川天府新区直管区国土空间总体规划(2021—2035年)》等一系列政策着重强调"将天府新区建设成高端服务业聚集,宜业宜商宜居的国际现代新城区"[1]。受惠于叠加政策的红利,使得位于新城区核心区域的麓客岛的生态景观、交通设施、创意产业集群日趋完善,为打造以麓湖为中心的户外运动休闲空间型的体育服务综合体提供重要的前提条件。

(2) 精准聚焦消费群体,搭建体育消费场景

麓客岛立足景区自身生态资源优势,时尚体育运动项目良好的市场前景,亲子游消费、享受型消费占比提升的消费趋势等多方面因素,将目标消费群体精准定位于景区游览、亲子休闲和运动体验三类[2],有针对性地打造以"时尚运动体验""亲子游艺""文创市集"为主的潮流生活方式的消费场景如八大特色运动场景(表8-3)、雅克房车露营地、小岛动物农场等,打通"运动—文创—公园"经济圈。

表8-3　成都麓客岛水城景区特色运动项目

序号	业态	特色定位	功能和特色
1	达根斯国际马术俱乐部	专业马术基地	西南首家引进法国 GALOP 马术体系,提供专业课程、马术体验、马术表演等项目

[1]戴小西,邹毅. 成都麓湖生态城 [EB/OL]. (2017-09-27) [2023-11-10]. https://www.bunbo.com. cn/news/architecture/2017/LuxelakesEcoCity. html.

[2]四川省体育局. 成都市三个体育综合体入选国家典型案例 [EB/OL]. (2020-11-11) [2023-11-11]. http://tyj. sc. gov. cn/sctyj/tycy/2020/11/11/13efd899fa3a4dbb92a03c17e8442543. shtml.

续表

序号	业态	特色定位	功能和特色
2	带你玩冲浪滑水俱乐部	水上休闲运动基地	推广尾波冲浪、尾波滑水，设置泳池沙滩、湖边 BBQ、水上度假、摩托艇、水上飞人等娱乐项目
3	滑噜噜四季滑雪场	全年龄段的滑雪体验空间	50 米初级滑道和 90 米中级滑道两个级别
4	浪速皮划艇俱乐部	专业皮划艇训练基地	提供课程、体验类服务，涵盖皮划艇、赛艇、SUP 板船、龙舟等
5	麓小跳's冒险湾	特色户外陆地冒险乐园	西南特色户外障碍攀越冒险项目，立陶宛的 UNO Parks 全套设计施工
6	浩海潜水俱乐部	成都唯一五星潜水中心	5 米恒温潜池、开放训练场地一体
7	麓小马国际青少年俱乐部	专注中国青少年教育	借鉴美国夏校管理模式及实践经验，提供安全多元的双语环境体验和专业体验教育引导
8	放野玩水店	野趣时尚水上运动中心	东南亚风格，有浮潜、游泳、潜水、水上推进器等亲水运动项目

资料来源：海森文旅．麓客岛如何从神盘配套蜕变成网红微度假目的地［EB/OL］．（2023-02-27）［2023-11-11］．https://mp.weixin.qq.com/s/ovFhcCRubYtMJaMpI9Tk1w.

（3）组建专业化运营团队，推进服务与管理标准化

麓客岛为有效推进景区服务与管理的标准化进程，大力培养综合性人才，配备一支健全项目策划、创新研发、策划咨询等多方面的综合性、高素质、专业化的运营团队。例如，通过综合运营经验及管理能力的开发企业——万华集团，将景区运营方式由"单一"政府为主转向"多元"市场主体共同参与、联合运营的模式，有效促进产业园建设运营、项目引导基金管理、产业供应链延伸，不断提升麓客岛服务与管理的规模化、标准化、专业化。

3. 主要成效

（1）紧抓生态环境基础，实现环境优化的生态效益

在利好政策的引领下，成都市始终坚持"绿水青山就是金山银山"的生态文明理念建设麓客岛体育服务综合体。天府新区立足保护原生地貌对麓客岛进行规划布局，将麓湖生态水源引向周边城市交通路网之中，构建"源头控污+路径过滤+末端净化"水环境保障体系[1]，切实保护"巴山蜀水"，呈现出城市山水人城和谐交融的生态景象。

（2）打破业态界限，实现产业融合发展的经济效益

麓客岛坚持以"运动体验，亲子培养"为定位，以筑牢产业集聚区建设为抓手，促进体育、休闲度假、艺展、建筑艺术设计、亲子旅游等产业的融合发展，有效打破了产业壁垒，实现城市资源的高效配置，从而有效提升麓客岛时尚潮流消费场景的新颖度和吸引力，以高质量赢得大客流量。据麓客岛景区于2024年1月发布的统计数据显示，麓客岛每年的人流量超过200万人次。以景区中2015年第一次改造的农场动物场景为例，在改造后第一年实现营收增长300万元[2]。

（3）服务全民健身工程，赢得利民惠民的社会效益

麓客岛作为富有城市公园特质的全民健身场地设施新载体，是多个时尚体育运动项目集聚的体育服务综合体，有效拓宽了"15分钟健身圈"，完善城市公共体育服务体系。①针对不同年龄段设置了不同的体育运动空间，如为年轻群体设置冲浪俱乐部，为低年龄段群体设置麓小马国际青少年俱乐部、小岛动物农场等。②开展丰富多彩的全民健身赛事，促进全民健身新风尚和新热潮。麓湖水城景区每年都会举办桨板、皮划艇、龙舟等全民健身赛事，有效带动周边居民和游客的全民健身热情。

[1] 天府自然资源和规建局. 公园城市·新区印象/水润天府，许你一个最美新区 [EB/OL]. (2020-12-16) [2023-11-13]. https://www.sohu.com/a/438682606_100046244.
[2] 麓湖生态城. 城市可能性I城市文旅：充分想象未来的日常，让美好场景常态化 [EB/OL]. (2024-01-23) [2024-03-02]. https://mp.weixin.qq.com/s/am6MaJko3X5BegYkwbSz4g.

8.2.3 成都"体旅文商农"产业融合发展的机制创新

8.2.3.1 赛事驱动机制

（1）秉承赛事谋城理念，激活产业融合发展势能

"办赛、营城、兴业、惠民"的体育理念，不仅高度凝练与概括了成都高标准建设世界赛事名城的理念遵循，还彰显了成都以人民日益增长的美好生活需求为出发点和落脚点的产业经济发展的实践方略。成都在"以赛营城""以赛兴业""以赛惠民"等理念驱动下，产业融合发展的效益也更为凸显。①以赛营城，推动城市体旅文魅力不断提升。大型体育赛事是展示城市形象的重要平台。成都以体育赛事为载体，抓住举办大型体育赛事的契机，积极打造了"跟着赛事去旅行""巴蜀文化旅游产业生态圈"等品牌项目，着力弘扬和彰显成都的巴蜀文化和城市文化符号，加快推进成都世界文化名城城市形象的建设进程。以2022年成都马拉松为例，此次马拉松赛事以"乐跑公园城市 品味千年烟火"为赛事主题，赛道的设置也别出心裁，成功串联起成都金沙遗址博物馆、杜甫草堂、宽窄巷子、天府广场等城市文化地标[1]。此外，还展示了熊猫、蜀绣、川剧等传统特色文化元素，有效展示了成都的文化底蕴和城市形象。②以赛兴业，培育多元产业融合发展新业态。成都以体育赛事为核心，强化赛事赋能的重要抓手，围绕"赛事兴业"，做大赛事引流、构建消费场景，广泛开展群众性体育赛事活动，助推体旅文商农产业融合发展，促进区域经济发展。以成都三河村为例，以举办足球和台球赛事为核心，聚焦成人"宝柚杯"、青少年"柚宝杯"、企业"柚花杯"三大足球赛事，做实做优群众体育赛事，接地气、汇人气，带动当地乡村旅游、运动文化、农产品销售等，促进体旅文农产业的协调发展，推进产业兴旺，赋能乡村振兴。③以赛惠民，促进运动健康产业融合提质增效。在赛事惠民的主旨下，成都打造了"天府绿道健康行"，广建市民可及可感的体育消费场景等，不断提升体育服务的均等化、惠民化发展。例如，成都成功举办的第31届世界大学生夏季运动会，完美诠释了"一场大赛，亦是一次城市功能提级、市民幸福提质的跨越"[2]。

［1］四川省体育局. 跑起来的都市——成都万人马拉松观察［EB/OL］.（2022－11－21）［2023－11－17］. http://tyj. sc. gov. cn/sctyj/qzty/2022/11/21/c977459121ab4a2d8a7ef26ad942fd19. shtml.

［2］刘依林. 四川成都广泛开展"大运+""体育+"系列活动——赛事营城持续推进 运动休闲蔚然成风［N］. 人民日报，2023－10－11（13）.

《成都大运会场馆惠民和可持续利用工作实施方案》从重大赛会植入、全民健身开展、场馆惠民开放、场馆招商引资四个方面入手[1]，充分发挥赛事惠民的最大成效，提升全民体育生活化水平，深入打造"人民城市"的幸福样本。

（2）健全赛事体系，加快产业融合结构转型

完善的体育设施体系是成都加快推进世界赛事名城建设的重要基础条件，世界赛事名城的建设离不开与之相匹配的体育基础设施作支撑。成都为进一步优化体育设施建设，从群众体育、竞技体育、体育产业等全领域、全方位、全过程，对体育设施体系进行升级优化。①补齐全民健身设施短板，打造群众身边的体育生态圈。在赛事惠民的理念引导下，一方面，成都有针对性地建设了"市—区（市）县—街道（社区）"三级和"赛事、竞训、健身"三类公共体育基础设施体系[2]，不断完善"15分钟健身圈"，积极构建全人群全域的健身运动空间体系。另一方面，深入实行城市金角银边蝶变升级成城市运动空间、业态场景植入等计划。在《成都市更新利用城市剩余空间打造"金角银边"三年行动方案》《关于"金角银边"业态场景植入涉及商业业态相关证照办理的指导意见》等引导性政策的支持下，不仅为市民提供更多良好的健身运动空间，着力提升健身热情，还推动业态融合发展载体的建设，打造集智慧体育设施业、休闲旅游业、体育培训业、城市文化业、餐饮业等于一体的消费新场景，有效助力产业融合发展。以入选2022年成都市"最美金角银边"名单的府青运动空间为例，该空间全长约1千米，打造了篮球场、足球场、滑板区、文化长廊等15处覆盖全年龄段人群的运动休闲场所，运用市场化的运营方式，带动体育培训业、健身休闲业、文化娱乐业等产业的融合发展。②构建竞技体育赛事活动体系，建设商业化赛事格局。成都市以国际顶级大赛、高水平职业赛事、特色自主品牌赛事为重点，以新兴时尚项目为内容，以构建优质体育场馆为载体，以高新技术为动力，加快建设科学化、商业化、系统化的体育赛事体系，充分发挥赛事在推动产业融合发展、建设世界赛事名城等方面的优势作用。以2023年中国·成都天府绿道

[1]成都市发展和改革委员会.成都大运会场馆惠民和可持续利用工作实施方案［EB/OL］.（2023-09-18）［2023-11-20］.http://cddrc.chengdu.gov.cn/cdfgw/ztlm041002/2023-09/18/content_9f14200b5d2441229cb565356e0725d1.shtml.

[2]成都市发展和改革委员会.成都市"十四五"世界赛事名城建设规划［EB/OL］.（2021-12-22）［2023-11-21］.http://cddrc.chengdu.gov.cn/cdfgw/c147315/2022-03/01/content_7fad79f76c6945418781ff1c63048fcf.shtml.

特色自主品牌赛事的国际自行车赛为例，该赛事作为世界级自行车竞赛表演平台，以入选"2022中国体育旅游精品项目"的天府绿道为核心赛道，让参赛者真切感受到成都生态之美，赛事期间还举办与自行车运动互动的科技体验展、骑行健身指导、体育装备展销等各种赛事配套活动[1]，赛事的商业化发展有效带动当地文化旅游业、商务会展业、体育竞赛表演业等产业的深度融合发展。

（3）发挥赛事经济红利，增强产业融合消费活力

随着数字经济时代的快速发展，数字经济推动体育赛事与各行各业互动融合发展[2]。得益于政策引导和资源共享，成都产业融合叠加效应日渐凸显，体育赛事带动产业的融合发展也已成为成都培育新业态、激活社会经济活力的重要引擎。①强化赛事的消费引流作用，促进产业协调发展。《成都市体育赛事活动管理办法》（成都市人民政府令第210号）明确提出，"发挥体育赛事活动的消费引流作用，促进体育赛事活动与文化、旅游、餐饮、交通、商贸、乡村振兴、会展等产业的创新、协调、融合发展"。政策红利引领下，成都以举办大型国际性体育赛事为契机，注重发挥体育赛事"聚人气"的引流作用，深入推动体育与旅游、文化、商业、农业等产业融合发展。以成都第31届世界大学生夏季运动会为例，据中国铁路成都局集团有限公司公布的数据显示，大运会期间客流量创历史新高，2023年7月1—31日，成都车站累计发送游客1077.0万人次，日均34.7万人次，同比2022年增长104.8%[3]。此外，成都以大运会为契机，多地区开展文旅活动，推出不同的旅游路线，如"迎大运·游四川""青春撞大运 欢乐眉山行"等多种旅游主题，着力促进成都区域经济的快速发展。②发挥体育赛事产业联动功能，助力产业融合创新。体育赛事产业具有较强的"链式效应"属性，该属性主动延伸至"体旅文商农"等产业链中形成消费的新业态和新模式，从而有利于体育、文化、旅游、康养等多产业创新融合发展。以2022年成都世界乒乓球团体锦标赛为例，该赛事成为赋能多产业发展的典型赛事。赛事举办期间，成都在旅游胜地宽窄巷子举办了"赞助商展示"活动，"国球"与历史

[1] 新华网. 2023 中国·成都天府绿道国际自行车赛将于 4 月举行 [EB/OL]. (2023-03-16) [2023-11-22]. http://sports.news.cn/c/2023-03/16/c_1129436656.htm.

[2] 陈旭东, 沈克印. 乡村体育赛事助力乡村振兴的内在机制、经验启示与培育路径——以贵州"村 BA"为例 [J]. 沈阳体育学院学报, 2023, 42 (6): 8-14.

[3] 四川在线. 创新高! 铁路成都局 7 月送客超 4000 万人次 [EB/OL]. (2023-08-01) [2023-11-25]. https://sichuan.scol.com.cn/ggxw/202308/58945942.html.

文化街区的有机结合，带给游客能逛街、能运动的体验感，以赛兴业，一业促百业，深入推动了体育与文化、旅游、商贸、会展等产业的创新融合发展。

8.2.3.2 场景营城机制

（1）布局场景营城格局，提升区域产业融合黏性

"场景营城"是成都立足满足人民日益增长美好生活需求，创新性提出的一条建设居民美好生活的创新理念和实践路径，成都"场景营城"的建设思路为场景建设从"个体"到"群体"再向"城市整体"转变，建设过程由点到面逐级、分层、渐次铺展，实现城市全场营造的宏伟图景[1]。沿着"筑景—成势—营城聚人"的三部曲逐渐达到场景营城的整体格局。①筑景：以点分布构建城市场景。成都聚焦"美好生活、智能生产、宜居生态、智慧治理"四大类型（图8-1），以点的形式分布于成都全领域，达到从空间上形成"体旅文商农"各产业之间的呼应。以"宜居生态"类型场景为例，其中公园绿道场景是成都在全国率先实行的典型场景案例。成都绿道沿着"一轴、两山、三环、七道"的格局，以点成线，以线带面，从每个点上的场景来看，都形成多产业融合发展的协同效应。例如，公园绿道中的天府原乡"李家林盘"新文创多业态融合场景，充分利用成都的川西林盘自然优势，健全户外拓展、精品民宿、农耕文化博览园、电商、生态养殖等多业态，推动体旅文商农融合发展，助力乡村振兴。②成势：实现场景"个体"到"群体"再向"城市整体"转变。成都规划场景，以点带面式地布局全领域，实现全城场景营造。以成都的体育消费新场景为例，2021年3月30日，成都发布"成都体育消费新场景100+"的电子地图。从地图显示来看，8种类型、共110个体育消费新场景分布在青羊区、双流区、新都区等不同区域。体育消费新场景不仅助推不同区域体育产业、旅游产业、文创产业、农业等不同产业的协同发展，更是促进成都市不同区域之间空间形态上的联动。③营城聚人：场景惠民，提升居民幸福感。成都以"人民为中心"，关心民生，凝聚民心，全力打造便民惠民的场景，为居民提供优质的活动场所，着力提升居民的生活幸福感。以体育场景为例，据《中国生活体育观察报告》显示，成都成功

[1]成都市新经济发展委员会. 强化示范引领《场景营城 成都创新实践案例集》发布［EB/OL］.（2022-06-15）［2023-11-26］. http://cdxjj. chengdu. gov. cn/xjjfzw/c001003/2022-06/15/content_c01c770c68dd42c6a34d120eab076954. shtml.

入选生活体育典型城市的主要原因之一是布局全城的体育消费场景体系,该体系使得"运动让生活更美好"的理念实地落实,以运动创造快乐生活的价值观念得到有效的传播,有效满足居民吃住行游购娱等多样化的生活需求。截至 2023 年,成都已经连续 15 年入选"中国最具幸福感城市"名单,且 14 连冠[1]。

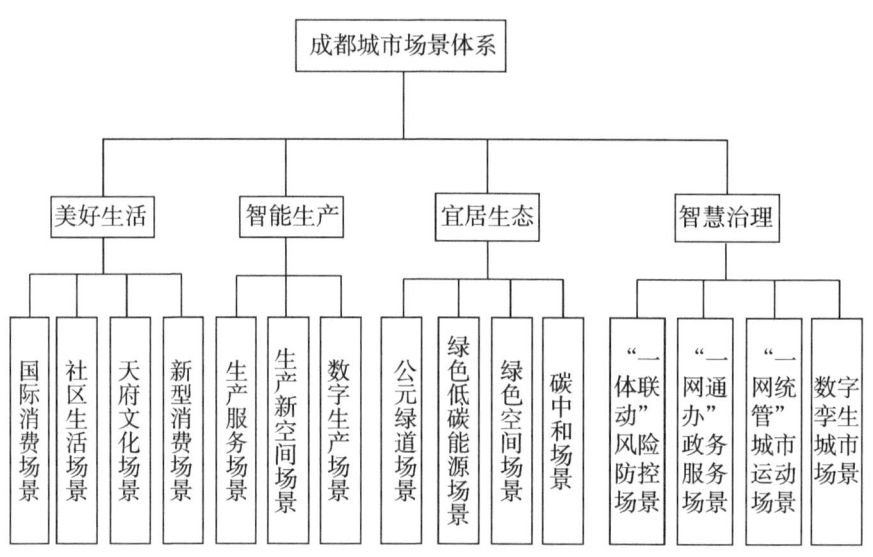

图 8-1　成都场景营城四大城市场景体系

资料来源:根据成都市新经济发展委员会场景营城专题网站公开信息整理。

(2) 提升消费场景能级,拓宽产业融合发展渠道

场景是城市居民生活消费的重要载体,是凝聚产业资源要素、加速资源流通、促进产业协同发展的重要集合体。成都为推进国际消费中心城市建设进程,立足文化遗产保护与利用、生态环境保护与建设和科技创新与文化创意,加快消费场由"传统式""全景式"逐渐向"现代化""高能级"转变。①文化遗产保护与利用。成都以"场景"为切入点,将文化要素融入产业融合的消费场景中,促进天府文化遗产的创新性发展和创造性转化。以成都东华门遗址公园为例,成功打造了"古代城市遗址"与"现代体育建筑"相结合的场景。②生态环境保护与建设。成都以打造城市生态底色为基本原则,着力营造山水生态公园场景、天府

---

[1] 看度新闻. 祝贺!成都荣获 2023 中国最具幸福城市 [EB/OL]. (2023-11-24) [2023-11-29]. htpps://www. cditv. cn/show/4813-1645846. html.

绿道场景、乡村郊野公园场景、城市街区公园场景、人文成都公园场景及社区公园场景 6 类公园场景，构建起绿色生态的场景建设的制度体系[1]，可持续、低碳化的生态环境成功为成都消费场景披上一件天然的"绿外套"。③科技助力与创新。成都以新技术的研发应用为推动力，助力消费场景的创新性发展。如建立消费场景检测体系、搭建城市未来消费场景实验室、开发产业融合的科技创新应用体系等，不断强化新型科学技术应用对消费场景优化升级的推动作用。以电子竞技为例，电子竞技作为新型科技体育项目，具备良好的发展前景。如成都金牛区昊祥邻里聚金泉广场里的 Reconnecting 电竞馆，应用了虚拟现实（VR）、全息影像、外星人显示器等高新技术，打造了集设备配置高级、场馆环境酷炫、赛事服务专业等于一体的消费场景。

（3）创新消费场景体系，打造产业融合驱动引擎

以满足人民日益增长的美好生活需求为目标，以加快"三城三都"建设为导向，成都有效推进消费场景与城市生活空间、天府文化氛围、社会经济价值的有机结合，建立了集美好生活、智能生产、宜居生态和智慧治理于一体的消费场景体系。①创新城市公园生活消费场景。打造"公园+产业""场景+消费"等商业创新模式，实现绿道文体旅商相互融合的场景，激发城市的消费活力与内在动力。成都以数字技术为重要抓手，以 15 分钟社区生活服务圈为单位，积极打造"体育+""旅游+""文化+""商业+""农业+"的产业融合新业态，致力于为居民提供便捷、温暖、优质的城市美好公园生活场景（图 8-2）。以成都成华区为例，为贯彻落实成都美好生活场景建设要求，布局了以足球为特色主题的综合性体育公园，有效满足居民家门口健身、休闲娱乐的需求，构建了一个利民惠民的美好生活场景。②创新智能生产消费场景。数字转型、科技创新、国际流通的智能生产场景是成都消费场景体系中重要的组成部分。通过数字化系统、互联网、电子信息、人工智能等智能科学技术，有效推进成都体旅文商农产业协同融合发展消费场景的打造。以智能体育场景为例，为着力推动世界赛事名城建设，成都大力建设智能体育场景，其中主要以智能化、智慧化体育场馆为主，如东安湖世界大运公园建立了一套场馆管理、运行管理和城市治理相融合的智慧场馆平

[1]风景园林网.成都：营造 6 类公园场景 构建地毯制度体系［EB/OL］.（2021-08-13）［2023-11-30］.chla.com.cn/htm/2021/0813/277719.html.

台和办赛、参赛、观赛相结合的一站式智慧服务体系[1]。③创新宜居生态消费
场景。秉持绿色生态化发展的理念遵循，绘制实现人与自然和谐共生的生态愿
景，是成都构建高质量、高品质、高能级的消费场景的关键道路。以绿道场景为
例，成都以"一轴、两山、三环、七道"为主线，构建天府全域绿道体系，其
中"三环"即熊猫绿道、锦城绿道、田园绿道，深入推进"绿道+"发展，如
"绿道+体育""绿道+旅游""绿道+产业"等新场的发展，实现"绿道"和
"消费"的深度融合。④创新智慧治理消费场景。成都不仅构建生产、生活、生
态"三生"融合的消费场景，还着力打造城市治理、风险防控的智慧治理场景，
有效为成都多元化的消费场景提供具备风险感知、预警预防等多种功能的城市治
理体系作为支撑。

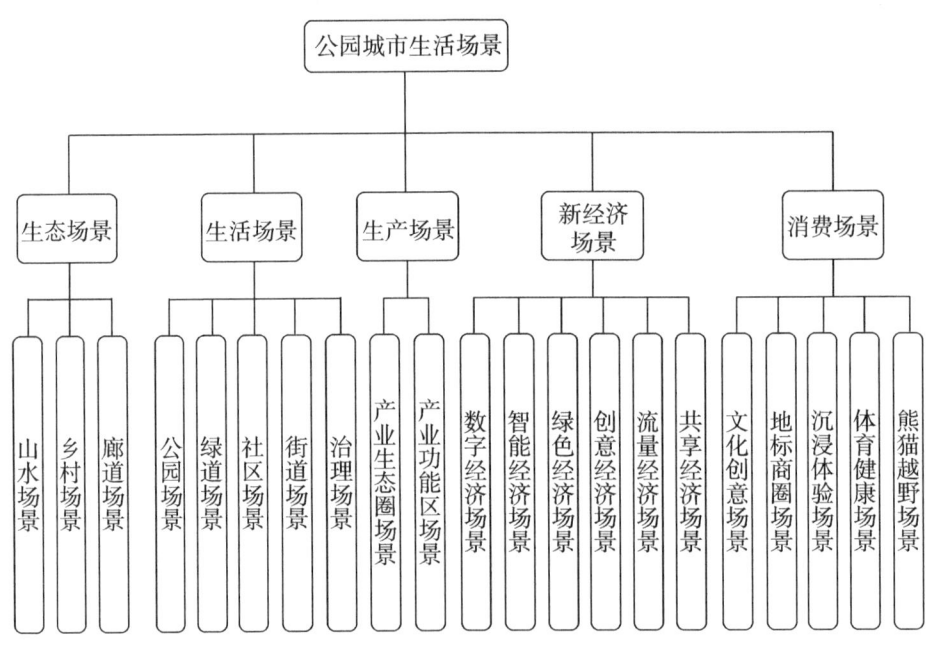

图 8-2 成都市公园城市生活场景

资料来源：少城·城事. 成都场景营造的 N 种探索 [EB/OL]. (2021-11-28) [2023-12-01]. https://zhuanlan. zhihu. com/p/438425857.

---

[1] 锦观新闻. 成都创新打造全国领先智慧体育服务体系 [EB/OL]. (2021-09-07) [2023-12-01]. https://new. qq. com/rain/a/20210907A09DZT00.

8.2.3.3 科技营城机制

（1）发挥数字科技赋能优势，助力产业融合优化转型

数字科技为成都推进产业协同深度融合提供重要着力点，成都大力应用云计算、大数据与物联网等数字技术，积极建设数字化体旅文融合发展基础设施、旅游产品、体育会展场馆、数字文创、体育装备器械等，同时，着力开发培育数字化产业融合项目，不断推进产业融合智慧管理与服务运营，助推"体旅文商农"产业的更新迭代与优化升级。①科技+体育。依靠数字科技赋能，成都体育赛事营造更加深入人心。以第31届世界大学生夏季运动会为例，"科技赋能，智慧大运"的办赛理念驱动，数字科技在场馆建设、赛事保障、智慧服务与运营、赛事宣传等方面提供重要支撑，使得大运会成为塑造成都体育赛事名城的重要名片。②科技+旅游。成都运用云计算、大数据、互联网、人工智能（AI）等数字科技力量，打造沉浸式旅游消费场景、可感知体验的互动空间、5G+AI文物讲解、线上VR虚拟现实全景区漫游指南等，健全旅游景区智能化基础设施建设和智慧化景区服务体系。③科技+农业。依靠数字科学技术的运用，成都加速推进农业现代化、数字化发展，广建智能产业园区、推进农业园区数字化管理体系、拓宽农业网上销售渠道、深化"农业+"发展。以"农业+体育"为例，依靠数字技术网络新媒体的作用，成都农业特色的体育健身赛事品牌得到宣传推广，如三河村的"宝柚杯""柚宝杯"足球赛事的知名度日渐上升。④科技+会展。依托智能终端、区块链、数字媒体、5G技术等，有效建造了一批智能化、智慧化、高能级的体育会展中心，助力做优、做大、做强体育会展创新策源，以2021中国（成都）国际体育服务贸易及装备博览会为例，布局体育公共服务展区、青少年展区、体育产业融合+展区、个人健康消费展区、体育消费展区等五大展区，在数字科技助力下呈现了一场高级化、科技化的体育产业发展盛宴。

（2）加大科学技术创新力度，驱动产业融合蝶变升级

创新驱动是成都推动产业融合发展贯彻的原则，坚持把技术创新作为培育新业态的根本动力。主要表现在不断加快推进产业融合新资源要素聚集、技术创新平台搭建、技术创新主体培育。①产业融合新资源要素聚集层面。通过实行"精准引才计划""城市猎头行动计划""蓉漂计划"等一系列人才引进计划，有效整合产业融合人才要素的聚集；通过"新经济产业基金""科技创新基金""健

圈强链产业基金"等项目，促进资金要素整合和匹配；通过建立公共服务运营平台和互联网信息技术数据库等，实现数据要素的聚集。②技术创新平台搭建层面。平台配套建设是产业融合的重要推手，对资源整合与配置、信息互通等发挥了重要作用。在成都市政府等部门积极引导下，成立了成都天府农商文旅体融合发展联盟。依靠联盟平台的作用，整合了企业、社会团体、农村集体经济等多主体的力量，为推动乡村产业兴旺提供沟通交流、资源共享的科技平台。③技术创新主体培育层面。一方面，鼓励科技创新企业的培育。通过科学技术的融合，促进体育与科技、文化、旅游、农业、会展等产业的融合，大力培育主要开展智能场馆建设、科技馆研发、体感旅游产品设计、数字农业园区构建等技术创新项目的企业。另一方面，增强产学研机构与高校合作主体的培育力度。聚焦产学研，以科学技术为载体，深化校地合作，强化自主创新研发力度，如都江堰市青城山-都江堰风景名胜区（旅游景区）管理局与四川农业大学商旅学院合作、成都郫都区人民政府与西南交通大学合作等。

参考文献

［1］Statista Research Department. Number of employees in the tourism sector in the United States from 2012 to 2021, with a forecast for 2022 ［EB/OL］. （2023-11-03）［2023-11-15］. https：// www. statista. com/statistics/1180122/number-of-tourism-industry-employees-us/.

［2］Statista Research Department. Revenue of sports event tickets in the UnitedStates from 2017 to 2024 ［EB/OL］. （2023-09-18）［2023-10-25］. https：//www. statista. com/statistics/ 1302220/us-sports-events-market-size/.

［3］Klemperer, Paul. Markets with consumer switching costs ［J］. The quarterly journal of economics, 1987：375-394.

［4］Ministry of Community Development and Sports. The report of the Committee onSporting Singapore ［R］. Singapore：Ministry of Community Development and Sports, 2015.

［5］Gereffi G. International trade and industrial upgrading in the apparel commodity chain ［J］. Journal of International Economics, 1999, 48 （1）：37-70.

［6］Krämer J, Wohlfarth M. Market power, regulatory convergence, and the role of data in digital markets ［J］. Telecommunications Policy, 2018, 42 （2）：154-71.

［7］THE STRAITS TIMES. Singapore Sports Hub confident of staging more and bigger live events in 2021 ［EB/OL］. （2020-12-29）［2023-06-25］. https://www. straitstimes. com/sport/singapore-sports-hub-confident-of-staging-more-and-bigger-live-events-in-2021.

［8］Dean Runyan Associates. The Economic Impact of Travel in California ［EB/OL］. （2023-05-04）［2023-07-03］. https：//industry. visitcalifornia. com/research/economic-impact.

［9］Resort Municipality of Whistler. 2019 Whistler Living Wage Final Report ［EB/OL］. （2023-06）［2023-07-08］. https：//www. whistler. ca/wp-content/uploads/2023/06/2019-Living-Wage-Final-Report. pdf.

［10］Manchester Evening News. Old Trafford and Manchester United lost millions in revenue during the pandemic ［EB/OL］. （2021-08-23）［2023-07-21］. https：//www. manchestereveningnews. co. uk/news/greater-manchester-news/old-trafford-manchester-united-lost-21380762.

[11] Greenstein S, Khanna T. What does industry convergence mean? [C] //YOFFIE D B. Competing in the Age of Digital Convergence. Boston: Har-vard Business School Press, 1997: 201-226.

[12] Porter M. E. Clusters and the new economics of competition [J]. Harvard business review, 1998, 76 (6): 77-90.

[13] Hacklin F, Marxt C, Fahrni F. Coevolutionary cycles of convergence: An extrapolation from the IC industry [J]. Technological Forecasting and Social Change, 2009, 76 (6): 723-736.

[14] 鲍明晓, 赵承磊, 饶远, 等. 我国体育旅游发展的现状、趋势和对策 [J]. 体育科研, 2011, 32 (6): 4-9.

[15] 鲍明晓, 赵铁龙, 高颖. 新冠疫情背景下拓展和优化我国体育竞赛体系的对策研究 [J]. 体育科学, 2022, 42 (11): 11-18.

[16] 叶小瑜. "体旅文商农"产业融合发展的时代价值与推进策略 [J]. 体育文化导刊, 2020 (4): 79-84.

[17] 陈来向. 2022 年中国体育旅游行业研究 [R]. 南京: 头豹研究院, 2022.

[18] 陈元欣, 刘恒, 陈磊. 体育服务综合体消费场景营造的逻辑动因、实践探索及提升策略 [J]. 体育学研究, 2022, 36 (6): 57-68.

[19] 鲁志琴, 陈林祥, 沈玲丽. 我国"体旅文商农"产业融合发展的内在逻辑、作用机制与优化路径 [J]. 中国体育科技, 2022, 58 (6): 81-87.

[20] 易闻昱, 杨倩. 体育与会展产业融合: 理论逻辑、现实发展与未来展望 [J]. 上海体育学院学报, 2022, 46 (12): 94-108.

[21] 闫亚茹, 柳鸣毅, 张毅恒, 等. 基于战略路线图我国运动休闲特色小镇治理路径研究 [J]. 南京体育学院学报, 2018, 1 (1): 23-30.

[22] 倪震, 刘连发. 乡村振兴与地域空间重构: 运动休闲特色小镇建设的经验与未来 [J]. 体育与科学, 2018, 39 (5): 56-62.

[23] 丁云霞, 潘时华. 体育综合体转型发展的逻辑动因与路径——基于"以人民为中心"的体育价值取向 [J]. 上海体育学院学报, 2018, 42 (6): 30-35.

[24] 付群, 王雪莉. 我国钢铁产业园区向体育产业园区转型经验及启示 [J]. 体育文化导刊, 2020 (10): 33-9.

[25] 张雷. 运动休闲特色小镇: 概念、类型与发展路径 [J]. 体育科学, 2018, 38 (1): 18-26, 41.

[26] 王国全, 陈昌. 全域旅游视角的"体旅文商农"产业融合研究 [J]. 体育科技, 2023, 44 (1): 78-80.

[27] 郝庆升, 陈楠, 李锐, 等. 动力机制理论及其方法论构想 [J]. 中国科技论文在线精品论文, 2015, 8 (8): 839-844.

［28］龚明波，李仲坤．我国体育旅游市场的区域发展特征及其制约因素［J］．山东体育学院学报，2005（3）：46-47.

［29］林章林．标准化在旅游业发展中的价值评价探讨［J］．上海标准化，2010（10）：39-42.

［30］潘玮，沈克印．新科技革命背景下体育产业信息化建设价值、问题与路径［J］．体育文化导刊，2022（9）：74-81.

［31］侯平平．航空和旅游产业融合发展的动因、路径与模式研究［M］．北京：中国旅游出版社，2023.

［32］张广俊，李燕领，邱鹏．体育产业融合的动因、路径、效应与策略研究［J］．武汉体育学院学报，2017，51（8）：50-56.

［33］伍策，元月．中国积极推动体育旅游发展 体育旅游业态不断丰富［EB/OL］．（2021-02-26）［2023-12-03］．http://travel. http://travel. china. com. cn/txt/2021-02/26/content_77252792. html.

［34］北京市体育局．2021中国体育旅游精品项目——十佳赛事（北京）［EB/OL］．（2021-12-07）［2023-11-05］．https://www. sport. gov. cn/n14471/n14472/n14509/c23795752/content. html.

［35］李燕燕，高雪峰，兰自力．我国体育产业融合的动力因素及模式分析［J］．成都体育学院学报，2014，40（9）：7-11，29.

［36］植草益著．朱绍文，等译．微观规制经济学［M］．北京：中国发展出版社，1992.

［37］周春波．文化与旅游产业融合动力机制与协同效应［J］．社会科学家，2018（2）：99-103

［38］侯宇亭，彭国强，陆元兆，等．全域旅游背景下我国体旅融合发展的协同效应与创新路径［J］．体育文化导刊，2021（10）：29-35，42.

［39］陈于恒，罗建英．杭州亚运文化对居民体育消费行为的影响［J］．杭州师范大学学报（自然科学版），2023，22（5）：478-483.

［40］陈柳钦．技术创新、技术融合与产业融合［J］．科技与经济，2007，20（3）：19-22.

［41］李玉红，麻卫华．主导产业与产业融合［J］．邯郸学院学报，2006，16（1）：4.

［42］宋彪．我国体育旅游行业标准构建初步探讨［J］．体育科技，2013（1）：1-4.

［43］梁平，唐小飞．区域旅游政府联合协作模式研究——基于渝东南、湘西、黔北的分析［J］．现代商贸工业，2009，21（2）：50-52.

［44］郜邦国，沈克印．草根体育组织的合法性困境与应对策略——基于新制度主义的分析视角［J］．河北体育学院学报，2020，34（4）：45-51.

［45］鲍明晓．论场景时代的体育产业［J］．上海体育学院学报，2021，45（7）：1-7.

［46］张嘉益．乡村振兴战略背景下河南省体育特色小镇发展路径研究［D］．济南：山东大学，2020.

［47］张瑞林，李凌，车雯．冰雪体育旅游消费决策影响因素的质性研究［J］．体育学刊，

2017, 24 (6): 54-60.

[48] 黄益军, 吕振奎. 文旅教体融合: 内在机理、运行机制与实现路径 [J]. 图书与情报, 2019 (4): 44-52.

[49] 王先亮, 郭学庆, 周婷婷. 价值链与创新链耦合赋能体育用品制造业高质量发展研究——基于上市企业研发投入、盈利能力与盈利质量的分析 [J]. 成都体育学院学报, 2022, 48 (6): 24-30.

[50] 邢中有. 我国体育旅游产业集群竞争力提升研究 [M]. 北京: 中国水利水电出版社, 2017: 149-151.

[51] 方春妮, 张贵敏. 我国体育旅游业集群化发展之策略 [J]. 上海体育学院学报, 2009, 33 (6): 18-21.

[52] 方春妮. 体育产业集群研究 [D]. 上海: 上海体育学院, 2010.

[53] 陈旭东, 沈克印. 乡村体育赛事助力乡村振兴的内在机制、经验启示与培育路径——以贵州"村BA"为例 [J]. 沈阳体育学院学报, 2003, 46 (6): 8-14.

[54] 杨丽芳, 何涛, 韩勃. "双碳"背景下户外探险旅游赋能乡村振兴的实现路径研究 [J]. 武汉体育学院学报, 2022, 56 (11): 61-69.

[55] 蔡之兵. 如何推动科技创新与产业发展深度融合 [N]. 成都日报, 2023-07-12 (6).

[56] 吴军, 叶裕民. 消费场景: 一种城市发展的新动能 [J]. 城市发展研究, 2020, 27 (11): 24-30.

[57] 约瑟夫·熊彼特. 经济发展理论 [M]. 何畏, 易家详, 等译. 北京: 商务印书馆, 1990: 73-74

[58] 柳柏力. 体育产业概论 [M]. 北京: 人民体育出版社, 2005: 25-26.

[59] 李燕燕. 我国体育产业融合成长研究 [D]. 武汉: 武汉体育学院, 2014.

[60] 黄益军, 吕振奎. 文旅教体融合: 内在机理、运行机制与实现路径 [J]. 图书与情报, 2019 (4): 44-52.

[61] 雷波. 我国体育产业与旅游产业互动融合模式分析 [J]. 北京体育大学学报, 2012, 35 (9): 40-44.

[62] 杨强. 体育与相关产业融合发展的路径机制与重构模式研究 [J]. 体育科学, 2015, 35 (7): 3-9, 17.

[63] 李玥峰. 四川省体育产业与旅游产业融合发展研究 [D]. 成都: 成都体育学院, 2022.

[64] 叶晨曦. 河南省体育产业与旅游产业融合模式研究 [J]. 体育文化导刊, 2017 (8): 120-123, 128.

[65] 周平, 徐嘉馨, 范才清. 文化创意下的苗族传统节庆体育与旅游产业的融合——基于湘西、黔东南苗族节庆体育考察 [J]. 体育科技, 2018, 39 (6): 87-8.

[66] 章青松, 刘志勇. 中国体育产业与休闲农业融合机制与重构模式研究 [J]. 绥化学院学

报，2022，42（8）：35-37.

[67] 吴宏洛．中国特色慈善事业的历史演进与发展路径［J］．东南学术，2016（1）：70-79.

[68] 周平，荣良．民族传统节庆体育与旅游产业融合动力与模式——以内蒙古那达慕为个案
［J］．体育科技文献通报，2022，30（2）：213-6.

[69] 郭传燕．节庆体育与农村社区活力［D］．桂林：广西师范大学，2007.

[70] 刘成菊，刘玉．川西康巴藏族传统节庆体育文化传承与发展［J］．边疆经济与文化，
2022（9）：65-67.

[71] 孙永生，史登登．户外运动相关概念辨析［J］．体育学刊，2013，20（1）：56-59.

[72] 邱永旺．深圳市东部滨海度假区滨海体育旅游产业发展研究［J］．经济研究导刊，2022
（32）：33-35.

[73] 李爽．旅游公共服务供给机制研究［D］．厦门：厦门大学，2009.

[74] 赵腾泽．践行数字化创新 赋能旅游业发展［N］．中国旅游报，2022-11-15（1）.

[75] 胡锐凯，陈浩．成都大型体育场馆利用新探索 这座大运场馆被提前"征用"［EB/OL］.
（2023-03-21）［2023-11-29］．https：//new.qq.com/rain/a/20230321A02OSK00.

[76] 杨强．体育强国发展战略的思考：突破与不足——基于《关于加快发展体育产业的指导
意见》的解读［J］．体育科学，2010，30（9）：12-17.

[77] 曼昆．经济学原理［M］．梁小民，梁砾，译．北京：北京大学出版社，2015.

[78] 张河清．岭南文化与旅游产业融合发展研究［M］．广州：中山大学出版社，2020.

[79] 迈克·波特．竞争优势［M］．北京：中信出版社，2014：29-31.

[80] 胡登峰．区域创新系统与产业价值链互动及管理研究［M］．北京：经济科学出版社，
2018：8-9.

[81] 俞则忠．产业融合新论［M］．杭州：浙江工商大学出版社，2022：127.

[82] 徐勇．中国体育旅游发展研究［M］．武汉：华中科技大学出版社，2016.

[83] 马健．产业融合论［M］．南京：南京大学出版社，2006.

[84] 威廉森．资本主义经济制度［M］．北京：商务印书馆，2004.

[85] 胡永佳．产业融合的经济学分析［M］．北京：中国经济出版社，2008.

[86] 郑明高．产业融合发展研究［D］．北京：北京交通大学，2010.

[87] 鲍明晓．从体育部门经营创收到现代体育产业体系初创——对改革开放以来中国体育产
业发展的思考［J］．体育科学，2018，38（7）：15-16.

[88] 裴长洪．促进劳动密集型产业集群迈向全球价值链中高端——评《全球价值链下劳动密
集型产业集群升级研究》［J］．国际贸易，2019（12）：1.

[89] 于刃刚．产业融合论［M］．北京：人民出版社，2006.

[90] 王辉．体育产业规模不断扩大 为经济发展增添动能［N］．中国体育报，2023-08-11
（2）.

[91] 丹尼尔·亚伦·西尔，特里·尼科尔斯·克拉克．场景：空间品质如何塑造社会生活 [M]．北京：社会科学文献出版社，2019：2.

[92] 交汇点．运动新体验、消费新场景 2023 南京体育消费节解锁新玩法 [EB/OL]．（2023-04-27）[2023-11-17]．https://m.jfdaily.com/sgh/detail? id=1015373.

[93] 新华社．五部门：到 2025 年推动户外运动产业总规模达到 3 万亿元 [EB/OL]．（2023-10-24）[2023-11-14]．https://www.gov.cn/lianbo/bumen/202310/content_6911314.htm.

[94] 体育文化发展中心．2013-2022 年中国体育旅游精品项目名单 [EB/OL]．（2023-07-04）[2023-09-18]．https://www.sport.gov.cn/whzx/n5588/c25757858/content.html.

[95] 人民资讯．漳州市鹭凯生态庄园上榜国家体育旅游示范基地 [EB/OL]．（2021-12-01）[2023-09-13]．https://baijiahao.baidu.com/s? id=1717915602483553238&wfr=spider&for=pc.

[96] 文旅中国．文旅中国乡村观察 | 乡村赛事火出圈，打造经济发展"新引擎" [EB/OL]．（2023-08-09）[2023-09-25]．http://news.sohu.com/a/710179989_120006290.

[97] 农民日报．榕江"村超"何以破圈 [EB/OL]．（2023-08-15）[2023-09-25]．https://baijiahao.baidu.com/s? id=1774254347872694521&wfr=spider&for=pc.

[98] 新浪财经．体育旅游高峰论坛暨全国体育旅游管理学科建设研讨会召开 [EB/OL]．（2023-05-14）[2023-10-31]．https://baijiahao.baidu.com/s? id=1765880954166173363&wfr=spider&for=pc.

[99] 国家统计局．中国统计年鉴 2022 [R]．北京：中国统计出版社，2022.

[100] 中国人大网．中华人民共和国旅游法 [EB/OL]．（2018-11-05）[2023-11-06]．http://www.npc.gov.cn/zgrdw/npc/xinwen/2018-11/05/content_2065666.htm.

[101] 新华社．中华人民共和国体育法 [EB/OL]．（2022-06-25）[2023-11-08]．https://www.gov.cn/xinwen/2022-06/25/content_5697693.htm.

[102] 中国体育报．智慧体育场馆建设按下"加速键" [EB/OL]．（2021-03-31）[2023-07-26]．https://www.sport.gov.cn/n4/n15334/c983571/content.html.

[103] 张磊．产业融合与互联网管制 [M]．上海财经大学出版社，2001.

[104] 厉无畏．把握国际产业发展三大趋势促进我国产业结构优化升级 [J]．中国经济快讯，2002（12）：21-22.

[105] 周振华．产业融合：新产业革命的历史性标志——兼析电信、广播电视和出版三大产业融合案例 [J]．产业经济研究，2003（1）：1-10.

[106] 刘名远，李桢．战略性新兴产业融合发展内在机理及策略路径 [J]．经济与管理，2013，27（11）：88-93.

[107] 叶卫东．武汉城市圈产业融合与布局一体化研究 [J]．统计与决策，2009（20）：68-70.

[108] 李桢，刘名远．城市群产业融合研究——以闽南金三角地区为例 [J]．江西社会科学，201333（11）：39-43.

［109］姜长云．推进农村一二三产业融合发展的路径和着力点［J］．中州学刊，2016（5）：43-49.

［110］梁树广，马中东．农业产业融合的关联度、路径与效应分析［J］．经济体制改革，2017（6）：79-84.

［111］周咪．粤港澳城市群文旅产业融合发展策略［J］．社会科学家，2022（10）：39-46.

［112］曹哲，邵旭．我国农村一二三产业融合发展的动力机制研究［J］．西南金融，2023（4）：57-70.

［113］吴江，陈坤祥，陈浩东．数商兴农背景下数智赋能乡村农商文旅融合的逻辑与路径［J］．武汉大学学报（哲学社会科学版），2023，76（4）：116-127.

［114］张锐．大众传媒与体育产业的融合——MSNBC世界杯报道的传播取向［J］．中国记者，2002（8）：35-36.

［115］程林林．体育的产业融合现象探析［J］．成都体育学院学报，2005（3）：22-25.

［116］王艳，刘金生．体育产业融合与产业发展——我国体育产业发展的新视角［J］．成都体育学院学报，2009，35（7）：7-10.

［117］王龙飞，殷小翠．健康中国战略下体育产业与健康产业融合发展的动因与路径研究［J］．体育学研究，2020，34（3）：34-39.

［118］黄海燕，徐琳，骆雷，等．体育赛事与上海旅游业互动发展研究［J］．上海体育学院学报，2013，37（5）：37-41，56.

［119］李燕燕，兰自力，陈锡尧．我国体育产业融合的特征、类型及实现机制［J］．首都体育学院学报，2015，27（6）：488-492.

［120］蒋依依，张月，杨占东，等．全生命周期视角下体育与旅游融合发展研究［J］．北京体育大学学报，2020，43（12）：46-57，70.

［121］张磊，邰崇禧，雍明．长三角一体化背景下体育产业融合研究［J］．体育文化导刊，2020（7）：86-91.

［122］吴学峰．体育强国背景下体育产业融合研究［J］．广州体育学院学报，2018，38（5）：30-33.

［123］杨铭．黄河口地区"文体旅"深度融合发展的理论内涵与实现路径研究［J］．体育与科学，2022，43（1）：104-112.